三田の
政官界人列伝

野村英一
Nomura Eiichi

慶應義塾大学出版会

はじめに

慶應義塾は福澤諭吉が安政五年（一八五八年）に江戸・鉄砲洲（東京・築地明石町）に蘭学塾を開かれてから、平成二〇年（二〇〇八年）には創立一五〇周年を迎える。この間義塾から数多くの人材を輩出し、わが国の発展に貢献している。とくに経済界へ進出した塾員はわが国の産業・経済の基礎を築き隆盛に尽くした。それに引き換え政官界へ進んだ塾員たちはどうだったか。

明治二二年（一八八九年）発布の大日本帝国憲法・同二三年（一八九〇年）開設の帝国議会の開設から昭和二二（一九四七年）の年帝国憲法・帝国議会の終焉までの間に活躍した義塾出身の政官界人は、首相になった犬養毅や〝憲政の神様〟尾崎行雄ぐらいではなかろうか。

ところが手元にある資料によると義塾出身の政官界人は衆議院議員一九三人、貴族院議員一三一人、枢密顧問官一六人、大臣二一人、内閣書記官長三人、特命全権大・公使五人、海軍大将三人、大審院長二人、検事総長二人、日銀総裁二人、満鉄総裁二人……とかなりの人数の塾員が政官界に関わっていることが判った。しかし全員を採り上げるのは不可能なのでポストよりも話題性に富む人を目安にし、五四人を採り上げてみた。その中には国会議員にもならず、官職にも付かなかった馬場辰猪や専門分野の人にしか知られていない呉文聡《くれあやとし》・塚原周造・森本泉らが含まれている。

はじめ人名事典風に五十音順に配列を考えたが、どのような時代に活躍したかが判らないため時代別に配列することとした。福澤が直接指導した明治前期（黎明期）、義塾初期入社塾員の活躍しはじめた明治後期（発展期）、護憲運動・民本主義の大正時代（開花期）、政党政治と軍部台頭の昭和初期（爛熟期）、政党政治の没落と太平洋戦争終戦まで（動乱期）の五部構成とした。

各部の冒頭に時代背景を記述したあとその時代に活躍した人を配列した。第一部では福澤をはじめ各界の先駆者。第二部では塾員初の大臣浜尾新や官界で活躍の塾員たち。第三部では尾崎行雄らによる護憲運動や義塾出身の議員・官僚の活躍。第四部では塾員初の首相犬養毅の苦悶など。第五部では軍部・官僚と闘った池田成彬・小林一三、戦後の再建の方向を指し示した小泉信三・高橋誠一郎。

どんな時代でも権力は腐敗し易いし権力者に迎合するものが少なくない。そういう中にあって義塾出身の政官界人は独立自尊の精神を活かし是々非々主義をとり権力に迎合するものは少なかった。戦後はこのような「骨」のある政官界人が少ないのは残念でならない。

三田の政官界人列伝　目次

第II部　発展期（明治後期）　65

第V部　動乱期（昭和終戦まで） 257

凡　例

①福澤先生を含め本文中敬称略。
②福澤諭吉の澤、慶應義塾の應以外は新字とする。
③年令には十をいれる。（例、九十六歳）生年月日などは漢数字とする。（例、明治四四年一〇月一〇日）図書・雑誌・新聞の日付は洋数字とする。（例　昭和7・5・15）
④大日本帝国憲法は「帝国憲法」、日本国憲法は「現行憲法」、交詢社私擬憲法案は「交詢社私案」と省略する場合もある。
⑤戦前の政党には「立憲」の二字を被せることが多いが、煩わしいので「立憲」を原則として省略する。（例、立憲政友会→政友会）

第Ⅰ部　黎明期（明治前期）

第Ⅰ部　黎明期

福澤諭吉は啓蒙学者であると同時に政治評論家でもあった。国家の近代化に必要な憲法・国会・外交・国防について広い視野で論議をしている。

福澤は交詢社創立ほどない明治一四年四月、小幡篤次郎・中上川彦次郎・馬場辰猪・矢野文雄・尾崎行雄・犬養毅らに命じて「交詢社私擬憲法案」を纏めさせ、『交詢雑誌』に掲載した。英国流の議院内閣制を盛り込んだものの、はじめは注目されなかったが、雑誌や地方紙などに転載されたり、参議大隈重信が「交詢社私案」に似たものを自分の「憲法私案」として天皇に奏上したため大騒ぎとなった。

当時、自由民権主義者は北海道官有物払い下げ反対・国会の早期開設・憲法制定促進を求めて運動を展開していた。事態を重く見た参議伊藤博文・井上馨らは、大隈が天皇に随行していた留守に会議を開き大隈を罷免する一方、明治二三年までに憲法を制定し、国会の早期開設を図り、北海道官有物払い下げ中止を決めた（「明治十四年の政変」）。

翌一五年、福澤は読みやすく解りやすい政論新聞『時事新報』を創刊し、自ら論説の筆を執った。とくに外交・国防については世界の情勢をふまえ、鋭く批判した。

当時、大清帝国はわが国を軽く見ていたし、朝鮮王国は清国の顔色を窺いながらわが国と接するなど対等な外交はできなかった。福澤はその原因の一つに朝鮮の開明化が遅れていることがあると判断し、井上角五郎・牛場卓蔵を朝鮮に派遣、諺文文字《オンモン》（現在のハングル文字とほぼ同じ）を普及し識字率を高めようとした。しかし李王朝の守旧派と開明派との紛争は果てしなく、井上・牛場は帰国せざるを得なかった。福澤は明治一八年に「脱亜論」を書いてアジアの人々の覚醒を求めた。

伊藤博文は欧州で憲法を学んで帰国し、明治一八年一二月に内閣制度が発足し、伊藤が初代首相に就任した。三年後首相を辞した伊藤は、ドイツの憲法学者ロエスレルの指導で「ドイツ帝国憲法」を引写したような「大日本帝国憲法」を纏め、天皇の御裁可を経て明治二二年二月一一日発布した。この憲法に福澤をはじめこころある人たちは落胆した。

翌二三年七月の第一回総選挙で民党（野党）が勝ったが、議院内閣制でないので藩閥政治が続いた。

一方、わが国の近代化のため尽した福澤門下生の中から、新しい大学のシステムを作り上げた初代帝国大学総長渡辺洪基、国の政策・財政を決める基礎的数値を見極めるための国勢調査実現を推進した統計学者呉文聡、海運業の過当競争をやめさせ、海運業の国際化に努力した逓信省海運局長塚原周蔵らを取り上げた。

明治二七―二八年の日清戦争はわが国はじめての近代戦でもあったので、勝利を目指し挙国一致態勢をとった。ところが海軍は勝利の功績を薩摩閥で独り占めしようと肥前出身の初代海軍軍令部長中牟田倉之助を枢密顧問官に転出させ、後任に薩摩の樺山資紀が就任した。戦後、福澤が海軍の不当人事を詰ったところ、軍艦奉行木村摂津守の長男浩吉海軍大尉の進言で海軍官房主事山本権兵衛と会い話し合った結果、山本が海軍の近代化に努めていることを知り海軍の理解者となった。

福澤　諭吉――天は人の上に人を造らず　人の下に人を造らずと云えり

政治家志向

福澤諭吉は啓蒙思想家であり文明評論家であったが、中村菊男は「福澤は自ら政治に携わりたいようだ」としている（『慶應義塾百年史』別巻　大学編　四九九～五〇〇頁）。福澤の高尚な理論もフェアな行動も政治を権力闘争の場としか考えていない「政治屋」には通じなかった。二つの忌まわしい事件で煮え湯を飲まされた福澤は直接政治に携わるのを止め、筆を以て戦う決意をした。

明治一〇年、わが国はじめての地方議会として東京府会が設けられ、福澤も議員に選ばれた。福澤は塾生・塾員を三田の演説館に集め模擬国会を開いたり、藤田茂吉、箕浦勝人《みのうらかつんど》に口述した「国会論」を郵便報知新聞に掲載するなどして議事運営には自信があった。福澤の人気を妬む福地桜痴（源一郎）は開会に先立ち、自分への投票を依頼、福地が議長、福澤は副議長に選出された。怒った福澤は以後一度も府会に出席しなかったという。

福澤は常日頃近代国家の基本となる憲法の制定が必要と考え、小幡篤次郎、尾崎行雄、犬養毅らの意見を入れ「交詢社私擬憲法案」を作成させた（内容については「小幡篤次郎」の項参照のこと）。「交詢社私擬憲法案」が『交詢雑誌』にはじめて掲載されたときそれほど注目されなかったが、これが地方紙や政論雑誌に転載されるとあれこれ論議の対象になった。当時太政官府は参議たちに憲法について意見を聞いているところであり、一方自由民権論者は憲法制定や早期の国会開設を求める運動を展開していた。

憲法の意見奏上が遅れていた筆頭参議大隈重信の「交詢社私擬憲法案」を骨子としたといわれる「大隈案」の奏上によって、これまで協力して来た参議伊藤博文と井上馨は大隈重信の追い落としに回った。大隈が明治天皇の北海道巡幸に供奉したとき、残った参議によって「大隈の参議罷免・国会早期開設・北海道官有物払い下げ中止」を決めた。そればかりか太政官大書記官兼統計院大書記官矢野文雄、中上川《なかみがわ》彦次郎ら大隈系・義塾出身の官吏は相次いで罷免された。しかも「大隈を首魁、福澤を軍師、岩崎を金主として…と言う根も葉もない噂話を流し…」（『福翁自伝』）というありさまだった。

福澤はこの事件を機に直接政治から手を引き、翌一五年に創刊した『時事新報』に政治評論を書き蒙を啓いた。明治二三年政府は福澤を貴族院議員に勅選しようとしたが、福澤はこれを断り、小幡篤次郎を代りにしている。自身生涯官職に就かず叙勲も断っている。

皇室論

『文明論之概略』で近代国家のあり方を説いた福澤諭吉は言論の自由など国民の権利を記した『通俗民権論』（明治一一年）、国家の権能を述べた『通俗国権論』（同一二年）を著し、権力の根源を明らかにしている。さらに福澤は明治一五年に『帝室論』を書き、天皇のあり方についての考え方を纏めている。

君主と言えば、王権神授説とかフランス・ルイ一四世の「朕は国家なり」など無限の権限を誇示するのが普通だが、英国だけはマグナカルタ（大憲章）制定以後、「国王（女王）は君臨すれども統治せず」の慣習を踏襲して来た。福澤は明治一五年に『帝室論』を著したが、その中で「帝室は政治社外のものなり」と記している。これは天皇の無謬性を守るためには英国流の統治しないスタイルしかないと考えたからであろう。福澤歿後『帝室論』と『尊皇論』（明治二一年）とを合わせ、『皇室論』としている。

翌二二年二月一一日に発布された大日本帝国憲法の第一条には「大日本帝国ハ万世一系ノ天皇此レヲ統治ス」とあり、福澤は自分の考え方と全く違うことに落胆したと思われる。

憲法学者美濃部達吉（元東京都知事美濃部亮吉の父）は福澤の「帝室は政治の外にあり」という考え方と似ており、天皇の無謬性を守るため天皇機関説を採ったが、昭和に入ると右翼が「現人神」を機関とするのは不敬に当たるとし、激しい攻撃に沈黙を守らざるを得なかった。

太平洋戦争後天皇制について論議されたとき、首相吉田茂は秘書のような仕事をしていた武見太郎に皇室のあり方について尋ねたところ、武見は即座に『皇室論』の一読を薦め、吉田は国会で象徴天皇についての質疑に対して「天皇は政治の外にあります」と答弁し納得を得た。

立国は私なり

一九世紀の国際情勢は弱肉強食の「砲艦外交」や舞踏と酒杯の間に密議を凝らす「宮廷外交」で国益を求め蠢いていたし、崇高な理念に基づき独立しても、内紛や隣国との摩擦など国際社会に不安定さを醸しだしていた。国際社会の静穏を保つためにはそれぞれの国の自覚を持たせる必要があるとし、『瘠我慢の説』で「立国は私なり公に非らざるなり」と指摘している。

福澤の『瘠我慢の説』は勝海舟や榎本武揚が徳川幕府と明治政府の要職に就いたことを批判するとともに、政府が国威発揚に傾倒するだけで国際協調を蔑ろにする視野の狭さに対する警鐘でもあった。

クリミヤ戦争（一八五三―五六年）でナイチンゲールらがロシア・トルコ両国の負傷兵を分け隔てなく看護したことから万国赤十字が一八六四年（元治元年）結成された。福澤は包括的な国際社会の協力機関の必要を感じながら具体的提言はしなかった。福澤の考えていたような国際社会の包括的協調機関として国際聯盟が誕生したのは大正八年（一九一九年）、福澤歿後一八年が経っていた。

福澤は条約・協定を結ぶ場合、対等であるべきだとしていた。ところが欧米諸国よりもアジア各国との外交の方が難しかった。大清帝国はわが国を弱小国と見てまともに相手になろうとしなかったし、朝鮮王国は清国の意向に従い接近したり、遠ざかったりした。

福澤は井上角五郎を朝鮮に派遣し、かな文字に似た諺文《オンモン》文字と漢字をまぜたやさしい文章を普及させようとした。これにより開明派の東学党が勢いを得たが、守旧派は清国の応援を得て東学党を撃破、井上は帰国せざるを得なかった。

こうしたアジア各国の反応をうけて、福澤は「亜細亜を脱し欧州に入りたきものなり」という内容の意外な「脱亜論」を明治一八年に著した。福澤の対等・友好の精神を白人崇拝・アジア人蔑視と曲解して中国や韓国の人の中には福澤を嫌ったりする者がいる一方、わが国にも中国や韓国を侮蔑したり、嫌がらせをする指導者がいるのは嘆かわしい。

理には黒奴にも恐入り　道には英米も恐れず

福澤諭吉は外交と国防とは表裏一体であり、つねに紛争の危機を孕んでいることをよく知っていた。福澤は万国公法に基づいた世界の正義こそ普遍の真理であるとし、『学問のすゝめ』の中で「理のためにはアフリカの黒奴にも恐れ入り、道のためにはイギリス、アメリカの軍艦も恐れず」と述べているが、一方『通俗国権論』の中では「外戦止むを得ざること」で「百巻の万国公法は数門の大砲に若かず、幾冊の和親条約は一筐の弾薬に若かず」と相互理解と互譲の精神がなければ交渉は円滑に進まないし、国力に見合った軍備の必要性を説いている。福澤は軍事についてどのような知識と考えを持っていたのだろうか。『ペル築城書』（安政四年　未刊）、『海岸防禦法』（明治元年同）、『雷銃（ライフル）操法』（明治二―三年）、『懐中兵士便覧』（同二年）、『洋兵明鑑』（同三年）の翻訳書があるが、福澤の本領は創刊間もない『時事新報』に連載した論説『兵論』（明治一五年）で発揮された。列強各国の人口・面積などの国力、兵員数・軍事費などの兵力を比較検討したわが国初のミリタリー・バランスである。人口に占める兵員数の割合、軍事費に対する兵員数の割合などによってその国の軍事の評価をしている。

福澤は日清戦争後、ある事件（中牟田倉之助の項参照のこと）が切っ掛けで海軍省官房主事山本権兵衛少将（のち海相、首相）を三田の福澤邸に招き終日国防について論議した。その結果、周りを海に囲まれたわが国は海（軍）主・陸（軍）従で行くべきだとの結論に達した（故伯爵山本海軍大将伝記編纂会編『伯爵山本権兵衛伝』巻下　一四七一〜七二頁）。

福澤は『時事新報』に折りに触れ海軍の拡充の論説を書くばかりでなく、海防義金を拠出するなど実践面でも尽くしている。

政府は福澤の義金拠出の功績を認め、叙勲することとし、御沙汰を内々に伝えたところ、福澤は「私は学士を造ることに日夜努力している。教育についてのお褒めなら喜んでお受けするが、それ以外の事由での叙勲は御辞退したい」との趣旨の返事をした。（斎藤昌司『勲章の知識』昭15）

福澤の歿後起こった日露戦争で陸海軍とも大勝利を収めたため増長し、陸軍はロシアの復讐に備え師団数を増やし、海軍はアメリカへの対抗意識から大海軍建設に着手した。一時海軍はワシントン軍縮条約締結に伴って八八艦隊（戦艦八隻・巡洋戦艦八隻）の計画を破棄したものの、昭和に入り同条約の廃棄に乗じ戦艦大和・武蔵をはじめ再び大海軍の建設に乗り出した。陸軍は、中国でのわが国の権益を守るため満州の独立・清朝復辟《ふくへき》を実現した。これに中国が反発し日中戦争となったが、泥沼化したため解決を図る目的で太平洋戦争に突入した愚かな二正面作戦は連合軍の敵ではなかった。

福澤の主張するように国力に見合う海主・陸従に徹し、対華宥和外交を続けていたら大義なき戦争は起こらず、敗戦の憂き目にも遭うこともなかっただろう。

門閥制度は親の仇

下級武士の子として生まれた福澤諭吉は学問の道に志を立て大阪の緒方洪庵塾でオランダ語を学んだ。次に江戸に出て鉄砲洲（現、中央区明石町）で蘭学塾を開いたが、時代に合わないと知り独学で英語を修め、同じ場所で英学塾を開き、その後まもなく木村摂津守の従者として咸臨丸で渡米してからようやく認められるようになった。徳川幕府の大政奉還直前、鉄砲洲から数里先の上野での戦いのときも福澤はウェーランド経済書を講義し、戦乱でも洋学の灯火を消さない努力を続けたのであった。

明治維新によって幕府が倒れ、封建制度が崩壊したものの、政治は公卿や維新の功労者によって動かされていた。廃藩置県・廃刀令・断髪令・教育制度施行など近代化を進めたが、肝腎の憲法制定・国会設置などは手つかずであった。そればかりでなく西南戦争など政情も不安定であった。

そのような中にあって福澤は向学心に燃える者なら家柄や身分に関係なく入社（学）を認め、分け隔てなく塾生として教えた。当時義塾の経営は余り良くなかったが、教員・塾生・塾員らが社中一致し維持することが出来た。

義塾では英語学・物理・化学・簿記・会計学・政治経済など「実学」を教えた。能力さえあれば飛び級は勿論、一年そこそこで卒業出来たようだ。中には英語をマスターすると海外留学や専門学校へ移るものもいた。

普通学生というと周囲が甘やかしたせいか、したい放題の者が少なくなかった。福澤は義塾の目的の中で「気品の泉源、智徳の模範」を謳い、近代日本に相応しい「紳士」を育てた。したがって福澤は自己の栄達のため同僚を蹴落としたある塾員を最後まで許そうとしなかった。

福澤はわが国の近代化に必要な人材教育をするとともに、『時事新報』に政治の論評を書き続けた。それについて福澤は『民間雑誌』に掲載された論説の中で、「学者は国の奴雁なり」（『福澤諭吉全集』第一九巻　五一三頁）と記している。「奴雁」とは雁の群れを守るため寝ずに見張りをするリーダー格の雁。福澤は政権がわが国の近代化に逆行しないようにと明治一五年、『時事新報』を創刊し、自ら論説の筆を執り奴雁の役を果たした。今の学者やジャーナリストで奴雁の役割を果しているものは何人いるだろうか。

福澤は一生で、封建時代と文明開化という二つの違った時代を生き抜いて来た感動から晩年『福翁自伝』を著した。中で下級武士の倅として生まれ若いころ辛酸を嘗めたのに対し、上士の息子は能力のあるなしにかかわらず若くして高い地位に就く不条理を指摘したうえで、はじめて訪米した際初代大統領ワシントンの子孫の消息を誰も知らないことに驚くとともに感動し、「門閥制度は親の仇でござる」と記している。

太平洋戦争後、門閥によって苦労せず高い地位を得ることは出来なくなった。しかしそれに代わるものとして政治家や官僚が特権階級化している事実を見逃せない。福澤の目指した社会を築くには「天は人の上に人を造らず人の下に人を造らずと云えり」（『学問のすゝめ』初編）の原点に立ち戻り睦み合い扶け合って二一世紀を乗り越えることこそが必要なのではなかろうか。

小幡　篤次郎——福澤諭吉の右腕

謹厳寡黙

福澤諭吉が最も信頼した弟子の小幡篤次郎は天保一三（一八四二）年豊前国中津（現、大分県中津市）で中津藩士小幡篤蔵の二男として生まれた。元治元年、二十三歳のとき二歳下の実弟甚三郎とともに上京し福澤塾に入社した。のち篤次郎は慶應義塾の塾長となり、甚三郎は米国留学中夭折した。

小幡は在塾中から頭角を表して早く教員となっている。慶応元年から四年までの間塾長を務めている。

小幡は福澤を助け、『洋兵明鑑』などの共訳もあるが、福澤が江戸の戦火の中で講義したウェーランド経済書を小幡が訳し直した『英氏経済論（ポリチカル・エコノミー）』は、明治四年から同一〇年にかけ慶應義塾出版社より刊行されている。

明治一〇年に小幡は欧米を訪ね、学者的好奇心から各国の憲法や政治体制をじっくりと研究し帰国している。のちにフランスをはじめデンマーク、ベルギー、ポルトガルなどの憲法を紹介した『各国憲法撮要』のほか、『議事必携（チェーヤメン・ハンドブック）』を著している。

明治一二年、東京学士院が創設されたとき小幡は福澤とともに会員となり、院長に選ばれた福澤を陰に陽に助けている。

交詢社私擬憲法案

福澤諭吉は翌一三年一月二五日、知識を交換し世務を諮詢する目的で交詢社を創設したが、小幡はその設立に参画し、運営の一翼を担った。福澤は啓蒙運動の一環として機関誌『交詢雑誌』を発行、内外の状況を紹介した。とくに一般市民に政治的関心を高めるため、世界の政治体制や実情を紹介した。また小幡を中心に矢野文雄、馬場辰猪、中上川《なかみがわ》彦次郎らによって理想的な憲法案を纏め、「交詢社私擬憲法案」を『交詢雑誌』明治14年4月15日号（通巻45号）に全文掲載した。

この憲法案は七章七九条からなっており、その内容は第一章　皇権（第一条〜第七条）、第二章　内閣（第八条〜第十七条）、第三章　元老院（第十八条〜第三十八条）、第四章　国会院（第三十九条〜第六十三条）、第五章　裁判（第六十四条〜第六十八条）、第六章　民権（第六十九条〜第七十八条）、第七章　憲法改正（第七十九条）となっている。

その特色は九年後に制定された「大日本帝国憲法」よりも進歩的・民主的であった。皇権は「天皇ハ宰相並ニ元老院国会院ノ立法両院ニ依テ国ヲ統治ス」（第一条）と規定し、天皇親政の「帝国憲法」よりも現行憲法に近い。内閣は「政務ノ責ハ宰相（首相）之ニ当ル」（第二条）、「内閣宰相タルモノハ、元老議員若シクハ国会議院（員）ニ限ルヘシ」（第十三条）など、英国流の議院内閣制を採っているのが注目に値する。立法府は二院制を採り、「元老院議員ハ特選議員ト、公選議員トニヨリ成立スルモノトス」（第十九条）とし、皇族・華族・多額納税者（互選）・勅選からなった旧貴族院とくらべるとかなり民主的であった。さらに国民の権利について宗教の自由を第六十九条、言論・出版の自由を第七十条、請願の権利を第七十一条、拷問の禁止を第七十六条、法の下での平等を第七十七条に明文化されているのは今でも高く評価されている。

明治十四年の政変

この「私擬憲法案」は『交詢雑誌』に掲載された段階ではそれほど大きな反響はなかったが、全国の新聞に取り上げられてから徐々に論議が巻き起こった。当時政府は憲法はどうあるべきかについて各参議に意見を聞いた。最後に筆頭参議大隈重信が「私擬憲法案」を骨子とした意見を奏上した。奏上するまで大隈と歩調を合わせていた伊藤博文・井上馨が反発、かねてから大隈や民権派が北海道官有物払い下げ反対・国会早期開設などの主張が絡まり政治問題化した。

結局、天皇の北海道巡幸に供奉し東京にいなかった大隈を罷免するとともに、北海道官有物払い下げ中止・九年後の国会開設などをきめた。「明治十四年の政変」である。

余波も大きかった。大隈系と見られた矢野文雄、牛場卓蔵、犬養毅、尾崎行雄、中上川彦次郎、小松原英太郎、森下岩楠、津田純一の八人が罷免された。官吏でなかった小幡と馬場は咎められなかった。

福澤は啓蒙運動が政治に利用され、弟子たちを官界から追われ怒りを抑えきれず、以後政治に直接携わることを止めた。一方、『時事新報』を創刊し政治を中心に啓蒙運動を続けることとし、小幡はそれをたすけたのであった。

教育と政治

小幡は真面目で地味な性格であったので、福澤から信頼され、福澤の右腕として慶應義塾の経営に当たっていたので、義塾外の人から余り知られていなかった。ところが明治二三年に帝国議会が開設され、小幡が貴族院の勅選議員に選ばれたことから、人々に注目されるようになった。帝国議会は選挙による衆議院と皇族・華族・学識経験者・多額納税者で構成される貴族院からなっていた。政府は学識経験者の中に福澤を入れていたが、福澤は直接政治に関わりたくないという気持ちが強く、内示の段階から固辞する意向を示していた。ただ福澤は慶應義塾から人を出すなら小幡がいい、と強く推薦しており、その通り小幡が勅選された経緯がある。このとき勅選されたのは六一人で、義塾出身では九鬼隆一、浜尾新、三好退蔵の三人がいた。

貴族院議員としての小幡は地味であったが、明治二六年には政府の貨幣制度調査会委員に選ばれ、銀本位制をあらためるべきかどうかについて審議した。第二次松方内閣は同調査会の答申に基づき金本位制実施を決めたが、小幡は「改正の必要なし」という少数意見を述べている。その理由は余り明確ではないが、金が投機に使われやすい、経済大国を目指すアメリカでもまだ実施していない、などなどの不安材料があったからではなかろうか。

〔注〕金本位制については「渡辺洪基」の項参照のこと。

小幡は貴族院議員になってからも義塾での教育に力を入れていたが、明治二六年には再び塾長になり、同三〇年までの四年間務め義塾の発展に尽くした。また福澤がモラルサイエンスについての規範を作りたいと言いだしたときも、小幡を中心に石河幹明や土屋元作らと草案を練り、「修身要領」を纏めた。

福澤が明治三四年二月三日、六十七歳で死去、小幡が第二代義塾社頭に選ばれたが、四年後の同三八年四月一六日に六十四歳で死去した。

馬場　辰猪――福澤諭吉の頭脳

福澤塾の俊英

馬場辰猪は嘉永三（一八五〇）年五月一五日、高知藩士馬場来八の次男として高知城下中島町で生まれた。藩校致道館で学んだのち、藩主松平土佐守の命により慶応二年藩給費生として江戸の福澤塾に入社した。ところが討幕軍の東征がはじまり物情騒然となった。このため馬場は一たん帰郷せざるを得なかったが、明治二年には再び福澤塾に入り、主として経済学を原書で学んだ。

はじめに入ったときには渡辺洪基、松山棟庵、小泉信吉、草郷清四郎らが学んでいた。馬場の再入塾後は門野幾之進、安岡雄吉らと机を並べていた。

高知藩は馬場の才能を高く評価し、明治三年七月には藩費生として英国へ留学させている。丁度そのころ岩倉具視を大使とする一行がロンドンを訪れたが、岩倉にも才能を認められた馬場は官費留学生として法律を研究することとなった。

当時英国人は日本についてほとんど知らなかった。そこで馬場は英文で日本語文典を著し、英国人の日本研究を助けた。馬場の英国滞在期間は前後二回七年七ヵ月に及んでいるが、その間『日本在留ノ英国人ヲ論ズ』『日英ノ条約ヲ論ズ』などを英文で刊行したほか『古事記』を英訳し、要点を英国人類協会で英語で演説している。

馬場の二度目の英国留学中に中上川《なかみがわ》彦次郎、小泉信吉《のぶきち》らが相次いでロンドンに留学しており、帰国直前には小幡篤次郎が視察旅行にやって来ている。福澤の啓蒙思想を継承発展させた人々が先進国で一堂に集まったのであった。

思想と実践

馬場が二度目の英国留学から帰国した明治一一年になると、徐々に自由民権思想が広まって来た。馬場は同郷の小野梓とともに実践活動に入り、演説会を開いたり、雑誌を発行したりしていたが、そのかたわら『法律一班』(明一一)を著している。また福澤諭吉を助け「交詢社」の設立に尽力した。福澤としては交詢社が単なる社交団体であるばかりでなく社会教育の「場」であるとし、知識の交換や時局の問題を討議していた。馬場は小幡篤次郎とともに交詢社の運営に努めた。

福澤は国の基本法である憲法の必要性を説くとともに、理想的な憲法の手本を作るよう小幡・馬場・中上川・矢野文雄らに命じた。小幡・馬場らは議院内閣制を骨子とする「交詢社私擬憲法案」を纏め『交詢雑誌』に掲載した。

「私擬憲法案」が注目されたのは全国各地の新聞に転載されて、この案の賛否両論が新聞紙面を賑わせたからであった。当時政府は参議に対し憲法についての意見を奏上させていたが、筆頭参議大隈重信は「私擬憲法案」の骨子を基にした意見を奏上した。他の参議の意見よりも進歩的であったことから政治問題化した。大隈はかねてから北海道官有物の払い下げ中止・国会の早期開設を求めていたので、これまで大隈に近かった伊藤博文・井上馨らが反対に回った。伊藤・井上らは大隈が天皇の北海道巡幸に供奉し留守だったので、北海道官有物払い下げ中止・九年後国会開設と引き替えに大隈の罷免をきめた。いわゆる「明治十四年の政変」である。

〔注〕「交詢社私擬憲法案」「明治十四年の政変」については小幡篤次郎の項参照のこと。

天賦人権論

「明治十四年の政変」で大隈系の官僚と見られた統計院幹事兼太政官大書記官矢野文雄ら、義塾出身者が相次いで罷免されている。小幡・馬場らは官職についていなかったため咎められることもなかった。このあと馬場は同郷の大石正己とともに国友会を創立し、雑誌『国友』を刊行するなど、活発な政治運動をはじめた。また同郷の板垣退助が愛国公党を解散し自由党を結成すると同党に入り、副総理になっている。ところが明治十四年の政変ののち、総理板垣が外遊の意向を示したため、馬場は時局認識の甘さを非難するとともに外遊費のでどころに疑問を持ち脱党した。

そのころ馬場は生計を立てるため明治義塾で教員をしていたが、著作活動は片時も忘れなかった。同一五年、当時東京大学総理加藤弘之が天賦人権説は妄想であって、人権は国家によって賦与されるものであるという趣旨で『人権新説』を著した。これは政府にとって都合のよい説であり、官立の〝偉い先生〟が唱えるのだから間違いあるまいと、支持するものもいたが、馬場は『朝野新聞』に「読　加藤弘之君新人権論」を連載（明治15・11・17～12・2）した。のちにこれを『天賦人権論』として刊行している。馬場の論旨は「天は人の上に人を造らず　人の下に人を造らずと言えり」との福澤の「人権論」を発展させたもので『人権新説』を徹底的に論破している。「交詢社私擬憲法案」第六章の第七十六条の法の下の平等もこの考え方に基づくものである。

福澤の慨嘆

馬場の言行は次第に過激になり、同一六年四月警視総監樺山資紀《かばやますけのり》から言論活動禁止の処分を受けた。禁止命令はほどなく解けたが、政治活動は監視の目が厳しく、一時中止せざるを得なかった。明治一八年一一月、大石正己とともに横浜居留地で英国人モリソンにダイナマイトについてあれこれと聞いたことから、官憲に察知され逮捕、爆発物購入罪の疑いで裁判にかけられたが、同一九年六月になって無罪の判決を受けた。

釈放された馬場は大石を伴って渡米し、著述・演説などで日本の紹介に当たっていたが、帰国し議会人として実際政治に携わることなく、明治二一（一八八八）年一一月一日にフィラデルフィアで客死した。三十九歳の若さであった。

福澤諭吉は小幡篤次郎とともに馬場辰猪を後継者の一人として考えていたらしく、馬場の死去をこの上なく残念がっていたようだ。東京・谷中の天王寺で行われた馬場の八周年祭に福澤諭吉も参列したが、その弔詞は福澤の胸中を吐露するものであった。


……自ら社会に頭角を現はしたれども……君の伎倆を実際に試るの機会を得ず。明治二十年再び航して米国に遊び、居ること一年にして病に犯され、客中不帰の客と為りたるこそ天地と共に無窮の憾なれ。君は天下の人才にして其期する所も亦大なりと雖も、吾々が特に君に重きを置て忘るること能はざる所のものは、其気風品格の高尚なるに在り。……君の形体は既に逝くと雖も生前の気品は知人の忘れんとして忘るる能はざる所にして、有年の後尚ほ他の亀鑑たり。聊か以て地下の霊を慰るに足るべし

福澤諭吉払涙記

（『福澤諭吉全集』第一九巻　七八八～七八九頁）

矢野　文雄――「直議制」―理想の政治形態

政界追放

龍渓・矢野文雄は嘉永三（一八五〇）年一二月一日、豊前国佐伯藩（現、大分県佐伯市）で同藩士矢野光儀の長男として生まれた。十五歳のとき藩主毛利高謙の側近に仕えた。明治維新後藩主に従って上京し、朝廷の親兵となったがほどなく辞職帰郷した。ところが父光儀が武蔵国葛飾県知事に任命されたため一家で上京し、文雄は翌明治四年慶應義塾に入社した。

当時義塾は三田に移転したばかりで、机を並べて学んだ者のうちには猪飼麻次郎、九鬼隆一、雨山達也、鏑木誠、三好退蔵、高嶺秀夫らがいた。

翌年二十三歳で義塾を卒業した矢野は直ちに義塾教員に採用され、同八年一月には義塾大阪分校長、同年七月に徳島分校長になっている。しかし政治に関心があったので同九年には郵便報知新聞副主筆となり、言論を通して政治活動の第一歩を踏み出した。

福澤諭吉の紹介で矢野は参議大隈重信と知り合い、明治一一年には大蔵省に少書記官として入ったが、ほどなく太政官に移り統計院幹事兼太政官大書記官に進んだ。

矢野は頭が良いばかりでなく勉強も怠らなかったので福澤に可愛がられ、交詢社の設立委員となり設立後は常議員となっている。また啓蒙運動の一環として、小幡篤次郎、馬場辰猪、中上川彦次郎らとともに「交詢社私擬憲法案」を作成し国の基本法の資料とした。のちに参議大隈重信がこの「私擬憲法案」の骨子を自己の憲法の考え方として奏上したことから、参議伊藤博文・井上馨らと衝突した。大隈はかねてから北海道官有物払い下げ反対・国会の早期開設・憲法制定促進を唱えていたため、伊藤・井上らは他の参議と語らい大隈の参議罷免をする代わりに北海道官有物払い下げ中止・九年後の国会開設・憲法制定促進を決めた。いわゆる「明治十四年の政変」である。

さらに大隈系と見られた義塾出身の官僚、矢野をはじめ外務大書記官中上川彦次郎や統計院権少書記官尾崎行雄、同犬養毅らが相次いで罷免された。

〔注〕「交詢社私擬憲法案」「明治十四年政変」については小幡篤次郎の項参照のこと。

英国流議会政治を目指す

官界を追放された大隈は、憲法の下で政党政治が出来るように政党を結成する必要性を説くとともに、機関紙として郵便報知新聞を買収することとした。大隈としては性格の違った政党を束ね、大きな政党の党首となる考えを持っていた。明治一五年に大隈が結成した改進党は、英国流の議院内閣制を目指す矢野の東洋議政会をはじめ河野敏鎌の嚶鳴会、小野梓の鷗渡会からなっていた。矢野はこの年、忙しい党務のかたわら西洋の名宰相・忠臣を扱った政治小説『経国美談』を発表し多才ぶりを発揮した。この小説を書いた動機はやはり理非・善悪を明確にしたいという気持ちからだったのではなかろうか。

改進党は党首大隈の独裁的色彩が強かったので党内に不満が燻っていた。そこへ桜痴・福地源一郎の率いる帝政党が民党（野党）の改進党・自由党（総理　板垣退助）に対する攻撃をはじめた。不意を衝かれた改進党内に動揺が起き、やがて大隈の脱党騒ぎにまで発展した。そこで同党は総理・掌事（三人）を廃止し、代わりに事務委員七人を置き党務を執行することになった。

これより少し前、矢野は警視庁から東洋議政会解散を命ぜられたのに怒り、欧州各国外遊に出ていたが、憲法制定・国会設置を機に帰国することにした。結局二年後の明治一九年に帰国し、翌二〇年には筆頭事務委員藤田茂吉に代わって事務委員に就任した。

事実上改進党の党首になった矢野は党勢拡張に努めていたので、後藤象二郎の民党大同団結提唱には敢えて反対し、党員の結束強化を促している。しかし国会開設が近づくにつれ立候補予定者たちの利害が錯綜し、党員間の軋轢も生じた。

矢野は同二二年二月一一日に発布された大日本帝国憲法に失望させられた。小幡らと作った「交詢社私擬憲法案」では議院内閣制をとっているのに、「帝国憲法」の内閣に当たる条文は第五十五条「国務大臣」の一カ条だけで、国務大臣が各々天皇に対してだけ責任をとる形であったり、上院

（貴族院）の構成も全く民意を反映していないのは、国の基本法として欠陥であるとみて下院（衆議院）議員となって政治に携わることを断念した。

駐清公使

一時帰郷した矢野は読書と思索に耽っていたが、共和制に興味を持ち、『浮城物語』を著した（明治二〇年）。内容はある国から独立した軍艦内で指導者を選挙で選び合議制で運用したが、艦内の秩序確保に試行錯誤を重ねた末確立するというもの。共和制を題材としながら、実は開かれた皇室を期待していたのではなかろうか。ほどなく矢野は宮内省式部官に任ぜられた。内外の概博な知識が評価されたのだろう。

矢野の宮内省勤め七年、諸陵頭になっていたが、今度は外務省から駐清特命全権公使に任命されている。

外交官の経験のない矢野が明治三〇年から同三二年まで、数少ない大国清国の特命全権公使に起用されたのはなぜなのだろうか。当時日清両国の間には大きな問題はなかった。むしろ日清戦争に勝った日本に対する列強各国の猜疑心が芽生え、露・独・仏三国干渉をはじめ朝鮮王国での親露派政権樹立などわが国の大陸進出を阻止する動きが顕著であった。

こういう時機なので矢野のような「大人」が適当であったのではなかろうか。実際に矢野の在任中の出来事というと、まずドイツが膠州湾を租借し、ついでロシアが旅順・大連を租借した。日本としては両国の措置に遺憾の意を表したが、両国に対抗する力がないことからそれ以上の行動はとっていない。そればかりか、わが国が領土的野心がないことを示すため、福建省の不割譲に関する協定の日清交渉が成立した。これにより清国人は矢野を尊敬するようになった。ところがその直後フランスが広州湾を、英国が九龍半島を租借するという事態が起こったため、日本国内では政府(第三次伊藤博文内閣)への不満が爆発、総辞職の遠因の一つとなっている。

矢野に対する歴代外相の信頼は厚く翌明治三二年一〇月までその職にあった。退官後は言論界にもどった。

見果てぬ夢を追って

矢野は旧態依然としたわが国の政治・社会体制に不満を持っていたが、直接の批判は避け明治三五年に政治小説の形で『新社会』を著し警鐘を鳴らした。理想郷に彷徨い込んだ主人公が見聞きした政治・経済のシステム・運用を一門一答の形式をとったユートピア小説である。中でもギリシア時代の都市国家で行われたという直接民主政治を取り上げ、国民全体が政治に参加できる「直議制」を紹介している。

「我国の立法組織は直議制と代議制とを兼ねたるものなり。欧米の立憲国又は貴国の如きは、是代議制なり。

未だ直議制の緒を開かず。

直議とは如何にも耳新しき名称なり。如何なる字を用ふべきか。直は直ちに議は議すると記すべく即ち人民自ら事を議するものを言ふ。その代人を選び之を議せしむるの意義に反す。さて我議員は七十余州より一名を選挙す。其の数わずか七十余人なり。其の任期を五ヶ年とす。議院は毎年開閉するもの非ずして五ヶ年間は永続する常設の立法院と看て可なり。

政府より議院に審議を求むる一国の重事至ては議院は之を討議するに止め其の決を採らずしてこの議題を全国の町村に下付す。しかるときは町村の人民は議院に於る議員の討論を熟考し、各自に可否の投票をなし、町村よりこれを纏めたるものを議院に送付し其の多数を以て之を決す。今日の如く電信電話の便ある世には之を行ふこと容易なり。

故に我国の各町村には人民の討論に備ふるがため必ず三、四名の政治顧問員なるものあり、議院より全国人民に議決を求むるときは、顧問員等先ず集まって之を討議し其の意見を町村の人民に示す。人民は之を熟考せし後各自可否の投票をなす。各町村にて其の投票数を纏め之を議院に転送しここに国民の議決をとる。故に大事は即ち国民の直議直決にして其の以下の事は議院の決を用ふ。これ即ち直議制代議制を兼ねるの仕組みなり。議院の議決は之を国帝に上奏せし上、当を誤まると思召されるときは之を再議に付するの慣習あり（直議制なる故に解散再選等の事をなす能はず）再議の上、国民の意向なほ前議の如くなるときは帝室ここにこれを取捨せられる。又国帝より再議に付せられしときは人民も熟考して意見を変ずる場合無きにあらず。」

直接民主主義は現在スイスの一部地域で採り上げられているに過ぎないが、人口の多いわが国でもパソコンの普及による電子投票も認められており、国民投票・直接民主主義も不可能ではない。『新社会』の終わりの部分は主人公が玄関の石段を踏み外し「アッ」と叫んで目が覚め、新社会が夢であったことを知り、「いのちにもまさりて惜しくあるものは、見果てぬ夢のさむるなりけり」と結んでいる（矢野龍渓『新社会』 改造社 『現代日本文学全集』 第三十九巻 「社会文学集」）。

その後矢野は大阪毎日新聞社の相談役、監査役を勤めた。大正一三年同社副社長となつたが、同一五年には自動車事故で重傷を負ったため相談役に退いた。

愛塾心も旺盛で明治一四〜一七年慶應義塾委員、同二二〜二六年、同三四〜三八年の二回慶應義塾評議員を務めている。

晩年矢野は直接政治活動に携わらなかったが、見果てぬ夢——理想を追い続け昭和六年六月一八日、八十二歳の生涯を静かに閉じた。

九鬼　隆一——美術振興に尽力

有為な官僚

九鬼隆一は嘉永五（一八五二）年八月八日、摂津国有馬郡三田町《さんだ》（現、兵庫県三田市）で三田藩士星野貞幹の次男として生まれ、幼名を静人と云った。のち綾部（現、京都府）藩士九鬼隆周の養子となり九鬼隆一と改名した。明治二年に十八歳で綾部県権少参事兼道学館督学となったが、新知識を学ぶため上京し同四年に慶應義塾へ入社した。

当時義塾は三田に移って間もないころで九鬼と机を並べて学んだものの中には猪飼麻次郎、雨山達也、矢野文雄、三好退蔵、高嶺秀夫らがいた。

九鬼は明治五年に義塾を卒業すると文部省十一等出仕を命ぜられている。翌年には欧米を視察しており、さらに文部少丞、大書記官を経て明治一一年パリで開催の万国博覧会には政府委員として派遣されている。

明治一三年には神田孝平が他省へ転出したあと文部少輔《しょうゆう》に任命されている。少輔は次官補、大輔は次官に相当するが、文部大輔田中不二麿が司法卿に転出したあと大輔を置いていない、そればかりか文部卿河野敏鎌も後任の福岡孝弟も実務を九鬼以下の官僚に任せていた。九鬼は同年元老院議員の兼官が発令されており、独りで文部省を切り回していたことから「九鬼の文部省」とまでいわれた。これは省と少輔とをもじったものであろう。

九鬼の独走

田中不二麿は、文部大輔になるとすぐ九鬼の紹介で福澤諭吉に会って、以後九鬼とともに足しげく福澤を訪ね、意見を聞いて「教育令」を纏めた。ところが田中が文部省を去ったあとしばらくして、「教育令」の改正に当たって九鬼は福澤の意見を聞こうとしなかった。しかも新しい「教育令」は教育の中央集権化や修身（道徳）を重視するものであった。新「教育令」の内容で注目されるのは、論語の「仁義忠孝」を教学の根幹とするとか、読書・習字・算術・地理・歴史・修身と言った教科の配列を改め、先頭に修身を持って来るなど福澤の顔を逆撫でするものばかりであった。

福澤と九鬼との対立を徹底的にしたのは、「交詢社私擬憲法案」と「明治十四年の政変」であった。九鬼は交詢社の設立委員であったにも関わらず、打ち合わせに欠席して福澤を苛立たせたり、

『交詢雑誌』に掲載された「私擬憲法案」の骨子を筆頭参議大隈重信が自己の憲法案として天皇に奏上し政治問題化した際、大隈に反対する伊藤博文・井上馨に与《くみ》し福澤を激怒させた。

参議大隈はかねてから国会の早期開設と北海道官有物払い下げ中止を主張していたが、大隈の奏上した憲法案は進歩的な「交詢社私擬憲法案」を基にしていた。これまで提携していた大隈と伊藤博文・井上馨とが対立したことから大隈の追放を画策し、大隈が北海道巡幸の天皇に供奉している留守の間に九年後の国会開設・北海道官有物払い下げ中止と引き換えに大隈の罷免を決めた。いわゆる「明治十四年の政変」である。

大隈の下野とともに大隈系の官吏や義塾出身の官吏が相次いで罷免された。中には山県（有朋）系官僚と見られた小松原英太郎も含まれていた。これに対し伊藤博文・井上馨らと通じていたといわれた九鬼は駐米特命全権公使に任命された。福澤は知人に宛てて次のような手紙を送っている。

…今回〇〇〇〇〇□□□□として渡航致し候…三、四年前より何か本人にインテレストある事と見へ頓に往来を絶ち…（石河幹明『福澤諭吉伝』第三巻　一〇五頁）。

この伝記が刊行されたとき九鬼がまだ健在だったため伏せ字にしたのであろう。

駐米公使へ

三十歳にもならない若い官吏が文部省を牛耳っているのは、明治維新後十年余りとはいえ人材不足の憾は否めない。参議大木喬任は文部卿に就任すると九鬼の独走を厳しく抑えたため、九鬼は省内で孤立しはじめた。しかし半年も経たない明治一七年五月には特命全権公使に任ぜられ、アメリカ駐在を命ぜられた。数え三十三歳のときのことである。九鬼の駐米公使の実質在任期間は三年六ヵ月であったが、当時の日米間の懸案と言えば不平等条約の改正であった。もっとも日本ではようやく外相（明治一八年、内閣制度実施で外務卿が外務大臣となる）井上馨が駐日各国公使を呼んで協議をはじめた段階であった。ほかにハワイへの移民問題がアメリカを刺激したものの、ハワイがアメリカの領土になる六年前のことであった。

明治二〇年一一月、九鬼は賜暇で帰国しており、三ヵ月後には公使を免ぜられ、宮内省図書頭を命じられている。この間の事情は詳らかではないが、夫人の病気によるのかも知れない。図書頭を勤めたのは一年で帝国博物館（のち帝室博物館、現在の東京国立博物館）総長に転じたが、ここでも能吏ぶりを発揮している。たとえば国宝や由緒ある建物の保存のための古社寺保存法制定をはじめ、東京帝室博物館の拡充・京都帝室博物館の設立・帝室技芸院の設置・全国宝物調査など文化財保護の基礎を作ったといっても過言ではあるまい。

九鬼の考え方はかなり保守的であり、幾度か問題を起こしている。その一つにシカゴ万国博覧会の事務副総長となった九鬼が日本人の洋画は未熟なものばかりであるとして、同博覧会への出展を取り止めさせたことがある。もう一つは内国勧業博覧会での裸婦画出展示の是非を巡る事件である。フランスで修業し帰国した黒田清輝が現地で描いた作品『朝妝図』を展示するかどうかで揉め、収拾がつかなかった。一たんそのまま展示することになったが、官憲の介入をおそれた九鬼は『朝妝図』の一部を布で被って認めたのだった。

さらに九鬼の「参謀長」と言われた東京美術学校長の岡倉天心（覚三）の排斥運動が起こった際、保身のためか、夫人波津子と天心との三角関係の縺れからか今となっては判断しにくいが、天心を見殺しにしてしまった。

若年寄

満一一年近くの帝室博物館総長におわりを告げた九鬼は、まだ数え四十九歳で隠退生活に入るのには早過ぎたが、手腕・力量があるのに関わらず不人気であったことから誰も面倒を見なかった。アメリカから帰ったあとの九鬼の経歴は、図書頭（明二一・二～二二・七）、宮中顧問官（明二一・一二）、帝国博物館総長（明二二・五～三三・三）、貴族院議員（明二三・七～二八・八）、特命全権公使を辞任（明二九・九）、枢密顧問官（明二八・八～昭六・八）、男爵授爵（明二九・七）となっている。

貴族院議員には帝国議会開設時学識経験者として勅選されている。同時に勅撰された者は六一人で、このうち義塾出身者は浜尾新、三好退蔵、小幡篤次郎の三人がいた。枢密顧問官になったときは鳥尾小弥太・高崎正風といった明治維新の志士に混じっての親任であった。

ところがこのような輝かしい経歴の持ち主であったのに、大臣にはなっていない。黒田清隆内閣の文相森有礼が暗殺されたとき（明二二・二・一二）と第一次松方正義内閣組閣の際（明二四・五・六）の二度文相として入閣の話が持ち上がったが、いずれも福澤諭吉の心情を忖度《そんたく》したのか、強く推薦するものがいないこともあったようだ（高橋真司「九鬼隆一（中）」『福澤諭吉年鑑』9　など）。

枢密院は憲法・外交・軍事・教育など国の基本的な政務について天皇の諮詢に答申する重要な職務である。九鬼のように若くして顧問官になり、三〇年間も枢機に参画したものは少ない。「明治十四年の政変」で裏切り者とされ、師福澤諭吉から終生許されなかったが、一方では美術家の育成・美術品の保護に尽くした功績をみとめるものも少なくない。

かつての少壮文部官僚として文部行政を牛耳っていた九鬼は、志と違って文部大臣にもなれず昭和六年八月一八日、八十一歳で死去した。

渡辺　洪基――初代帝国大学総長

有為な若手官僚

渡辺洪基は嘉永元（一八四八）年一二月二三日、越前国南条郡氏家村（現、福井県武生市）で渡辺親兵

衛の二男として生まれた。慶応元年一一月、福澤塾に入社した。当時福澤塾は鉄砲洲（現、築地明石町）にあった時代で、机を並べていた塾生のなかには片山淳之助（京都　のち慶應義塾教員）、桜井恒郎（大分　のち慶應義塾出版社員）、馬場辰猪らがいた。

上京し英語・経済学を学んだ青年は官途を目指すものが少なくない。渡辺もその例に洩れず、明治二年、大学南校（のちの東京大学）少助教となったのを振り出しに官途につき、明治四年には岩倉具視特命全権大使に随行欧州各地を視察し見聞を広めた。外務省大書記官時代には『外務略』を著したり、同一二年には学習院長になった。そのあと工部少輔（工業・鉄道・逓信担当省次官補）になって間もなく東京府知事に起用された。三十八歳という若さであった。

新進官僚として手腕を見せて来た渡辺だが、東京府知事の在職期間は同一八年六月から翌一九年三月まで、一八年暮に臨時府会を開いて予算を決めた以外これといったことをしていない。ただ当時の政治情勢といえばこの年一二月、太政官制度を廃止し、代わりに内閣制度を設け近代国家への第一歩を踏み出したため色々な動きがあった。初代首相伊藤博文は官庁営繕を手掛けた渡辺に命じて、東京・内幸町―皇居からそれほど遠くない所（現在のＮＴＴ本社の北側）に鹿鳴館を建て、礼服・イブニングドレスの政府高官夫妻が在京外国使臣夫妻を招き、連夜のように晩餐会・舞踏会を開き交流・親善交流を進めた。鹿鳴館で文明開花をアピールした。厳めしい顔つきの渡辺が淑女を相手にステップを踏む姿は当時驚きの目を持って見られたようだ。

政府は東京大学を最高教育実施機関に改組し新風を吹き込むため、人権は国家が与えるという

「新人権論」を唱えている同大学総理加藤弘之の代わりに、渡辺を帝国大学総長に抜擢した。三十九歳で初代帝国大学総長になった渡辺の在職期間は、明治二一年九月から同二三年五月までの二年足らずの間だったが、種々の改革をしている。渡辺は東京大学をわが国の高等教育の中心とするとの方針に基づき帝国大学と改称、総理も総長と改めている。さらに政府の期待に沿うため、まず施設・設備の整備に務め、欧米に留学した少壮学者を教官に登用し教育水準の向上を図った。このように帝国大学の基盤を強化推進した渡辺は行政官としての評価を得た。

全て順調に進んでいたが、文相の榎本武揚から芳川顕正に代ってほどなく、渡辺は総長を辞めさせられた。浪人となった渡辺は明治二三年九月二六日、帝国大学の学生約三〇〇人を前に「不平等条約改正」反対の演説をしたため物議を醸している。趣旨は条約改正を急ぐよりも内容を十分研究し、なにがわが国益になるのか、ならないのかを明確にしてから交渉すべきだとしている。これが政府批判と受け取られた。それればかりでなく、刺客が大隈（重信）外相に爆弾を投げつけ重傷を負わせる事件まで起きている。

金本位体制を主張

舌禍事件から二ヵ月ほど経った渡辺は明治二三年一一月、オーストリア・ハンガリー聯合帝国駐在特命全権公使兼スイス共和国駐在特命全権公使、イスパニア（スペイン）王国駐在特命全権公使に任命された。当時オーストリアはハンガリーと聯合帝国を形作り、由緒あるハプスブルク王家はドイツやロシアも一目を置く大国の象徴であった。スイスは永世中立国であり、イスパニアはキューバ、フィリピンなど海外植民地があるというものの昔日の「帝国」の面影は薄れていた。いずれの国もわが国との間に大きな懸案事項がなかったので、渡辺はのんびりと出来た。しかし政府と外国使臣ばかりでなく、近隣国の王侯貴族も交え舞踏と酒杯の中で駆け引きをする「宮廷外交」を目の当たりにして、カイゼル髭の渡辺は鹿鳴館時代の経験をいかし、軽やかなステップを踏みながら外交術を「会得」したという。明治二五年一二月に退官している。

渡辺が官界から政界へ入る意思を固めたのは公使在任中だったと見られる。明治二四年一二月二五日にはじめて衆議院が解散された。翌年二月一五日施行の第二回総選挙に渡辺は東京第二区から無所属で立候補し当選した。選挙中賜暇で日本にいたのか、選挙運動は他人任せで当選してから帰国したのか判らないが、同年五月六日開院の第三特別議会には登院している。議会では新人議員ながら吏党（政府与党）の候補として自由党の星亨と議長を争ったものの敗れ涙をのんだ。のち無所属議員を中心とする政府与党となる国民協会設立委員となり、同協会発足後は幹部として活躍している（同協会は院内で議員倶楽部と呼称）。渡辺は衆議院議員を一期（二年）しか務めていないが、理由は詳らかではない。

渡辺は伊藤博文から有為な人物と認められていたので明治二六年一〇月二六日に貨幣制度調査会委員に選ばれた。財政通でもないのにという批判もあったので人一倍研究し、二年後金本位制を取るべきである、との結論に達した。答申も金本位制をとるべきである、としているが、金本位制に賛成したのは、阪谷芳郎（のち蔵相）、添田寿一（のち興業銀行総裁）、三井合名理事益田孝らであった。利便性から金銀複位制を主張した者には三菱合資支配人荘田平五郎がおり、金投機の危険性やアメリカでの未実施を理由に改正の必要なし、とした者には当時の義塾塾長小幡篤次郎がいた（東京日日新聞　明治28・8・18）。

金本位制を採る理由としては日清戦争直後でインフレ傾向にあったので、これを鎮静化するとともに財政基盤を固めるためにも必要であるとしている。もっとも表面的な理由のほかに、将来ロシアとの戦争が避けられない状態になった場合イギリスとの同盟を結ぶ必要があり、そのときわが国が金本位制を採っていないとイギリスに信用されないとか、外債の募集にも悪い影響があるといった政治的理由もあったようだ。

貨幣制度調査会の答申を受けた政府は第一次松方（正義）内閣の明治二九年一二月になって金本位制の採択を決めた。アメリカより二年早く実施したのだった。

渡辺は明治三〇年一二月二三日、貴族院議員に勅選された。このときは第二次松方内閣の総辞職直前だったので渡辺と一緒に勅選された義塾出身者は、前大審院長三好退蔵ら一二人の多きに及んだ。渡辺は政治家として活躍したばかりでなく慶應義塾評議員として母校の発展に尽くした。

福澤が歿して三ヵ月後の明治三四年五月二四日、五十四歳で死去した。

呉　文聡——国勢調査の父

数理を求め

呉文聡《くれあやとし》は嘉永四（一八五一）年一二月、安芸（現、広島県）支藩松平近江守長訓の侍医呉黄石の長男として江戸で生まれ、はじめ顗士と名づけられた。母は洋学者箕作阮甫《みつくりげんぽ》の娘だったこともあって知的環境の中で育った。文聡は元治二（一八六五）年一月二六日、十四歳のとき福澤塾に入社した。

〔注〕『慶應義塾入社帳』には改名前の「顗士」で記載されている。

その当時の塾長は福澤が大阪の緒方洪庵塾から連れて来た安芸国出身の岡本周吉（のち古川正雄と改姓名）で、先輩の塾員たちが自分で学ぶだけでなく親身になって後輩の指導に当たっていた。呉にとって福澤塾は飛躍的成長を遂げる「場」であったし、学友にも恵まれていた。呉より一足先に入社したものには小幡篤次郎、浜野定四郎、谷元道之らがいた。文聡の後から渡辺洪基、馬場辰猪、松山棟庵らが入って来た。

呉は義塾をいつ卒えたか定かではないが、明治八年、太政官正院に十三等出仕を命ぜられた。正院とは太政大臣・右大臣・左大臣・参議らのいる役所、つまり首相官邸に総務庁をあわせたようなところであった。

呉はここで統計についての研究を命ぜられ、欧米の文献を渉猟し、官庁統計の基礎づくりに努力した。今でこそ統計は行政の根幹をなす資料であるが、当時は「お上の命令について疑問を持たず承服する」風潮であったので、命令の基礎になる各種の統計資料はなおざりにされがちであった。

呉は役人になったとは言うものの、もともと学者として身を立てるつもりだったので回りの雑音にも耳を傾けず、統計の原理や手法の確立に精根を注いだ。

呉は官庁統計について種々の報告書を纏め上司に提出している。これとは別に英国人の著書『万国国債政表』を翻訳し刊行している。

参議大隈重信は行政近代化の一環として太政官統計院を設けた。「進歩的官僚」の巣になったが、呉は政治にかかわらず自分の研究にわき目もくれなかった。

明治一八年に内閣制度が確立し各省が行政事務を分担することとなったとき、担当部門の実態把握のための資料不足を感じたものが少なくなかったようである。何を基準に必要な資料を収集するか、また集計した数字の意味をどう解析するかについて理解出来ない幹部がかなりいた。内務・逓信・農商務の各省は呉を講師として招き官庁統計の手ほどきを請うたが、一人ではとても処理出来る問題ではなかった。

呉は統計の重要性を説くとともに後継の専門学者の育成のため学習院、東京高等商業学校（現、一橋大学）、東京専門学校（現、早稲田大学）、慶應義塾の各校で統計学の講義をはじめたし、数多くの著書・翻訳も残している。前に述べたもののほかに『スタチスティック歴史』、『統計詳説　一名社会観察法』、『応用統計学』、『統計学』、『斯氏（R・マヨースミッス）統計要論』、『実際統計学』、『純正統計学』『戦後経営人口政策』など二〇冊近い著述・翻訳によって、統計が官庁統計のような行政事務だけでなく、国勢調査など国民にとって身近なものであることを知らせるのに役立っている。

センサス（国勢調査）は人口動態と生産従事者数・稼働実態など国の潜在能力を知る上にも必要な資料で、近代国家にとって欠かせない国家事業であるが、わが国の場合町村など末端機構が未整備なため中々実施出来ない状態であった。

国勢調査の先進国はアメリカで一七九〇年から実施しており、続いてイギリスが一八〇一年、オランダが一八二一年、デンマークが一八二五年、ベルギーが一八四八年に実施している。

呉らは米国各地をつぶさに調査した結果、町村吏員に訓練を施せば実施は不可能ではないとの結論に達し、そのむねを報告書の中で強調した。政府もこの進言を入れ、明治三三（一九〇〇）年に呉を内閣審査官とし、この年行われた米国の第一二回国勢調査の実態視察のため米国出張を命ぜられた。視察の結果、町村機構の整備・吏員の訓練が行き届いていることを確認して帰国した。政府は呉の報告に基づき重い腰を上げ、国勢調査の開始を予算化しようとした矢先、日露戦争がはじまり膨大な費用が掛かるため先送りとなった。
呉は米国の国勢調査視察から遅くても一〇年後の明治四三年には第一回の国勢調査を行いたいとし、政府も準備委員会を設け呉を幹事に任命した。国勢調査の具体化が進められたが、同四四年成立した第二次西園寺公望内閣は、行政整理の一環として新規事業を取り止めることとしたため、わが国はじめての国勢調査が実施されたのは大正九（一九二〇）年であった。
国勢調査実現のため一生を捧げた呉はその実現を見ずに大正七（一九一八）年九月一九日死去した。数え年六十八歳であった
二男文炳《ふみあき》（大正二年法）は日大総長、長男建《けん》は東大医学部教授（内科）の学者一家である。

塚原　周造──海運界指導一筋

船会社の競争にコミット

塚原周造は弘化四（一八四七）年四月一日、下総国結城郡（のち茨城県に編入）大園村で塚原忠平の二男として生まれた。地元で漢学など基礎的な勉強をしたのち明治三年、二十三歳のとき上京し慶應義塾に入社した。当時義塾で学んでいた者には外山脩造、荘田平五郎、小林雄七郎、箕作佳吉《みつくりかきち》らがいた。

義塾で二年ほど学んだのち大蔵省に九等出仕として入った。当時大蔵省に郵便業務を監督する駅逓寮があり、塚原はおそらくその事務をとっていたと思われる。この駅逓寮はその後内務省を経て明治一四年に農商務省に移ったため、塚原も内務省駅逓官から農商務省権大書記官となっている。多分このとき管船課長となり、海運業の指導・監督に当たったものと見られている。さらに一年後の明治一五年四月七日には管船課が管船局に昇格し、塚原が初代局長に抜擢された。

当時の海運業界は三菱商会と三井合名を中心とする回漕業との間で激しい競争を展開していた。競争の背景には三菱商会が西南戦争後海運業のシェアをほぼ独占していたのに対して三井合名などが猛反発したことからであるが、そればかりでなく三井側には薩摩出身の農商務卿西郷従道がついていた。西南戦争で富と地歩を築いた土佐出身の商会社長岩崎弥太郎に対する憎しみも手伝っていた。そんなことから西郷は「三菱潰し」の方法として、三菱商会より強大な船会社の設立を塚原に命じている。競争している民間会社の一方を政府が支援するのは不条理だと塚原は感じながら上司の命令である以上従わざるを得なかった。

結局①資本金三〇〇万円の共同運輸会社を設立し、うち一三〇万円を政府出資とし、残りを民間から集める②資本金から二三〇万円で蒸汽船、六〇万円で帆船を購入し、残り一〇万円を運転資金とする③政府が同社から受け取る利益金は政府出資金の二％に限り、この利益金は海運業の奨励に当てる、などを骨子とする新会社設立計画案を提出した。三井合名や回漕問屋は早速この計画に賛同し、その年政府の許可を得て新会社が発足した。一方三菱商会はこの新会社には参加しなかった。

互いに自信がある三菱商会と共同運輸会社との競争は却って激しさを増した。一人でも一梱でも多く運びたいとして運賃の引き下げを繰り返し、双方とも経営状態は日に日に悪くなり三年後には共倒れの危機に陥った。

日本郵船設立

政府の支援する共同運輸会社が倒産することになれば傷つくのは避けられない。塚原はこの辺りで収拾した方がよいのではないか、と伺いをたてたところ、西郷もそろそろ潮時と考えていたらしく善後策を塚原に一任した。そこで塚原は三菱合資会社（三菱商会を改称）と共同運輸会社との間で共同出資の新海運会社を設立することを打診したところ、共同運輸会社はもちろん、三菱合資も同調し三年以上にわたった血みどろの戦いに終止符をうった。

紆余曲折の結果①名称を日本郵船株式会社とする②三菱合資が五五四万三四一八円を一〇万株、共同運輸会社は六〇〇万円を一二万株に株式化（いずれも一株五〇円）する③共同運輸会社の株のうち五万三千株は政府保有とする④両社の出資のうち株式化しなかった残りは日本郵船の負債とする、という内容で纏まった。

三菱合資・共同運輸両社にはそれぞれ財界の代表的人物五人からなる創立委員会が設けられ、明治一八年九月二五日、農商務省に出願した。設立委員の中には三菱合資を代表し荘田平五郎が名を連ねていた。

日本郵船会社は同月二九日、正式に許可されたが、出資比率と関係なく三菱系の郵便汽船支配人吉川泰二郎が社長に選ばれている。

この年の一二月二二日、太政官制度が廃止され内閣制度が発足したが、その際工部省が廃止され逓信省が新設され、農商務省に置かれていた管船局が逓信省に移管されることになった。

塚原はこの移管で取り敢えず農商務大書記官から逓信大書記官に任命されたが、組織の変更や人員の配置などに時間がかかったためか、正式に局長に発令されたのは次官や他の局長と同じ翌年三月三日であった。

塚原は海運業の振興ばかりでなく港則法の制定など関係各種法令の整備に尽力し、明治二六年三月二二日に辞職した。農商務省管船局長から逓信省管船局長まで局長職を一一年勤めた。塚原はその後も海とは縁が切れず浦賀船渠（現、浦賀ドック）社長となり、造船業界でも活躍している。

昭和二年九月一一日死去した。数え八十一歳であった。

井上　角五郎——ハングルの普及者

改革者

井上角五郎は万延元（一八六〇）年一〇月一八日、備後国深安郡野上村（現、広島県福山市）で井上忠五郎の五男として生まれた。年少のころから人一倍優れており、広島県立師範学校を卒業上京し明治一二年に慶應義塾に入った。当時義塾で学んでいたものに北川礼弼、森常樹、平賀敏、矢田績、武藤山治、日比翁助らがいた。

井上は明治一五年七月に二十二歳で義塾を卒業し、同年一二月には福澤諭吉の指示によって朝鮮政府顧問として牛場卓蔵、高橋正信の二人が朝鮮へ行くことになったので、井上もこれに同行した。その井上も翌年早々朝鮮政府顧問に任命されている。

三人は、当時朝鮮に清国から派遣されていたドイツ顧問パウロ・フォン・メーレンドルフのような権限をあたえられていなかった。井上はしばらくの間政府の組織・運営などについてじっくり観察していたが、改革するには王自ら乗り出さなければならないという結論に達した。そこで改革し易いような雰囲気を作るべく思い立ち、官報に近い新聞の発行を進言した。これが受け入れられ登竜門に教育・文化を扱う博文局が設立され、穏健改革派の金允植がその責任者となり、同一六年一〇月一日、同局から『漢城旬報』を創刊した。これは朝鮮初の新聞であった。

ところが同国の保守派の人々は危険分子を助長させるとして反対した。また清国人は清国の属国朝鮮が官報に独立論を掲載したのは許しがたい行為であるとし、その背後に日本があると断じ非難した。

新聞発行

福澤諭吉は井上から送られて来た『漢城旬報』の第一号・第二号を見て「朝鮮には諺文《おんもん》があるはずだ。諺文を使えば多くの人が読めるようになるだろう」と指摘した。井上は早速諺文の使用について検討をはじめた。

諺文は一五世紀の中ごろ李王朝鮮第四代王世宗がみずから作ったと言われる。母音一一、子音一七（現在は母音一〇、子音一四）からなり、わが国のかなに似たものである。しかしこの国字使用についても保守派はあれこれと難癖をつけ使用の目処《めど》はつかなかった。

この年の暮、急進改革派の金玉均・朴泳孝らによる甲申事件が起こり、巻き添えをくった井上は駐朝公使竹添進一郎や在留邦人とともに命からがら首都漢城を脱出・帰国した。

翌一八年早々井上が朝鮮へ戻ろうとしたとき福澤は「行く必要はあるまい」と止めたが、井上は「先生がお教え下さった諺文の普及のため是非とも行かねばなりません」といって漢城へ戻った。漢城へ戻って見ると博文局は焼け、その復旧に手間どったし、諺文を使うと言う空気ではなかった。そこで事あるごとに国字使用の必要性を説き、ようやく実現の運びとなったが、諺文の活字を作る職人がいなかった。このため井上は日本へ帰り、活字職人二人を連れて漢城に戻った。そして井上は急いで準備を進めた結果、明治一九年一月、諺文を混じえた『漢城周報』を創刊した。同紙は井上の指導のもとに軌道に乗ったが、はじめ協力的だった関係者の気持ちが次第に遠のいて行った。背後に閔妃ら反日的な保守派が勢力をもたげたからだと言われている。

政治家乱

朝鮮の開化を願って朝鮮へ渡り、朝鮮人とともに行動したにもかかわらず結局受け入れられなかった。わが国ではお傭い外国人を大切にし、西洋文明を吸収して来たが、朝鮮では保守派に儒教的なものの考え方が強かったことが開化が進まない底流になっていた。

不満を胸に朝鮮から帰国した井上はほどなく渡米し、農業経営について調査・研究していたが、一旦帰国し再渡米の直前治安を紊した疑いで逮捕された。理由は甲申の乱の際、日本政府は改革派支援を約束しながら、形勢が悪くなると口を噤んでいるのは卑怯だと政府批判演説をしたというもの。しかも誰が書いたか分からない事件関係書類が官憲に押収されており、それが証拠となって重禁固五ヵ月、罰金二十円の判決をうけたのだった。はじめ大審院まで争うつもりであったが、憲法発布による恩赦があるというので、控訴審（二審）で有罪が確定したが、恩赦で赦免となっている。

井上としては薩長藩閥政治の打破を目標とし、その実現のため政界へ進出を決意した。福澤は井上の並々ならぬ決意を認め、第一回の総選挙に立候補することを許したが、その結果はわずかの差で落選した。ところが第一帝国議会がはじまる直前、井上が落選した隣の選挙区の議員が失格したため補欠選挙が行われたので、立候補し当選出来た。井上は選挙中無所属であったが、当選後自由党系院内団体弥生倶楽部に所属した。

井上の政治信条は藩閥政治打倒に変わりなかったが、朝鮮へ行くとき後藤象二郎の世話になったこともあり、後藤と行動をともにした。後藤は民党（野党）の大同団結を呼びかけたかと思うと中立の立場をとるなど変幻自在。このため政治家井上の評価は毀誉褒貶相半ばするものがあった。

井上は衆議院議員に連続一四回当選しているが、予算委員長以外大臣などの要職についていない。おそらく井上は自身のことよりわが国の将来を考え実業界人として産業の近代化・発展に力を注いだからではなかろうか。井上は昭和一三年九月二二日数え七十九歳で死去した。

初代動力炉・核燃料事業団理事長井上五郎は角五郎の五男である。

牛場　卓蔵――若き朝鮮政府顧問

官界追放

牛場卓蔵は嘉永三（一八五〇）年三月、伊勢国志摩度会（現、三重県尾鷲市）で生まれた。明治七年七月、慶應義塾を卒業した。同じころ義塾で学んでいたものに岩田茂穂、横田国臣、田中館愛橘《たなかだてあいきつ》らがいた。卒業後兵庫県庁に入り勧業課長、続いて東京へ戻り統計院少書記官となった。

福澤諭吉創立の交詢社に牛場が創立早々入社したところ、福澤の指示で小幡篤次郎、矢野文雄、馬場辰猪らとともに「交詢社私擬憲法案」に携わったり　交詢社巡回講演会の九州方面巡回委員として「国会早期開設・憲法制定促進」を説いて回った。

現職の官吏が政治を論ずるのは現在では許されないが、当時は政府を批判しない限り黙認されていた。牛場としては啓蒙運動の一環として講演していたが、官吏としてあるまじき行為と受け取られた。

当時太政官府は憲法について各参議から意見を聞いていたが、筆頭参議大隈重信は「交詢社私擬憲法案」を骨子とした意見を奏上した。大隈はどちらかというと、北海道官有物払い下げ中止・国会早期開設・憲法制定促進という自由民権論者に理解を示していた。そこへ進歩的な「私擬憲法案」に似た意見を奏上したため、これまで協調して来た参議伊藤博文・井上馨と対立した。伊藤・井上は大隈が天皇の北海道巡幸に供奉している留守に、北海道官有物払い下げ中止・九年後の国会開設を決める代わりに大隈の参議罷免もあわせ決定した。いわゆる「明治十四年の政変」である。

その後大隈系と見られる義塾出身の官吏矢野をはじめ、外務大書記官中上川彦次郎らが罷免された。牛場もその一人であった。

〔注〕「交詢社私立擬憲法案」「明治十四年の政変」については小幡篤次郎の項を参照のこと。

改革を断念

福澤諭吉は朝鮮王国の文明開化を促すため明治一五年暮、牛場や高橋正信とともに朝鮮政府顧問として首都漢城に派遣された。井上角五郎も同行し、改革への道筋をつけるための努力をはじめた。牛場と高橋は漢城・学洞に教場を開き、政治・経済を教えはじめた。ところが朝鮮の人々にとって教育とは儒学であるとし、三ヵ月の間に一人も教えを求めに来なかった。そればかりでなく清国を背景とする閔妃《みんぴ》ら保守派が勢力を伸ばし、改革派は封じ込められた形となった。これでは何も出来ないと井上が止めるのも聞かず、牛場は高橋を連れて帰国してしまった。もし牛場と高橋が短気を起こさずにいたら情勢は変わっていたかも知れない。

福澤が明治一八年三月一六日付の時事新報に掲載した「脱亜論」は、朝鮮の保守性を非難し、このままでは欧米列強に侮られ植民地化の恐れありと警告、出来るものならアジアから離れたいぐらいだ、という内容であった。いつの時代にも清国、朝鮮嫌いはいるもので、福澤の真意を解せず清国朝鮮「叩き」に同調した識者もいた。政府は清国・朝鮮を刺激するものとして発売を禁止した。

朝鮮から帰国した牛場は日本土木、山陽鉄道各社の取締役を勤めていたが、明治二五年施行の第二回総選挙に三重第一区から立候補し当選しているが、政治が肌に合わなかったのか、衆議院議員一回限りで政界を引退した。

大正一一年三月五日、七十三歳で死去した。

元義塾医学部長牛場大蔵や元駐米大使・対外経済担当国務相牛場信彦は卓蔵の孫に当たる。

鮫島　武之助——日清戦争を乗り切る

薩摩っぽ

鮫島武之助は嘉永元（一八四八）年一一月一〇日、薩摩国鹿児島（現、鹿児島市）藩士鮫島淳庵の三男として生まれた。鮫島は明治二年二月二六日、藩主島津修理太夫が保証人となり慶應義塾へ入社した。二十一歳のときである。ほぼ同時に鹿児島から四人もはいっている。その一人に田尻稲次郎がいた。少し遅れて門野幾之進、安岡雄吉、中上川彦次郎らが入って来た。

鮫島は明治六年ごろにはアメリカへの留学から帰国し、外国語学校の教頭をしていた。同一四年には東京府に勤務したが、ほどなく外務省に入ってワシントン駐在を命ぜられた。鮫島が外務省に入った理由は外務大輔（次官）を勤めた兄尚信（旧名誠蔵）が駐仏特命全権公使在任中の明治一三年客死したので、外務省入りを勧めてくれた人がいたからと伝えられている。

明治一九年に外相井上馨の秘書官となったのち駐伊公使館書記官に転じたが、同二五年第二次伊藤（博文）内閣で首相秘書官に抜擢された。長州の伊藤が薩摩の鮫島を起用したのを奇異に感ずる向きもあろうが、伊藤が憲法を纏める際秘書官の役割を勤めた井上毅（のち文相）は熊本であり、伊藤が韓国統監時代の秘書官鍋島桂次郎は長崎で必ずしも長州閥にこだわっていない。鮫島の場合、伊藤と同じ長州の井上馨が鮫島を秘書官として使ってみて有能だと判断し、伊藤に推薦したものとみられている。

鮫島の首相秘書官在任中日清戦争がはじまり、在外勤務の経験が役に立っている。とくにはじめての対外戦なので国際法規の遵守に気を遣ったし、誰も兵站の重要性を知らなかったので、調整のため軍と各省との間を駆け回った。清国に勝ち、下関での講和会議では伊藤全権随員として出席し活躍した。同二九年九月、伊藤内閣退陣に当たり、鮫島は貴族院議員に勅選されている。

伊藤博文・井上馨の系列に組込まれた鮫島は明治三一年一月、第三次伊藤内閣の書記官長に任命された。組閣に当たって伊藤は進歩党の大隈重信を外務、自由党の板垣を内相に起用しようと考えていたが、大隈は入閣の条件が満たされないと入閣を断り、板垣は蔵相井上の反対で実現しなかった。人事の縺れは進歩・自由両党を敵に回す結果となった。議会に提出された地租・酒造税・所得税の増税案が否決されるなど政府の権威は地に落ちた。そこで衆議院を解散し総選挙に訴えたが、結果は与党に不利で下野止むなしの声がたかまった。

明治三一年六月、進歩・自由両党は合同し憲政会を結成、大隈を首班とするわが国初の政党内閣である「板隈内閣」を成立させた。鮫島の書記官長は半年足らずで手腕を発揮出来ないまま辞めざるを得なかった。

しかし大隈内閣も文相尾崎行雄が失言で辞職、後任に犬養毅を選んだ。二人とも旧進歩党だったことから旧自由党員から不満が噴き出し党内不一致でわずか半年で大隈内閣は総辞職し、第二次山県(有朋)内閣が誕生した。山県内閣を支えたのは憲政会から分かれた板垣の憲政党であった。一方、大隈は憲政本党を結成し、野党に回った。山県内閣は軍備拡張に伴う予算を一部修正したことで辛うじて成立した。その後憲政党は入閣者を巡って星亨・末松謙澄と山県が衝突、山県内閣は二年足らずで瓦解した。前々から政党政治を念頭に置いていた伊藤は、明治三三年九月の憲政党の改組を機会に政友会と改称し伊藤を総裁とした。

伊藤の動きに井上が反発し伊藤・井上の間がしっくり行かなくなり、新参の鮫島は間に挟まれ身動きがとれなくなってしまった。しかし伊藤の鮫島に対する信頼は変わらなかった。鮫島はこれに応えるため、貴族院に政友会系の院内団体交友倶楽部の結成に一役買った。同三三年一〇月一九日成立の第四次伊藤内閣の書記官長に選ばれた。

伊藤内閣は第一党政友会を与党としているので順風満帆の船出と見られていたが、逓相星の評判がすこぶる悪く、一ヵ月後には交代を余儀なくされたのをはじめとして、増税案についても反対が強く一時は貴族院で握り潰されそうになるなど綱渡りの連続であった。窮地に立った伊藤は「時局収拾に関する「詔勅」を奏請した。政府と宮中の連絡役は書記官長の仕事、鮫島は伊藤の意を体し動いた。詔勅が出たため貴族院の態度が一変し、どうにか第一五帝国議会を乗り切ることが出来た。しかし直ぐに蔵相渡辺国武が公債は募集しない政府事業を繰り延べるなど、緊縮財政方針を取り上げたため内閣の統一が取れず、組閣わずか七ヵ月で総辞職した。

後継内閣首班として井上馨に大命が降下したが、蔵相の人選を巡って躓き井上内閣は流産した。結局次の首相は山県の流れを汲む桂太郎（陸軍大将）が就任した。

伊藤としては桂内閣を意のままに動かせると思っていたが、桂は軍人としては珍しく如才がないうえ政治性にも富み、みるみるうちに実力をつけて行った。

伊藤は元老として政界を牛耳ろうとしたが、時局収拾に当たって天皇の力にすがったことが批判され、政友会の総裁を西園寺に渡し枢密院議長に転じた。

「親分」を失った鮫島は政・官界の孤児のようであった。桂が鮫島を日本銀行の監事に送り込んだので貴族院議員でありながら明治三六年以降政治の第一線に出ることはなかった。

昭和六年二月二八日、八十三歳で死去した。

中牟田　倉之助——薩摩閥の犠牲者

海の勇者、洋学を学ぶ

中牟田《なかむた》倉之助は天保八年（一八三七年）二月、肥前国佐賀城下（現、佐賀市）で佐賀藩士金丸孫七の次男として生まれた。中牟田は安政三年、二十歳のとき藩主鍋島閑叟の命により長崎海軍伝習所でオランダ流の海軍操練法を学んだ。数学の成績がずば抜けて良かったらしい。卒業後帰郷し三重津海軍寮の教官となった。

倒幕に当たって海軍先鋒隊が編成されると、中牟田は佐賀藩から選ばれ軍艦孟春丸の船将となって東征に従軍した。ついで久保田藩（秋田）軍艦陽春丸船将として奥州沿岸を転戦、活躍している。さらに明治二年の函館戦争では官軍軍艦朝陽艦艦長として、函館・五稜郭の攻撃に加わった。このとき朝陽艦は榎本軍の軍艦蟠龍と砲撃戦を展開したが、朝陽艦は沈没し中牟田は重傷を負った。鍋島閑叟は中牟田の労をねぎらうため、治療の名目で休暇を与えるとともに東京遊学を許した。

中牟田は将来わが国の海軍がオランダ流の海軍から英国海軍を手本にするべきであると考え、帰郷するまでの間に英語をマスターしなければならないと思い立ち、この年の一〇月一四日慶應義塾に入社した。三十二歳の時のことである。

義塾入社帳によれば中牟田より一足先に田尻稲次郎、鮫島武之助、門野幾之進、中上川彦次郎、浜尾新らが学んでおり、後から外山脩造、森下岩楠、小林雄七郎らが入って来た。

中牟田がどれくらい新しい学問を身につけたか定かではないが、翌三年長崎に小艦隊が配置されることになり、中牟田はその指揮官を命ぜられたため比較的早く義塾を去っている。

近代海軍建設に尽力

長崎小艦隊指揮官在職中の中牟田は海軍中佐に任官された。海軍の士官の数が少なかったとはいうものの三十三歳の若さで中佐は破格の出世といえよう。さらに同四年二月には海軍兵学権頭（副校長）に補職された。このときの兵学頭は川村純義だが、川村は兵部大丞（陸海軍省局長相当職）の兼任であったので、実質的には中牟田が校長といってよかろう。

当時の兵学寮生徒は武士かその子弟で、倒幕戦に加わったものも少なくなかった。殺伐とした雰囲気であったため、中牟田のように「顔に傷跡」のあるものが命令しなければ容易に服従しなかった。中牟田のはじめての仕事は大言壮語ばかりして真面目に学ぼうとしない生徒を大量に退学させ、秩序ある学校にすることであった。

中牟田が義塾で学んだ期間は短かったが、義塾で学んだことは無意味ではなかった。義塾が英語・数学・舎密《せいみ》（化学）を中心に教えた後、ウェーランドの政治経済学・法学などの実学を教え、合理的なものの考え方を育てるやり方に着目した中牟田は兵学寮でも英語・数学・物理・化学など基礎学科に重点を置き操艦・砲術など専門的な実科は後期授業で行うこととした。

この年一一月、海軍は大改革を行い、中牟田は大佐を飛び越し一躍少将に昇進のうえ兵学頭となった。中牟田はこのポストに満四年近く在職し、のちの海軍兵学校の基礎を築いた。

福澤諭吉について大阪から上京し初代の塾長を勤めた古川正雄が兵学寮教官在職中に英国海軍中佐ネイル著『運用術全書』を翻訳したのは中牟田の兵学頭時代である。

明治八年、朝鮮・江華島沖を航行中の雲揚艦が同島砲台から砲撃を受けたため応戦した「江華島事件」が起こった。政府は西部艦隊を編成、中牟田を指揮官とし邦人の保護に当たらせた。

中牟田は海軍少輔（次官補）となったが、一時兵学校長を兼務（明一〇・一〇〜一一・一）しているし、海軍機関学校長を兼務したこともある。

軍令部長になる

中牟田は横須賀造船所長（のちの横須賀海軍工廠長）を経て海軍中将に進み、明治一三年には横須賀の東海鎮守府司令長官となって部隊運用のトップに立ったが、翌一四年海軍大輔（次官）になり、再び軍政に携わることとなった。この時期は甲鉄艦建造促進など軍備充実を図った。

当時の海軍卿川村純義と中牟田とは気心があったので仕事がスムースに行ったが、一年四ヵ月後には再び東海鎮守府司令長官（途中官制改正に伴い横須賀鎮守府司令長官）となり、ついで呉鎮守府司令長官を経て明治二五年一二月、海軍大学校長兼海軍参謀部長となった。当時陸軍の参謀本部は陸軍省から独立していたが、海軍の参謀部は海軍省の一部局に過ぎなかった。

丁度そのころ朝鮮王室内の紛争から日清両国の緊張が高まったため、政府は出兵に関する諸制度を改定せざるを得なくなった。

わが国の海軍は英国の海軍を手本にしながら、作戦を担当する部門は米国と同じように海軍大学校長が兼務していた。そこで英国と同様独立機関とし実戦に即応できるようにした。同二六年五月には海軍軍令部条例が制定され、初代軍令部長には中牟田が選ばれた。アメリカ海軍作戦部が設けられたのは大正四（一九一五）年、わが国より二二年遅かった。

軍令部の仕事は編制・動員・出師準備など戦備計画、各種情報収集、戦略・戦術の立案、補給計画などの多岐に渡る。戦争になれば第一線部隊の作戦を指導する海軍の頭脳である。

しかし近代戦は図上作戦だけでは勝てない。普仏戦争でも判るように、兵器の優れたプロシアがフランスに勝っている。とくに海軍の場合、軍艦の性能・搭載兵器の良し悪しが勝敗を左右する。もし日清が戦うとしたなら、わが国の戦力の四分の三程度あれば勝つ見込みがあるとした。ところが清国は定遠・鎮遠は排水量七四〇〇トン、一二インチ（三〇・五センチ）砲四門搭載の世界最大最強の戦艦を建造し、一段と優位に立った。これに対しわが国は一三インチ（三三センチ）砲一門を搭載する松島・

厳島・橋立の三景艦や六インチ（一五・二センチ）速射砲四門の吉野による遊撃戦で対抗するよりほかはなかった。どうしたら勝てるか中牟田の苦悩の日々が続いた。

軍令部長更迭

合理的な考え方の中牟田はわが国海軍の実力から見て対清強硬論は控えざるを得なかった。しかし陸軍の強硬論に押しまくられ海軍首脳は苦悩の末、中牟田の更迭に踏み切った。後任の軍令部長には元海相で枢密顧問官の樺山資紀であった。これが切っ掛けで海軍も開戦論に傾いた。

樺山は薩摩閥の有力メンバーであったが、必ずしも有能なリーダーとは言い切れなかった。第二通常議会（明治二四年召集）で樺山が衆議院の本会議で暴言を吐いたため海軍予算の削減決議案を可決され、面目を失った政府は衆議院を解散しこれに応えた。軍令部長として緻密な作戦を立てられるか、困難な立場に立たされたとき臨機応変の措置が出来るかどうかなど疑問視する向きもあった。

樺山の「第一線」復帰は薩軍閥の陰謀以外のなにものでもなかった。孤立無援の中牟田はどうすることも出来ず、日清戦争六日前枢密顧問官に転出し再び軍へは戻らなかった。

…この間の事情について子爵（中牟田を指す）は終生一言だに語ることはなかりき（中村孝也『中牟田倉之助伝』六八一頁）

としか記されていないが、薩摩閥はどう見ているかというと、

…川上陸軍中将（操六　参謀次長）が大山（巖）陸軍大臣の内意を得て来れりとて西郷（従道）

海軍大臣を訪ひ、中牟田海軍軍令部長の進退に就て希望を述ぶる所あり……其要旨は現下の時局に方《あた》り中牟田中将の軍令部長にては内閣諸公及陸軍首脳部に於て物足らぬ感を懐《いだ》くの有様なり（伝記編纂会『伯爵山本権兵衛伝』巻上　三六九頁）

と記述してある。大山・川上・西郷ばかりでなく取り次いだ山本権兵衛（海軍省官房主事）も薩摩出身であり、問わず語りに更迭が仕組まれたものであることが判る。

福澤の海軍批判

当事者が黙っていても中牟田の「更迭劇」の薩摩閥の横暴ぶりは識者の眉を顰《ひそ》めるものであった。とくに国家の重大時期において中牟田のような優れた軍令部長に不適任との烙印を押して退けたのは間違いだったと指摘するものもいる。

…（この更迭は）中牟田に対する不当な侮辱である。当時の大本営条例による大本営の構成から見て（戦争がはじまれば開戦消極論の）中牟田を退ける理由はなく、樺山でなければならない理由も見出せない。どうしても薩派海軍当局の恣意的人事である（松下芳男『日本軍閥の興亡』1　二一三頁）

と指摘している。

福澤諭吉は日清戦争後交詢社で海軍の人事の不公平さを指摘、不公平な所に進歩はないと批判した。これを聞いた軍令部参謀の木村浩吉海軍大尉（咸臨丸司令木村摂津守の長男　のち少将）が「山本軍務局長は派閥に囚われない考え方なので話を聞いてやって下さい」と持ちかけ福澤・山本会談が実現、福澤の疑惑を解くことに努めた（前掲『伯爵山本権兵衛伝』巻下 一三五〇頁）

福澤は中牟田の軍令部長更迭には納得しなかったようだが、山本との話から海洋国日本にとって陸軍の兵員増よりも海軍の強力な軍艦建造に重点を置く海主・陸従論に理解を示し『時事新報』の論説にも掲載されている。

枢密顧問官となった中牟田は国家の重要問題についての諮問に応えているが、個々の問題について誰がどういう答申したか公表されていない。謹厳寡黙の中牟田は日々の仕事を忠実にこなした。中牟田の早期引退、江頭安太郎（文芸評論家・江藤淳の祖父）の早逝などがあって、「肥前海軍」は山本権兵衛らの薩摩海軍に一歩遅れをとったことは否定出来ない。

中牟田は大正五年三月三〇日、八十歳で静かにこの世を去った。

第II部　発展期（明治後期）

日清戦争に勝利をおさめ台湾の割譲・関東州の租借・賠償金三億両を得たが、露・仏・独三国の干渉で関東州を返還したところ、ロシアが関東州、ドイツが膠州湾、フランスが広州湾を租借した。強国相手では手も足も出なかった。政府は欧州列強に肩を並べるため産業の近代化・軍備増強・教育の普及を推進した。反目しあっていた改進党の大隈重信と自由党の板垣退助は明治三一年三月、小異を捨てて合同、憲政党を結成した。政府は解散をもってこれに応えたが、民党（野党）が大勝し、同年五月にはわが国初の政党内閣「板隈内閣」（第一次大隈内閣）が成立し、文相として尾崎行雄が入閣した。三ヵ月後尾崎は舌禍事件で辞め、犬養毅がなった。尾崎・犬養とも改進党系であったので旧自由党系が反発、大隈内閣は半年足らずで総辞職した。

政治家は予算の成否には目の色を変えがちだが、決算には関心が薄かった。会計検査院長田尻稲次郎は決算を決算委員会に報告しなければならないとし、衆議院決算委員長斎藤珪次は決算を議案とする提案をしたが、これは吏党（与党）の勤怠で実現しなかった。

明治三七―三八年の日露戦争でも前年一二月常備艦隊司令長官日高壮之丞は舞鶴鎮守府司令長官との交代を命ぜられた。海相山本権兵衛は激昂しやすい日高よりも冷静な東郷を選んだ。戦争中戦艦八島・初瀬の二隻を失った時も東郷は顔色一つ変えなかった。

民党（野党）は多数をしめていたが、戦争中なので政争は起きなかった。政友会の前幹事長原敬は、軍状報告のため上京していた満州派遣軍総参謀長児玉源太郎と密かに講和条約の早期締結をする代わりに、西園寺を桂の後継としたいと申し入れ、暗黙の了解を得ている。ときの幹事長菊亭修季は剛毅な性格だが、侯爵という高い身分に囚われ大権を私議する（公的機関を通さず最重要事項を内定する）ことができなかった。司法界に進んだ塾員のうち三好退蔵・横田国臣は二人とも検事総長・大審院長を勤め、長年司法の発展に尽した。

明治四一年、第二次桂太郎内閣が成立し、司法相に岡部長職、文相に小松原英太郎が入閣した。桂内閣は韓国統監伊藤博文とともに大韓帝国の植民地化を進めた。同四二年一〇月、伊藤はハルビン駅頭で暗殺された。桂内閣は条約違反を理由に同四三年八月、日韓併合条約を締結し植民地とした。日韓併合が実現する三ヵ月前幸徳秋水・堺枯川らの爆裂弾作成事件が発覚、前代未聞の大逆事件に発展した。桂内閣はその責任をとって総辞職した。

日露戦争後徐々に国民の思考・行動が多岐多様化した。小松原は山県有朋直系の官僚であったが、若いころ新聞紙条例違反で禁固刑に処せられたこともあったし、内務次官時代足尾銅山鉱毒事件では二時間も田中正造から惨状を聞き、田中を感動させたという。

石川安次郎は田中正造に足尾銅山鉱毒事件の直訴状の奉呈を決断させた。また孫文らの辛亥革命（明治四四年一〇月）では革命に日本が干渉しなければ満州の日本権益を保護するという情報を得て報道した。革命に神経質になっていた政府もこの報道により干渉しなかったため、わが国は革命の騒乱に巻き込まれなかった。政治が身近になったこともあり、大正に入ると護憲運動が起こり、わが国にもデモクラシー（民本主義）時代の幕開けを予感させるものがあった。

浜尾　新――塾出身初の大臣・枢密院議長

初の文部大臣

文部科学省は明治時代から昭和初期まで神田一橋にあったが、教育・文化の振興は福澤諭吉によって進められていたことから「文部省は一橋にあり、されど文部卿は三田にあり」と言われた。それればかりでなく初期の義塾出身で教育に携わるものも少なくなかった。また文部大臣になった者は明治時代の浜尾新をはじめとして現在までに一三人である。浜尾新は嘉永二（一八四九）年四月二〇日、但馬国豊岡（現、兵庫県豊岡市）で豊岡藩士浜尾嘉平治の次男として生まれた。幼名を宗次郎と称した。明治二年九月一日、藩主京極高厚が保証人となり、義塾に入った。このとき二十一歳、どちらかといえば晩学であった。

同じころ義塾で学んだ者には津田純一、菊地九郎、吉村寅太郎、須田辰次郎ら教育関係者が少なくない。このうち吉村は浜尾と同じ豊岡の出身である。

浜尾が義塾にいた期間はそれほど長くない。大学南校（のちの東京帝国大学）で学んだり、アメリカに留学したりしていたが、東京開成中学校監事となった。同一二年に文部省に入ったが、翌一三年には専門学務局長に抜擢された。温厚な人柄と英語に堪能なことから上司に可愛がられたといわれている。

同一八年には専門学務局長のまま東京大学副総理を兼任したが、その年専門教育・学術行政の調査のためヨーロッパに派遣されている。わが国が先進国に追いつくためには専門教育を推進しなければならないという文部省の方針によったものであろう。浜尾は丹念に各地の大学の調査に回った。その結果を纏め文部大臣に詳細に報告し、その後の施策に反映させている。

浜尾は明治二二年に元老院議員となったが、翌二三年には帝国議会の開設に伴い貴族院議員に勅選されている。さらに明治二六年には帝国大学総長に選ばれたが、就任の要請に当たった文相井上毅はわざわざ小石川の浜尾の家を訪れ、「帝国大学に講座制を導入するため枉《ま》げてなって欲しい」と述べたといわれる。講座制は大学近代化の条件であったので、浜尾としても総長を引き受けた以上苦心の末なんとかこれを実現した。

四年後の明治三〇年一一月には第二次松方（正義）内閣の文相に親任された。塾出身者では初めての大臣である。浜尾の入閣は外相大隈重信の辞任に伴う内閣改造によるものであった。しかし同内閣は同年暮、金本位制を採択するかどうかを巡って揉め、ほどなく内閣は総辞職し、浜尾は入閣再任二ヵ月に終わった。

女子教育を奨励

浜尾が教育行政家として評価されているのは高等教育制度の確立だけではなく、女子教育の奨励・普及であり、まだ男尊女卑の気風の残る社会を刺激した。浜尾は文部省訓令（第十二号）を出した。その内容は①女児の就学者数を増やすため男児・女児の学級を別とし特性の涵養に努める②通学に不便でない地域では女児だけで一学級を編成する。全学年女児学級が出来ると認められる場合、女児のための小学校を作る③女児の高等教育実施のため高等女学校（四年制中等学校　男子は五年制）の設置を怠ってはならないし、女子師範学校を設置する場合、土地の状況によって便宜的に高等学校を併設しても構わない、というものであった（時事新報　明治30・12・28）

明治三〇年といえば義務教育制度が実施されてから二五年になるのにまだ女児の就学率が低かったため、この訓令となったものであろう。道府県の多くは財政的理由で実施に移そうとしなかった。そのうえ教育者の大半がまだ『女大学』といった儒教的な考え方に立ち、男女区別教育推進ではなく却って差別教育を助長してしまった。

男女の差別教育が撤廃されたのは、この訓令が出てから五〇年後の昭和二二年で、奇しくも義塾出身の文相高橋誠一郎の時であった。

女子教育を推進するため浜尾の残した仕事の一つに、高嶺秀夫を女子高等師範学校長に起用し女子教員の養成に当たらせたことがある。高嶺は青森県の出身で明治四年義塾に入り、卒業後義塾の教員をしたり、米国に留学したのち東京師範学校長、高等師範学校長を勤めた。わが国師範教育の草分けであり、ペスタロッチ主義教育の指導者でもあった。高嶺は浜尾の期待通り多くの人材を養成し、女子教育の向上に役立っている。

浜尾は明治三八年一二月、再度東京帝国大学（改称）総長となった。この時は同大学法科大学（法学部）教授戸《と》水寛人《みずひろんど》ら「七博士の日露開戦強硬論」「日露講和条約締結反対」で大きく揺れた直後であったので、学内の秩序確立・静謐維持に気を遣った。

七年後の大正元年、浜尾は枢密顧問官に親任された。枢密院は憲法・軍事・外交・教育などの事項について天皇からの諮問に答える機関である。浜尾が顧問官在任中手掛けた最もやりがいのある仕事は大学令改正（大正一〇年）であった。帝国大学の下の単科大学の学部改編・官立大学と私立大学との同格化など大学制度の抜本的改革を内容としていた。

浜尾は同一一年、清浦奎吾の後を承け同院副議長、さらに同一三年には同じ清浦の首相就任に伴い議長となった。義塾出身で枢密院議長・副議長となったのは浜尾がはじめてである。

議長在職一年八ヵ月、浜尾は大正一四年九月二五日、七十七歳で死去した。

久保田　譲――硬骨文相

教育行政家

久保田譲は弘化四（一八四七）年五月、丹後国豊岡藩（現、兵庫県豊岡市）藩士久保田周甫の長男として生まれた。幼名を譲二郎と名付けられた。藩校で漢学と数学を学んだのち明治二（一八六九）年上京し、はじめ下野県ついで日光県に出仕したが、同四年辞職・帰京した。翌五年一月、数え二十六歳で弟貫一郎（数え二十四歳）とともに慶應義塾に入社していた。

〔注〕弟の名前の方が兄を思わせるためのちに譲二郎は譲、貫一郎は貫一と改名した。貫一は新聞記者から内務官僚となり知事や監獄局長となっている。

当時義塾には一柳末徳《ひとつやなぎすえのり》、藤田茂吉、箕浦勝人《みのうらかつんど》、波多野承五郎らが学んでいた。

久保田が義塾で学んでいた期間は短い。久保田は英語など新しい学問を身につけるつもりだったが、早々と文部省出仕が決まったため半年余りで義塾をやめている。

久保田は同年八月、文部省に十三等出仕で入り、権中録から少視学、大録、広島師範学校長、文部権少書記官、普通学務局副長を経て同一五年、権大書記官となっている。このとき文部省には少《しょう》輔《ゆう》（次官補）に九鬼隆一、専門学務局長に浜尾新ら同郷・同門の幹部がいたが、二人とも久保田より若かった。

久保田は明治一八年、同省会計局長に栄転し、その職に満六年務めわが国の教育施設・設備の整備・拡充に当たった。在職中の同二二年一一月から翌年一〇月の約一年欧米に出張、欧米先進諸国の教育事情をつぶさに視察し、見聞を広めた。

帰国後約半年後の同二四年六月、久保田は普通学務局長を命ぜられた。在職期間は一年半に過ぎなかったが、小学校の教科用図書の検定制度を採用するなど、教育内容の充実を図った。

第二次伊藤（博文）内閣が出来て間もない同二五年一一月、文相河野敏鎌の下で次官に任ぜられたが、四ヵ月後河野が病気で辞職したので久保田は河野に殉じて辞めている。後任文相は教育勅語起草者の一人の井上毅で、就任早々文部省令で三大節奉祝歌「君が代」を制定するなど国家主義傾向を強めた。次官には大久保利通の次男牧野伸顕が起用されている。

七博士に手こずる

久保田は一年足らずの浪人生活を送ったのち、貴族院議員に勅選された。しかし手堅い教育行政官の久保田をそのまま埋もれさせるわけにはゆかなかった。明治三六年一一月、第一次桂（太郎）内閣の改造で久保田は文部大臣に親任された。前任の菊池大麓が教科書汚職事件の責任をとって辞職し、一時内相児玉源太郎（陸軍中将）が兼任していたが、文部省の建て直しをはかるため久保田を起用したのだった。

文相に就任した久保田は普通学務局長の後任であった木場貞長を次官として弛緩した綱紀の引き締めに当たった。ところが菊池時代の末期から戸水寛人《とみずひろんど》ら七人の帝国大学教授の対露強硬論が世間を騒がせていた。翌三七年二月、日露戦争がはじまったため、七教授は得意然としていた。陸海軍は旅順攻略・奉天（現瀋陽）会戦・日本海々戦など勝利を収め、同三八年九月、日露講和条約が締結されるとその内容を不満とする声明を発表した。

久保田は七人のなかでもっともラジカルな戸水に対して

「帝国大学教授の発言は社会に対する影響が大きいので自重して欲しい」

と警告したが、戸水は一向に耳を傾けず、却って常識外れの言動に出た。再三の警告を無視された久保田は、文官分限令によって戸水を休職処分にした。これに対して帝国大学法科大学・文科大学の教授が連名で

「休職処分は言論の自由を拘束し、学問の独立を蹂躪するものである」

と抗議した。

久保田は帝国大学からの執拗な復職運動に対して沈黙を守り続けた。久保田としては講和に反対

してまでも戦争を続けることは無理なのだから、実情を無視した議論は世間を惑わすものとして戸水の言動を許さなかった。ところが法科・文科両大学の教授たちは総長の山川健次郎が戸水を擁護しないと責め出したので、山川は戸水を講師として復帰させ、総長を辞めた。

久保田は山川の後任として農科大学長松井直吉を任命し紛争は解決したかのように見えた。

大学改革学

一たん終結したかに見えた紛争もあくまでも戸水の教授復帰を望む法科大学は教授全員辞表提出という事態となった。さらにこの紛争は京都帝国大学にも波及し、教授たちは連名で抗議書を久保田に送りつけた。松井はこのままでは大学運営はできないと判断し辞任、後任に浜尾新が再び起用され解決にあたった。

筋をとおしたとはいえ混乱を招いた責任を感じた久保田はその年の暮れに辞任した。後任は誰もなりたがらなかったので、しばらく桂首相が兼任することとなった。

教育行政の専門家を自負する久保田はかねてから学制改革を唱えていた。かいつまんで言うと専門学校の一部を大学校とし、小学校・中学校・大学校と進むのを正系とする、帝国大学は学術の蘊《うん》奥《のう》を極める研究所として独立する、というものであった。

文相となった久保田は、この構想を実現するため就任すると早速検討を命じたが、従来の専門学校を大学校と名を替えるだけでは意味がないという反対が根強く、成案が得られないまま久保田の辞職となった。もっともこの考え方の一部――たとえば専門学校扱いの私立大学に予科を設けることで、官立（国立）大学と同等の扱いをうけるようになった。

久保田は明治四〇年、長年教育行政に携わった功績により男爵を授けられている。このとき前首相桂太郎、前蔵相曽禰《そね》荒助《あらすけ》、前農商務相清浦奎吾《きようらけいご》ら桂内閣の閣僚も陞爵《しよう》しており日露戦争の論功行賞といってもよかろう。

大正六年一一月三日、久保田は枢密顧問官に親任された。当時枢密顧問官には浜尾新や小松原英太郎、安広伴一郎、岡部長職ら義塾出身者がいた。

久保田が顧問官在任中の大正一〇年には大学制度の改革が実施され、「構想」の一部である私立大学も官立大学と名実ともに同等となった。

謹厳実直な人柄から華族の思想・素行の取り締まりにあたる宗秩寮審議官にもなっている。昭和一一年四月一四日死去した。数え九十歳であった。

長男敬一は犬養（毅）、斎藤（実）両内閣当時の鉄道次官であった。

田尻　稲次郎――会計検査院長一六年

わが国初の法博

田尻稲次郎は嘉永三（一八五〇）年六月、京都・高倉の薩摩屋敷で薩摩藩士田尻次兵衛の三男として生まれた。三男なので幼名を三次郎といった。六歳の時父が死んだので母や兄とともに鹿児島へ戻った。藩校で学んだのち明治元（一八六八）年上京し翌二年二月二四日、慶應義塾に入社した。数え二十歳だった。

保証人は島津修理太夫で、藩を挙げて西洋文明の吸収に取り組んでおり、鮫島武之助ら三人とともに薩摩藩給費生として義塾で学んでいる。

しかし田尻が義塾にいた期間はそれほど長くなかった。その後大学南校を経て米国へ赴き、エール大学で経済財政学を専攻した明治一二年に帰国した。

翌一三年一月、田尻は福澤諭吉の推薦で大蔵省に入り少書記官に任ぜられた。同一四年には文部御用掛・東京大学講師を兼務し財政学を講義している。同一七年には大蔵権大書記官、同一八年同省調査局第四部長、同一九年一月国債局長心得、同年三月国債局長・帝国大学教授併任ととんとん拍子で昇進した。

田尻は単に有能な官僚だけでなくわが国最高の経済・財政学者であった。二一年五月にはわが国はじめての法学博士号を授与されている。同時に箕作麟祥《みつくりりんしょう》・菊池武夫・穂積重遠《ほづみしげとお》・鳩山和夫がそれぞれの専門分野の研究・運用実績により法学博士を授けられ、学会の主流を形成した。

翌二二年には大蔵省銀行局長、二四年七月同省主税局長、同年一一月現職のまま貴族院議員に勅選されている。

大蔵次官七年

二五年八月、第二次伊藤（博文）内閣が成立した直後、蔵相渡辺国武の下で次官に選ばれた。このとき四十三歳だったからずば抜けて若いとはいえないが、入省一三年目で次官になったのは極めて異例であった。

田尻は頭が良いだけでなく硬骨漢でもあった。次官になった翌二六年一〇月、明治二五年度歳入歳出決算と会計検査院報告を議会に提出することを省議で決め、閣議に提出した。伊藤首相はこれまで議会に提出していないのだからその必要はあるまい、と考えていたようだったが、大蔵省は憲法第七十二条に規定されておりけじめをつけておいた方が将来の予算編成上もプラスになると主張し、ようやく実現した。

ほどなくはじまった日清戦争の戦時財政の切り盛りは並大抵ではなかった。はじめての外戦なので戦費にどれぐらい必要か、どう調達するかなど苦労の連続だったが、田尻は渡辺・松方（正義）両蔵相の下でやり通した。挙国一致、前線も銃後も努力のかいあって清国に勝つことが出来た。田尻はこの功績により日清戦争終了後男爵を授けられた。

戦後の財政運営の難しさもさることながら、金本位制の採用の是非など次々に難題が目の前に立ちふさがったが、アメリカより先んじて金本位制を採用するなど見事に処理し、名次官の声望を欲しいままにしている。

明治三一年、進歩党・自由党が合同して憲政党を結成し、選挙に大勝した同年六月にはわが国初の政党内閣の大隈（重信）内閣が誕生した。大隈内閣は陸海軍大臣を除く閣僚・次官・一部の局長・知事を更迭した。田尻もこの旋風に巻き込まれ同年七月失職した。ところが大隈内閣が五ヵ月で倒れ、第二次山県（有朋）内閣が成立し、再び松方蔵相の下で次官となった。次の第四次伊藤内閣が総辞職するまで次官を続けた。延べ八年六ヵ月に及ぶ在職記録は未だやぶられていない。

決算の重要性

田尻は明治三四年六月、桂（太郎）内閣の内相に転じた内海忠勝の後任として会計検査院長に勅選された。とにかく決算や会計検査報告は軽視されがちであった。そこへ大蔵次官を長く務めた財政学の権威が歳入歳出決算を検査するのだから、政府も今までのように不当不法の歳出が出来なくなった。田尻が院長になったのはロシアの極東進出をあらわにし、大韓帝国の親露政権が排日傾向を強めているときであり、わが国も軍備増強を進めていた。

田尻は眼光こそ鋭かったが、小柄で痩せぎす、身なりも構わなかった。検査院初登庁の日、日やけして羊羹色になったフロックコートを着て右手にステッキ・左手に風呂敷包みを提げ、正面玄関を通ろうとすると守衛に物売りと間違えられ「爺さん、爺さん、ここは表玄関だから通用口に回って」と言われ田尻は苦笑しながら「儂《わし》が田尻じゃ」と言ってすっかり恐縮する守衛を尻目に中に入ったエピソードがある。号を「北雷《きたなり》」と称したのは「着たなり」をもじったといわれる。

普通院長は初登庁すると職員を講堂に集め所信を述べるものだが、田尻は院長室に荷物を置くと早速一人で各室を回り、ドアを半開きにすると顔だけを部屋に出して「儂が田尻です」と言って就任の挨拶とした。

「大物」院長を迎えた検査院は活き活きと業務に励んだ。大小様々な問題に目を光らせ歳出の不当不法を指摘し、政府の勇み足にブレーキをかけた。

田尻は検査院長を大正六（一九一七）年までの一六年間務めた。この間明治三七〜八年の日露戦争、大正三〜七年の第一次世界大戦と二つの大戦があり、軍事費の増大に伴う歳出の適否をいかに正確に指摘するかに苦心した。

ところで田尻個人としては院長就任と同時に貴族院議員を辞任し、政府・議会とも距離を置いていた。しかし明治三九年には帝国学士院会員になり、同四〇年子爵に陞爵《しょう》している。院長辞任とともに貴族院議員に戻って間もなく東京市長に選ばれた。当時の市長選任方法は市会が三人の候補者を推薦し、内務大臣がその中から一人（普通得票の多かった者）を天皇の裁可を経て任命した。田尻のときは元東京府知事阿部浩が有力候補と噂されていたが、東京市議の有力者たちが田尻にまとまったため、阿部は三人の候補にも入らなかった。この後、原（敬）内閣は阿部を東京府知事に再任した。おそらく原と阿部が同郷（岩手）だからだろう。

田尻の東京市長在任期間は短かった。一つに阿部知事の牽制があり、一つには汚職事件から突然市会議長が辞職したこともあって、二年半でさっさと辞めてしまった。

謹厳実直な半面、人を人と思わぬ奇行の持ち主でもあった田尻は大正一二年八月一七日、七十四歳で歿した。

斎藤　珪次——初代衆院決算委員長

決算の重要性

斎藤珪次は万延元（一八六〇）年三月二五日、武蔵国北埼玉郡三田村（現、埼玉県羽生市）の庄屋斎藤喜右衛門の二男として生まれた。明治一〇（一八七七）年二月、十六歳のとき慶應義塾に入社した。当時義塾には小室信介、山本達雄らが学んでいた。

維新後の政治は薩長藩閥による強権政治で明治天皇が発布された五ヵ条の誓文の中にある「民意」は無視されていた。斎藤は持ち前の正義感から明治一六年、結党後一年足らずの自由党に入党し、政談演説会では星亨らと熱弁を振るうなど実践活動に挺身した。

翌一七年には茨城の加波山事件、埼玉の秩父事件など不満分子による騒動が相次いでおこった。加波山事件では自由党員が逮捕されるなど、自由民権運動に対する弾圧が続いた。斎藤は事件に巻き込まれなかったものの、政治信条を貫く厳しさをひしひしと感じたのであった。

斎藤がはじめて衆議院議員に選ばれたのは明治二五年二月施行の第二回総選挙であった。ときの松方（正義）内閣の内相品川弥次郎は民党（野党）に対する大弾圧を行い、死者二五人負傷者三三八人を出した。自由・改進・独立など各民党は少しも屈せず過半数を制した。斎藤は埼玉四区から自由党で立候補し、弾圧を撥ね除けて栄冠をかち得た。

斎藤は明治二七年三月施行の第三回総選挙にも立候補し当選した。当時は読会制度をとっており、法案はその都度作られた委員会で審議するので、衆議院の常任委員会は全院・予算・決算・請願・懲罰の五委員会があったが、明治二五年の第四通常議会までは委員も選任せず、決算委員会審査も行われていなかった。しかし憲法第七十二条に基づくべきである、と決算審査を行う党の強い要求と大蔵次官田尻稲次郎の進言もあり、同二六年の第五通常議会から決算委員が選任され、初代決算委員長に満三十四歳の斎藤が選ばれた。

火花散らす決算委

斎藤ら決算委員は委員会の運営・決算の審査方法などを討議した結果、①歳入歳出決算に承認を与えうる権利、②違法収支に対する最終裁判権、③衆議院で決算報告に対する院議を決定したうえ貴族院に送付する、など五項目をきめた。これは政府の「歳入歳出決算書・会計検査報告を提出すればよいのであって承認をもとめる必要はない」との方針と真っ向から対立した。

斎藤委員長はこの審査方針を衆議院本会議に上程したが、駒林広運（自由党）は「決算委員会の審査方針を院議とする必要はない」との動議を出したため院議決定に至らなかった。その後ほどなく衆議院が解散されたので、審査方針の結論は得られなかった。

国運を賭けた日清戦争が勝利で終わったため落ち着きを取り戻し、明治二八年の第八通常議会の本会議でも決算の取り扱いについて白熱の論戦が展開された。尾崎行雄は「決算は単なる報告ではなく議案に類する」と「斎藤案」に賛成したのに対し、小西甚之助は「報告だから議題とすべきではない。不正があれば個別に決議あるいは上奏をすべきだ」と反論、さらに河島醇《かわしまじゅん》は「決算を議題とし可否を決することはいいが、それによって政府の責任を解除する権限はない」と中間的な議論も出て結論が出なかった。

なぜこのようなはげしい議論が戦わされたかというと、その裏には明治二五年の歳入歳出決算の中で法令違反の歳入歳出が次々に明るみに出たからである。決算委員会は審査段階で一五件の違反を見つけこの部分は認めないという議決をしている。また本会議でも決算全体を是認しないという形をとらず、法令違反の部分を不当または不法と議決する先例を作り、現在の国会になってもこの形式を踏襲している。

斎藤が決算委員長時代手掛けた業績として、国の重大な事件は予算の執行に直接関係なくても決算委員会で取り上げるという先例を作ったことがある。

汚職を摘発

斎藤が委員長になって間もなく、藤田組贋札事件に関する書類が委員会に提出された。それによると、西南戦争（明治一〇年）の指揮をとるため西下した陸軍卿山県有朋が藤田伝二郎に「官軍田原坂で勝利」の電報原文を示し、藤田がこの情報を利用し投機で大儲けしたと指摘された。

当時の委員会審査は関係者を喚問するやり方をとっていないので、結局山県（このときは枢密院議長）は新聞記者に「事実無根なので痛痒を感じないが、軍機を漏らしたといわれるのは心外」と前置きし、田原坂の戦いが始まった時から終わるまでの間は福岡にいて、（大阪の）藤田に電報を示すようなことは有り得ない、と懸命に弁明した（時事新報　明治27・5・27）

このときから政府高官ものんびりとしていられなくなった。歳入歳出決算の数字を巡る問題は言い逃れも出来ようが、個人の名を上げ書簡などの文書をつきつけられては弁明も容易ではないからである。決算委員会が予算委員会と同じように重要な委員会であることを広く認識させた斎藤の功績は大きい。

斎藤は前後八回衆議院に当選し、通算二一年議員に在職した。その大半は決算委員であり、大正元年の第三〇通常議会では再び決算委員長に選ばれている。

このときは例年に比べ不法・不当と認められるもの、警告・注意を与えたものが多かったが、とくに海軍省所管の決算について「不法・不当事項に対する政府の抗弁は理由が明白でないばかりでなく、却って法規を軽んずる態度が見え、将来とも改善しようとする誠意を疑う。よって政府は海軍所管予算の実施に当たり一層の注意することを警告する」との決議をしている。その懸念通り海

軍幹部の汚職事件 ―「シーメンス事件」の発覚の端緒となった。この事件で海軍に対する国民の信頼は地を払った。

斎藤は大正六年の第三九特別議会には請願委員長、同七年の第四一通常議会には予算委員長となり手腕を振るった。

斎藤は「議会人は妄りに顕職につくべきではない」とし、大臣にはならなかった。直接国税の撤廃など有権者の資格を大幅に緩和した昭和三年二月施行の第一六回総選挙（俗称第一回普通選挙）には高齢と健康上の理由で立候補しなかった。選挙後の同年三月二一日死去した。六十九歳だった。

日高　壮之丞――勇猛・激情の薩摩隼人

聯合艦隊長官逃す

日高壮之丞は嘉永元（一八四八）年、薩摩国（現、鹿児島県）鹿児島郡竪野馬場で生まれた。藩兵として倒幕軍に従軍した。一たん帰郷ののち明治三年上京し慶應義塾に入社した。当時藩の給費生が相次いで義塾に入って来ており、田尻稲次郎、鮫島武之助に一年遅れて入って来た。

日高は義塾で英語を学んだのち海軍兵学校に移り、明治七年には海兵第二期生として卒業、少尉補となった。同期に山本権兵衛がいる。

日高は砲術士官として頭角を現し砲術練習所長（のちの砲術学校長）となり、日清戦争直前巡洋艦橋立・同松島各艦長を経て、明治二七年七月から三二年一月までの間海軍兵学校長を勤めた。海兵出身者初の校長である。

日高は海軍士官の教養を高める必要があるとし、物理・化学・世界地理を入試科目に取り入れたり、授業内容にも工夫を凝らしたという。また学術優等生徒・品行方正生徒に与えられていた勲章紛いのメダルを廃止し、代わりに襟に桜のマークをつけるように改めるなど、スマートな海兵生徒の基礎を作った。

日高は手腕を評価され、竹敷要港部司令官から常備艦隊司令長官となった。時あたかも日露間の風雲急を告げていた。両国が戦端を交えれば常備艦隊は予備艦隊とともに聯合艦隊を編成する手はずを整えていた。日高は勇猛な提督であったので、いつでも艦隊の先頭に立って戦う決意を漲らしていた。

日露戦争のはじまる四ヵ月前の明治三六年一〇月、突如日高は山本（権兵衛）海相に呼ばれ、舞鶴鎮守府司令長官東郷平八郎と交替するよう求められた。激昂した日高は腰の短剣をテーブルに置き「開戦を前に退けとは何ごとだ！　武人としてこれほどの侮辱はない。この短剣でおいを殺せ」と迫った。山本は「お国のためじゃ我慢してくれ」と頭を下げるだけだった。

東郷はものごとに動じない性格であった。日露戦争がはじまってほどなく戦艦初瀬と八島の二隻が機雷に触れ沈没、聯合艦隊将兵に衝撃が走った。東郷は顔色一つ変えず何も語らなかった。この冷静沈着な態度は部下の絶対的信頼をかち得た。もし日高が長官だとしたら責任を感じ、割腹自殺をしたかもしれない。また東郷は加藤友三郎ら有能な参謀の進言を入れ日本海々戦で圧勝して、日露戦争勝利へと導いた。日高も級友山本の選択は間違いなかったと悟ったのではなかろうか。

戦中戦後日高は舞鶴・旅順各鎮守府司令長官を務め明治四一年大将に昇進し、翌年予備役となり引退生活に入った。引退後は公職にもつかず悠々自適の生活を送っていた。日高は時たま訪れた海軍時代の友人や部下と話す姿は好々爺そのものだったと言う。

昭和七年七月二四日、八十五歳の天寿を全うした。

菊亭　修季——逞しい公卿

京都から東京へ

菊亭修季《ながすえ》は安政四（一八五七）年五月六日、摂家の一つである鷹司輔熙《たかつかさすけひろ》の三男として京都・今出川で生まれた。元治元（一八六四）年清華《せいが》家の菊亭家を嗣いだ。清華家というのは近衛・一条など五摂家に次ぐ名門で、摂政・関白にはなれないものの、大納言を経て大臣までは昇進出来る。清華家としては久我《こが》・西園寺・花山院など九家がある。菊亭家は藤原家の出で西園寺の一族でもある。西園寺実兼の四男兼季が今出川に居を構えたので今出川といっていたが、もともと菊が大好きで数多くの菊を邸内に栽培していたことから菊右大臣と呼ばれ出し、とうとう自ら菊亭を名乗った。

明治二年二月、修季は従四位下に任ぜられ、東上勧学を仰せ付けられたが、実際に上京したのは翌年になってからであった。旧幕府の学問所昌平黌で学んだが、何も得られなかったとして早々京都へ戻った。公卿・旧藩主ら華族の東京移住命令に従い、菊亭が東京に居を移したのは明治五年で、この年の一一月九日、慶應義塾に入社した。

当時義塾に学んでいたものの中に横田国臣、安川敬一郎、野村龍太郎らがいたし、後から前田利鬯《まえだとしか》、牧野貞寧《さだやす》、秋田映季《あきすえ》ら華族も入って来た。

菊亭がいつごろまで義塾にいたのか定かではないが、洋行・留学しているところをみると、英語を学ぶためであったのかも知れない。旧弊を脱したいとの気構えだけは感じられる。新しい時代に相応しいことをと明治六年三月には代々家職としていた琵琶弾奏伝授を止める決意をし、皇室から貸し下げられていた琵琶二面を奉還している。

北海道開拓

西南戦争のさなか、華族勧修寺顕之らとともに三等警部心得に任官した。「追って新選旅団士官になるらん」と新聞は報じている（東京曙　明治10・7・23）。長袖流といわれる公卿が抜刀隊員になるのは珍しかったようだ。しかし西南戦争は二ヵ月後に終わったため、実際には西郷討伐軍には加わらなかったらしい。

明治七年創設の北海道屯田兵制度は北海道開拓使のもとに入り、黒田清隆（陸軍中将）になってから本格的開拓に乗り出した。同一一年、新天地に夢を求めた菊亭は北海道に渡り開墾をはじめた。政府としても北海道の開拓に力を入れていたので、同一二年三月には菊亭を開拓使御用掛に起用した。さらに同一五年三月には農務省農務局准奏任御用掛として呼び戻されている。

明治維新から一五年経って政府の基盤も確立し、政情も安定したとして維新功労者の行賞に名をかり皇権拡張に乗り出した。たとえば華族の法制化を図るため明治一七年七月、華族令を施行した。爵位は公・侯・伯・子・男の五段階とし、公卿や旧藩主（大・小名）などのそれまでの地位や勲功に応じ授爵した。最初の授爵者は五百余人に上ったが、菊亭は他の清華家の当主とともに侯爵を授けられている。

また帝国議会が創立した明治二三年七月に菊亭は貴族院（侯爵）議員に勅選された。貴族院は皇族・公・侯・伯・子・男爵・勅選・多額納税議員によって構成され、伯・子・男爵議員と多額納税議員は互選で任期は七年であった。皇族・公・侯爵議員は成年（当時は二五歳以上）が選ばれ、勅選議員とともに終身であった。

当時菊亭は農商務省札幌農工事務所副所長だったので、職務上余り上京しなかったようだし、翌二四年にはわざわざ本籍地を北海道に移すほど北海道の開拓に熱を入れていた。

政治に専念

菊亭が積極的に政治にかかわりはじめたのは西園寺の勧めによってであった。西園寺はフランスに留学し自然主義哲学を学んで帰国し、東京自由新聞に民権論を執筆するなどして政府を困惑させたこともあった。その後オーストリア・ハンガリー聯合帝国やドイツ帝国の特命全権公使を勤めており、スマートで進歩的な華族と受け止められていた。第二次伊藤（博文）内閣の文相を勤めたことから伊藤系の政治家と見られていた。伊藤が立憲政友会を結成したとき貴族院から創立に参画した。

第三次伊藤内閣に代わって誕生した桂（太郎）内閣は次第に力を持ちはじめた。当初伊藤は桂を馭せると思っていたが不可能と判断し、伊藤の政権意欲が萎えたので自ら枢密院議長となり、後任の政友会総裁に枢密院議長の西園寺を当てた。伊藤の後を受けた西園寺はかなり意気込んで党の建て直しに取り組んだ。生え抜きの原敬・松田正久・末松謙澄らを党幹部として重用したが、いずれも党随一の「実力者」を自負していたため権力闘争に終始した。困惑した西園寺は久我通久《こがみちつね》を党協議員会長に選んだ。この党協議員会長とは幹事長に似た役職。旧大納言、大和鎮撫総督、陸軍少将、兵部少輔（次官補）、東京府知事を歴任した六十一歳の侯爵議員の久我にとって似つかわしくない役職であった。

わずか二ヵ月で辞め後任に原敬がなった。原は明治三七年二月から翌年三月までつとめ、西園寺の期待に応えた。その手腕を見込まれた原は一〇年後には西園寺の後継総裁に選ばれている。

華族初の幹事長

西園寺は久我起用の失敗に懲りたものの、衆議院議員の党員についてよく知らないうえ原以外のものを起用すればまた党内に混乱が起きると考え、結局伊藤総裁時代の幹事長を復活し、政治手腕に未知の菊亭を起用に踏み切った。

この人事に党内も驚いたようだが、日露戦争のさなかでもあり、全ての国民が勝利のために力を合わせなければならないときだけに余り問題とならなかった。とくに党内を纏める必要事項もなかった。奉天会戦・日本海海戦に勝利を収めたが、ロシアは大軍をシベリア鉄道で送り込み退勢挽回を図ろうとしており、長期戦ともなれば勝敗の行方は分からなかった。国力の限界を知っていた原は、満州から打ち合わせで東京に戻っていた満州軍総参謀長児玉源太郎(陸軍大将)に会って、政友会の力で早期にロシアとの講和を巧く纏める代わりとして、講和成立の後には桂(太郎)内閣の代わりに西園寺を首相にしたいと申し入れ了承された。

かりに菊亭が健康を害していなくてもこのような密約は華族の立場、公党幹事長の職務からいっても政治の大権を私議するようなことは出来なかっただろう。

ほどなくセオドア・ルーズベルト米大統領のあっせんによる日露講和会議がポーツマスで開かれ、難航の末、ようやく妥結し調印の運びとなった。樺太の南半分の割譲、旅順・大連など関東州の租借、南満州鉄道の譲渡を獲得したものの、賠償金が得られないことに対する反対論が沸騰した。政友会の中でも賛否両論が渦巻いたが、菊亭の奔走で党を挙げて賛成することとなった。これにより西園寺の菊亭に対する信頼が高まった。

公卿に似合わず野性的な生活の菊亭は腸チフスにかかり、講和条約締結一ヵ月も経たない明治三八年一〇月八日急死した。数え四十七歳。これから伸びる人材であった。

安広　伴一郎――「官僚国家」を形成

山県の寵児

安広伴一郎は安政六（一八五九）年一〇月一三日、豊前国（現、福岡県）小倉藩仲津郡元永村で農業を営む安広一郎の長男として生まれた。明治八年一一月、十五歳で慶應義塾に入社した。安広が義塾に入った前後に坂田実、石川暎作、桐原捨三、加藤政之助、妻木頼黄《つまきよりなか》が学んでいた。

安広は義塾で英語を学んだのち香港の中央書院に学び、さらに北京で修学後ケンブリッジ大学でバチェラー・オブ・ローの学位を取得している。明治二一年に帰国し第三高等中学校（旧制三高＝京都）の教員となったが、二年後には内閣書記官に起用された。ときの内閣は山県（有朋）内閣であったことから、安広は山県系の官僚とみられるようになった。

山県は軍人としては臣下ただ一人の陸軍大将であり、官僚のトップに立っていた。気むずかしく些細な過ちも許さなかった。その山県に気に入られた安広は緻密な頭脳と豪胆さを持ち合わせていたに違いない。松方（正義）内閣時代は法制局参事官であったが、第二次伊藤（博文）内閣で山県が司法相になると安広は大臣秘書官になっている。山県が司法相を辞めると内務省参事官兼法制局参事官となり、ついで明治二六年九月から同三〇年四月まで井上馨・野村靖・芳川顕正・板垣退助・樺山資紀の五内相の秘書官を勤めた。とくに同二九年二月から一年二ヵ月は内務省社寺局長を本官とし内務省参事官・内相秘書官を兼ねる形をとっていた。これは山県が安広を通して内務省をリモートコントロールするためであったとみられる。

しかし薩閥の樺山は自己の勢力を拡大するため、文部省普通学務局長に転出させてしまった。安広は教員が時の政府に忠実であることを求めるべきだとし、文相西園寺公望によって同三〇年一〇月一三日、教員の政談を厳禁する訓令を出した。

ところがそれから一ヵ月経たない一一月には内閣改造で文相が更迭、浜尾新が後任文相となった。生粋の内務官僚の安広は教育行政畑を歩いて来た浜尾と肌があわず早々と辞表を提出した。

強腕書記官長

安広は内閣書記官になって七年目に浪人となったが、それもわずか三ヵ月で第三次伊藤（博文）内閣の逓相末松謙澄に拾われ逓信省郵務局長となった。末松は山形県の出身だが、長州閥の山県と良かったことから安広を逓信省の筆頭局長に選んだのだろう。

安広の郵務局長就任四ヵ月後の明治三一年六月、わが国初の政党内閣である大隈（重信）内閣が成立し、陸・海軍大臣を除く閣僚は全て憲政会の党員であった。ただ次官・局長の入れ替えについては局長の一部は交替したものの安広はどうにか代わらずに済んだ。

国民の輿望を担って登場した大隈内閣も文相尾崎行雄が失言で辞職、後任に犬養毅がなったが、いずれも旧進歩党系の大隈派だったことから旧自由党系の板垣派の反発を買い党内に亀裂が生じ、半年足らずで大隈内閣は総辞職した。

この後成立した第二次山県内閣は外相青木周蔵、蔵相松方正義、司法相清浦奎吾、農商相曽禰荒助、内相西郷従道、文相樺山資紀といった官僚・軍人で占められていた。安広はこの内閣の書記官長に抜擢された。

山県が前に内閣を作ったときと比べると政党の力が強くなっていた。旧自由党系の憲政党の代議士会では「現内閣は超然内閣なのでわが党の綱領と相容れない」と決議したため山県は急遽憲政党の星亨と会い、協力を取り付け第一三帝国議会に臨んだ。政府は同議会に地租増徴案を骨子とする税制改革案を提出した。野党の憲政本党（旧進歩党系）の強い反対に遭ったが、議員を脅したり、利権で釣ったりして所期の目的を達成した。

議会を乗り切った政府は同三二年三月、文官任用令を改正し党人の「猟官」が出来ないようにした。これは政党が政府支援の代償として各省次官・局長ポストを要求されるのを防ぐためのものであった。安広は議会工作の際、憲政党から「猟官」運動が起きるのを見越し、先手を打ったのであった。これによってわが国の官僚制度が固まり、さらにその後の改正で世界一、二を争う強固な「官僚国家」にとなった。

山県内閣は二年足らずであったが、商法制定をはじめ衆議院議員選挙法改正（大選挙区制採用・選挙権者の直接国税額引き下げ）、軍部大臣の現役武官制度の確立などの仕事をしている。

能吏の代表

安広は山県の意を体して東奔西走し施策の推進に当たったが、一度だけ激しく叱責されたことがある。西郷従道や品川弥次郎ら軍人・官僚系政治家で組織されていた国民協会は西郷が去り、品川が死去し形骸化していたので、同協会の議員を中心に帝国党を結成する際、安広や警視総監大浦兼武が手助をしたことについてである。山県の本心は党と手を切りたくないので安広や大浦の越権を本気で怒り、一時は関係者の免職を考えたといったほどの叱責にもかかわらず、安広は内閣総辞職の日貴族院議員に勅選された。後継内閣の第四次伊藤内閣の書記官長は鮫島武之助であった。

安広は半年後の明治三四年六月、桂（太郎）内閣の農商務総務長官（次官）になっている。前の内閣で官業繰り延べで総辞職したが、この内閣は緊迫した日露間を念頭に置き官業を積極的に推し進めた。たとえば懸案となっていた八幡製鉄所が同年一〇月作業をはじめている。安広は短い期間だが、この製鉄所を管理する製鉄所長官を兼ねている。農商務総務長官在任期間は二年余りだったが、その手腕は高く評価されている。

明治四一年七月成立の第二次桂内閣には法制局長官兼内閣恩給局長を命じられている。三年間の在任期間中の大事件といえば韓国統監伊藤博文がハルビン駅頭で暗殺されたことから韓国併合が促進され、これに伴う諸法規・制度の整備が急がれた。安広はここでも手腕を発揮している。

同内閣が退陣後安広は第一線をしりぞいていたが、大正五年三月四日、枢密顧問官に親任された。閣僚の経験のない安広の起用は、山県系官僚の切れ者として内外に示すとともに、政党内閣のお目付役として睨みを利かせることとなった。

大正一三年に突然南満州鉄道会社の社長に就任した。終身官である枢密顧問官を投げうってまで就任した満鉄社長を三年で辞めているが、今となっては定かではないが、安広は満鉄を英国の東インド会社のような形での植民地経営の国策会社にしたいとの壮大な構想を持っていたらしい。しかし時の首相田中義一の対華強硬政策と相容れなかったのであろう。

義塾出身者としては一風変わった経歴の持ち主の安広は昭和二六年五月二七日、満九十一歳で永眠した。

石渡　敏一――べらんめえ書記官長

幕臣の子

石渡敏一は安政六（一八五九）年一一月二六日江戸で生まれた。父石渡栄一郎は遠江国（現、静岡県）出身の幕臣で、勝海舟の指導を受けたお舟方であり軍船の船長も務めた。石渡は明治七年九月、十四歳のとき慶應義塾に入社した。同じころ義塾には鎌田栄吉、尾崎行雄、柏田盛文、小松原英太郎ら文部行政に携わったものが多い。

義塾では英語など一般教養を学んだのち大学予備門を経て明治一七年東京大学法科大学（英法科）を卒業した。一時帝国大学御用掛を務めたが、同一九年には法学の修業と裁判の事務研究のため、三年間欧州に留学した。帰国後検事となり東京始審裁判所（現在の地方裁判所）詰、司法省参事官を経て東京控訴院（現在の高等裁判所）検事となった。同三一年六月には大審院（現在の最高裁判所）検事になった。当時の大審院長は三好退蔵、検事総長は横田国臣であった。

〔注〕当時検察庁は裁判所の下にあり、検事は各級裁判所に従属していた。

慶應義塾に大学部が出来たのは石渡が検事になった明治二五年で、文科・理財科・法科の三学科が出来た。石渡は代言人（弁護士）元田肇、東京始審裁判所判事冨谷鉄太郎らとともに義塾の法科で講義をしている。何を講義したのか詳らかではないが、刑事訴訟法を専門としていたので、それを教えていたのではなかろうか。

大審院検事時代の明治三二年にベルギーで開かれた万国監獄会議に日本政府代表として出席したが、先進各国の行刑制度、とくに教育刑の実態について得るところが多かったようだ。

石渡は明治三五年一〇月、司法省民刑局長に選ばれた。ときの司法相は「大物」清浦奎吾であり、司法部内に大きな問題がなかったことから学者肌の石渡にとって勉強出来るのが好都合であった。ただその年の暮、慶應義塾時代の学友柏田盛文（当時新潟県知事）が教科書疑獄事件に連座したことから石渡の心を痛めたが、柏田は公判中死去公訴棄却となった。

学者政治家

明治三六年九月、内閣改造が行われたが、清浦司法相が農商務相に転じ、後任には総務長官（次官）の波多野敬直《はたのたかなお》、総務長官には石渡が抜擢された。石渡が総務長官に就任三ヵ月後官制が改正され、総務長官から以前の次官に戻った。それから二ヵ月して日露戦争がはじまり、全て国運を懸けた大戦争遂行のため投じられた。テキパキと事務を処理する石渡を波多野は信頼していた。一方、石渡は余暇をみて専門分野の研究を続け、明治三八年には帝国博士会の推薦で法学博士の学位を贈られている。理由は「民刑訴訟法ニヨル」となっているが、石渡の著書『刑事訴訟法』『刑法総論』などから見ても刑事訴訟法の研究と運用実績によるものであろう。

桂内閣は人心一新を理由に総辞職し、後継内閣首班として政友会総裁西園寺公望（侯爵）に大命が降下した。石渡は波多野の推薦で内閣書記官長にえらばれた。石渡のような学者タイプの能吏を政治的なポストにつけるのは乗り気ではなかったが、西園寺からいい人を出せといわれ、仕方なく出したのであった。内閣書記官長は大臣と違って勅任官であるが、総理の懐刀として内閣を支えるポストである。

西園寺はフランスに遊学し自由主義的と言われていたが、わがままな「お公卿さん」に過ぎず本質は前政友会総裁伊藤博文と変わらぬ保守主義であった。

西園寺内閣は鉄道国有化法案を施行し山陽鉄道を国有化したり、南満州鉄道株式会社（満鉄）の設立、刑法の改正（旧刑法の廃止）、陸軍六個師団の増設などを手掛けている。

官僚出身の石渡は手堅く忠実な内閣の「要」として施策の遂行に努力していたが、政治性に乏しかった。原（敬）内相が郡制を廃止しようとしたことから内閣の官僚派と党人派との間が軋みはじめた。第二四帝国議会では阪谷芳郎と逓相山県伊三郎とが鉄道事業繰り延べを巡って揉め、内閣不統一で全閣僚が辞表を提出した。与党政友会としては折角手に入れた政権を手放したくないので、喧嘩両成敗の形で蔵相と逓相の二人だけの辞職を認め、他の閣僚は聖旨（天皇の意向）を以て留任するというシナリオを石渡に書かせ、内紛にピリオドを打とうとした。しかし石渡は、内閣の延命のためこのような方法をとるのは余りにも党利党略に過ぎるという理由から西園寺の命令を断り、辞表を叩きつけて、江戸っ子の気っぷの良さを見せた。これまで西園寺は部下の反対にあったことがなかったため、石渡を慰留もせず後任に南弘を選んで切り抜けようとしたが、結局六ヵ月後には総辞職に追い込まれた。

石渡は前年暮に貴族院議員に勅選されていたが、議員まで辞職するのは角が立つとして思い止まった。

その後行政職につかず、東京瓦斯社長となって同社の発展に尽くし、昭和九年に司法官の長老として親任されたが、昭和一二年一一月一八日に死去した。七十九歳であった。

蔵相・内閣書記官長・宮内相を務めた石渡荘太郎は敏一の長男である。

三好　退蔵――大津事件で苦労

初代司法次官

三好退蔵は弘化二（一八四五）年五月七日、秋月藩（現、福岡県）藩士田村家に生まれたが、のち高鍋藩（現、宮崎県）藩士三好靭負の養子となっている。三好は明治二（一八六九）年高鍋藩に仕官し少参事兼大監察などを経て上京したが、大蔵省出仕のまま明治四年七月三日、慶應義塾に入社した。数え二十七歳のときのことである。（入社帳によれば本籍地は高鍋藩となっている）

義塾は丁度、芝新銭座（現、港区浜松町一丁目）から今の三田に移ったばかりであった。机を並べ学んだものの中に猪飼麻次郎、九鬼隆一、雨山達也、矢野文雄、高嶺秀夫らがいた。三好は義塾を卒業すると司法省に移っている。

三好は明治一〇年に大審院詰め、同一二年横浜地裁所長、同一三年司法権大書記官・庶務課長兼職員課長、同一四年第二局長を経て同一五年大審院判事となり、参議伊藤博文に付いて欧州各地を視察し見聞を広めた。

三好は明治一八年帰国すると司法少輔（次官補）に抜擢され、翌年早々制度改正に伴い初代司法次官になった。数え四十一歳であった。

三好は司法相山田顕義を助け、制度や諸法規の整備に努めた。しかし完全にドイツの司法制度と同じにしたいという司法相の意向もあってか、同二一年東京控訴院評定官としてドイツへ出張している。

三好は明治二二年に大審院評定官・民事局詰めに任命されているが、同二四年帰朝としるした文献もある。そんなことから民法財産編・債権担保権編、民事訴訟法などを作成していることになっているが、ドイツから書いたものを送ったのか、帰国しても完成までドイツ出張としていたのか詳らかではない。

三好は明治二三年八月、大審院検事長（のちの検事総長）に任ぜられたが、同年九月には現職のまま貴族院議員に勅選された。初の勅選議員の選任だけに政府も慎重を期し陸海軍省を除く各省次官を貴族院議員に勅選していたが、三好の場合はポストではなく実力とこれまでの実績によるものと見られる。

現場で活躍

明治二三年九月、制度改正に伴い検事総長となり、その職に三年ほどいたが、その間日本中を震駭させた大津事件が発生している。明治二四年、来日中のロシア皇太子ニコラス親王が大津に来られた五月一一日、警護の巡査津田三蔵が親王を襲い負傷させた。政府として大国ロシアとの友好関係を保つためには、犯人を大逆罪で厳しく断罪すべきであるという方針であったが、刑法の大逆罪では外国の皇族は対象外であったため、検事総長の三好は津田への論告をどうするかで頭を悩ました。結局大審院は津田に普通の殺人罪を適用し、未遂ながら無期徒刑の判決を下した。これは大審院長児島惟謙が政府の大逆罪を適用したいとしているのに強く反対していたからだと言われている。

大審院判決後、松方（正義）首相は司法相山田顕義を田中不二麿に替え、次官は三好の再任ということとなった。次の第二次伊藤（博文）内閣でも司法相山県有朋の下で次官を務めた。

この期間とくに大きな問題はなかったが、山県は自分が軍に転出する直前の明治二六年三月、三好を大審院長に転出させた。今から考えると二段階特進の感じだが、当時大審院は司法相の下にあり、次官と同じ勅任官であったので驚くほどのことではなかった。むしろ三好の学識が判決の中に活かされることを期待する向きも少なくなかった。

三好は大審院長就任とともに貴族院議員を辞職し、「法の番人」として仕事に専念した。在任期間は三年七ヵ月に及んだが、その間日清戦争があったため、大きな事件に遭っても混乱になっていない。

たとえば下関で日清講和交渉のさなか、清国全権李鴻章が小山豊太郎に狙撃される事件が起き、一時は第二の大津事件かと大騒ぎとなったが、講和条約締結を急ぐ清国は、傷の回復が順調なのを見て交渉を再開している。

また明治二八年一〇月、親日派が大院君を擁し、朝鮮・京城（現、ソウル）でクーデターを起こし閔妃を暗殺した。しかし翌年二月には親露派のクーデターが発生し、親日政権が倒れた。日本へ逃げ戻った首謀者岡本柳之助や黒幕の駐朝公使三浦梧楼を広島地裁の予審で取り調べた結果、証拠不十分で免訴・釈放している。

三好は明治二九年第二次松方（正義）内閣成立を機に大審院長を辞職し、翌年弁護士登録し開業した。同年暮再び貴族院議員に勅選されたが、明治四一年八月九日に六十四歳で死去するまでその職にあった。

三好の長女タツは終戦時の枢密院副議長清水澄《とおる》に嫁している。

横田　国臣――大審院長在職一五年

典型的司法官僚

横田国臣は嘉永三（一八五〇）年八月九日、島原藩（現、長崎県）藩士横田宗雄の長男として生まれた。どういう理由か判らないが、「慶應義塾入社帳」によれば本籍地が豊前国宇佐郡辻村（現、大分県安心院町《あじむまち》）となっている。明治五（一八七二）年八月八日、数え二十三歳のとき慶應義塾に入社した。

当時義塾には波多野承五郎、岩田茂穂、牛場卓蔵、田中館愛橘らが学んでいた。横田は翌年五月、埼玉県に出仕し教育業務の改善に当たっていたが、明治八年九月には辞職し義塾に再入社している。

義塾再入社半年足らずで横田は司法省出仕が決まったので義塾をやめている。明治一〇年検事補、同一三年検事に任命され、大審院詰めとなった。同一九年欧州留学、翌年帰国し東京控訴院検事を経て同二三年再び欧州に留学し、帰国後司法省参事官となった。

このとき横田が手掛けた刑法の草案が明治四〇年制定の刑法の骨子となっていることから、部内では「横田草案」とよばれている。

横田は明治二九年、同省民刑（民事）局長となり同二九年まで四年間その職にあったが、その間（正義）内閣の清浦奎吾司法相の下で次官となった。一年半余り次官を大過なく務めた横田は検事総義塾の先輩三好退蔵が二年近く次官を務めている。横田は追いかけるように同年一〇月には松方長に昇進した。司法次官の末期一年近く和仏法律学校（法政大学の前身）校長にもなっている。

明治三一年六月二〇日成立の大隈（重信）内閣はわが国はじめての政党内閣であったため、陸海軍大臣を除く大臣・主な次官・一部の局長・多くの知事を憲政会党員または憲政会に近い官僚を起用した。大隈内閣は、内閣成立一日前に検事総長に就任した横田を目の敵にしていたのは言うまでもない。司法相大東義徹は再三横田に辞表の提出を求めたが、横田はこれを断ったため、政府は閣議で横田の懲戒免職を決め上奏したところ、明治天皇は「理由が不十分である」と一たん却下した。あくまで罷免にこだわる大隈は理由書を書き改め提出し、ようやく受理された。

司法の砦を守る

横田はしばらく浪人していたが、次の山県内閣の司法相が清浦奎吾であったことから、東京控訴院長に拾われた。検事総長にくらべれば格は下がるとはいうものの、横田のような人材を野に放って置けなかったのだろう。

横田は五年後の明治三七年四月、再び検事総長に選ばれている。このときの内閣は第一次桂（太郎）内閣で司法相は清浦奎吾、次官は塾出身の石渡敏一であった。

横田の在任期間は二年余り、ときあたかも日露戦争のさなかであったためか、大きな事件には直面していない。

司法界における横田の実力は群を抜いており、明治三九年七月に大審院長に任命された。満五十六歳であった。

前任の南部甕男は判事出身だったこともあって院長を一〇年も務めたが、長過ぎると言う批判もあった。ところがその在職期間をはるかに上回ったのが横田であった。

在任中横田をおどろかしたばかりでなく、わが国全体を揺るがしたのは幸徳秋水（伝次郎）らによる大逆事件であった。発端は明治四三年五月、長野県下で爆裂弾を製造していた宮下太吉らを検挙し取り調べたところ、天皇暗殺を謀っていることが判り、東京をはじめ各地で無政府主義者を逮捕した。同年一二月、幸徳秋水ら二四人を大逆罪で大審院特別法廷（未公開）で審理を開始した。大審院は翌年一月一八日、全被告に死刑の判決を下した。ところが翌日には天皇の思し召しということで坂本清馬ら一二人を無期懲役に減刑した。幸徳ら一二人は二四日に死刑を執行されている。

この事件はわが国に無政府主義（アナーキズム）の存在を認めないという政府の方針に沿って作り上げた説もあり、今なお真相は詳らかではない。ただ当時の大審院としては検事局が提出した調書・証拠に基づき判決を下したに過ぎなかった。

横田は司法の砦を守るための努力を重ねていたが、明治四〇年六月には法律哲学の研究により、博士会の推薦で東京帝大から法学博士号を授与されているし、大正三年五月の管制改正に伴い大審院長は親任官となった。また同四年一二月にはこれまでの功績により男爵を授けられているが、このとき既に院長在職九年、満六十五歳になっていた。しかし心身ともに壮健であったので職務に精励し、さらに六年——在職一五年になる同一〇年六月、満七十一歳まで務めた。

大審院は現在最高裁判所に改組され、三権の一つになっているが、長官・判事とも定年制がとられているため、横田のように長く務めることが出来ない。第二代長官田中耕太郎の在職一〇年が最長である。

横田は退官後貴族院議員の勅選も断って悠々自適の生活を送り、大正一二年二月二二日、満七十三歳で静かにこの世を去った。

岡部　長職――纏め上手

長州系官僚

岡部長職《ながもと》は安政元（一八五四）年一一月一六日、岸和田藩主岡部長発の長男として生まれた。明治元（一八六八）年一一月、十五歳で岸和田藩主を継ぎ美濃守となった。翌二年六月、同藩知事に任命されたが、同四年七月岸和田県知事となったものの、同年一一月には政府から堺県との合併を命ぜられたため知事を辞めている。

政府からの華族の東京居住命令に従い上京していた岡部は明治七年一一月、慶應義塾に入社した。「慶應義塾入社帳」によればこの年義塾に入社したものの中に尾崎行雄、石渡敏一、小松原英太郎、鎌田栄吉らがいた。

岡部が義塾にいた期間はそれほど長くはなかったが、英語をマスターしたうえ明治八年一〇月、米英留学の途についた。岡部はエール大学・ケンブリッジ大学で学んだのち、同一六年帰国した。

翌一七年、華族令がしかれ、旧大名であった岡部は子爵が授けられている。また語学力と海外生活経験などが買われ、同一九年には公使館参事官に任命され、同年英国に赴任した。三年後の同二二年一一月、山県（有朋）内閣の青木周蔵外相の下で外務次官に抜擢された。数え三十六歳であった。帰国・着任は翌年二月だが、当時としてはかなり早かったといえよう。

首相・外相が山口出身なので岡部は「長州閥」とみられたのは不本意だったのではなかろうか。同年七月、貴族院令に基づき現職のまま貴族院議員に選ばれた。このとき陸海軍次官を除く各省次官を貴族院議員に勅選したが、岡部は子爵であったので子爵間の互選によって選ばれている。

山県内閣は二年足らずで総辞職したため、岡部も辞職している。次の第一次松方（正義）内閣は岡部を特命全権公使に任命したが、任地の発令がないため三年後の明治二七年退官している。のんびりと議員生活を送っていると東京府会は岡部を知事に推薦、同三〇年一〇月に内務省から東京府知事に任命された。しかし翌三一年六月にわが国はじめての政党内閣である第一次大隈（重信）内閣が成立したため、官僚出身の岡部は一年足らずで辞職を余儀なくされた。

殿様議会人

岡部の力量が認められたのは通算四回にわたる貴族院予算委員長としての采配であった。予算成立の成否は内閣の命運を左右する。岡部は若いときから要職にあって問題処理に慣れていたので予算委員長に打ってつけであった。当時の貴族院は衆議院の上位にあるとはいえ、予算は貴族院の議決だけでは成立しない。岡部は貴族院を纏めるばかりでなく衆議院の動向を見極める必要があった。岡部は長州閥・官僚のほか衆議院の多数派政友会とつねに協調し、予算を成立させたのであった。

はじめて委員長になったのは第一四通常議会（明治三二・一一〜三三・二）であった。第二次山県内閣はロシアの極東軍備増強・韓国親露派の台頭など、極東情勢の緊張に対処するための予算を編成したが、衆議院が危機意識を持ったためか余り揉まさないで通過させたので、貴族院もすんなりと可決・成立させている。

次は第一六通常議会（明治三四・一二〜三五・三）で、このときは対露戦準備のための軍事費増額を柱とする大規模予算だったが、首相桂太郎は政友会の協力を得て衆議院を通過させたので貴族院も同調している。

三度目は第二四通常議会（明治四〇・一二〜四一・三）で、第一次西園寺（公望）内閣は日露戦争後の財政建て直しのための増税案を提出したが、野党は民力休養を理由に安易な増税は経済を破壊すると内閣不信任案で対抗しようとした。しかしこの不信任案はわずか九票差で否決されたため、増税案を含む予算も貴・衆両院でなんとか可決・成立に漕ぎつけた。

四回目は第三七通常議会（大正四・一二〜五・二）で、第一次世界大戦中であったことから野党も積極的に協力している。

大逆事件

「殿様」岡部が予算委員長を大過なくやって来られたのも纏め上手であるばかりでなく、長州閥と政友会のバックアップがあったからだといえよう。しかし行政官としてはついていなかったようだ。明治四一年七月、第二次桂内閣の司法相として入閣した。

桂は岡部が外務次官当時の陸軍次官であり、文相小松原英太郎は義塾で机を並べて学んだ仲であり、法制局長官安広伴一郎がいた。

この内閣は元老山県有朋を後ろ楯とした長期安定政権と見られていた。しかし四二年一〇月、韓国統監（枢密院議長）伊藤博文暗殺がハルピンで起り、わが国には裁判権がないにもかかわらず、南満洲鉄道が乗り入れているハルピン駅内で暗殺されたことから犯人の引き渡しを求め、関東州・旅順において裁判が行われている。また伊藤暗殺を契機に、日本は韓国併合という強行手段に出た。同四三年八月、韓国を併合した後岡部は旧韓国内の司法制度・組織整備に安広とともに努力している。当時国内では欧州から過激な思想が入り込み、当局はその取締りに頭を悩ませていた。

この年の五月、長野県下で爆裂弾を作っていた宮下太吉を捕らえ取り調べたところ、無政府主義者の一味と判り、幸徳秋水（伝次郎）、管野すがらを検挙した。同年一二月、大逆罪で大審院特別法廷（未公開）で審理の結果、翌年一月一八日、幸徳ら二四人に死刑の判決があった。翌日天皇の思し召しにより一二名は無期懲役に減刑されたが、幸徳秋水、管野すが、宮下太吉ら一二名は死刑に処せられた。

かつてない大事件に首相・司法相・内相（平田東助）・文相は大審院判決があった日、待罪書を天皇の下に奉呈したが、二日後却下された。

この事件に関連し、明治四三年一二月召集の第二七通常議会の予算総会で事件の詳細な経過報告をし、今後取るべき対策など弁明に終始した。もっとも岡部は育ちがよいせいかおっとりしたところがあり、細かい点になると次官に説明させ、本人は大まかな点しか述べていない。しかも口ぐせのように

「本件について本官は日夜寝食を忘れ……」

と述べているが、それがいかにも本当に聞こえるのは人がらのせいであろう。

岡部は大正五年まで貴族院議員を務めたあと枢密顧問官となったが、大正一四年一二月二七日死去した。七十二歳だった。

長男長景《ながかげ》は文相、三男村山長挙《ながたか》は朝日新聞社長になっている。

小松原　英太郎——情と知の官僚

筆禍事件で監獄に

小松原英太郎は嘉永五（一八五二）年二月一六日、備中国御野郡青江村（現、岡山市）で士族小松原荘一の長男として生まれた。明治七年一〇月、上京した小松原は慶應義塾に入社した。当時義塾に学んだものの中に鎌田栄吉、尾崎行雄、岡部長職《ながもと》らがいた。

小松原は政治家を志していたので折角の洋学も身につかず、その年の暮には『評論新聞』の編輯長となった。若さにまかせて政府攻撃の評論をしばしば掲載したため、政府の忌諱に触れて逮捕、東京始審院（地方裁判所）から新聞紙条例違反の罪で禁獄二年の判決を受け、明治九年六月から一一年六月まで入獄していた。出獄後『朝野新聞』や『山陽新聞』で健筆を振るった。その才能が認められ、外務省に御用掛として入り、記録局受付課長を経て同一四年四月には少書記官となっている。

ところが筆頭参議大隈重信が提唱していた北海道官有物払い下げ反対・国会の早期開設・憲法制

定促進の論議が政治問題化し、結果として大隈の罷免と引き換えに北海道官有物払い下げ中止・九年後の国会開設・憲法制定促進が決まった。いわゆる「明治十四年の政変」である。

このあと統計院幹事兼太政官大書記官矢野文雄、外務大書記官中上川彦次郎ら大隈系の義塾出身の官吏が相次いで罷免された。

〔注〕「明治十四年の政変」については小幡篤次郎の項参照のこと。

内務畑一筋

小松原も大隈系の官吏として辞表の提出を求められ退官したが、間違いであることが判って二ヵ月後の同年一二月、外務省書記官に任ぜられている。なぜ間違われたかと言えば義塾で学び福澤諭吉が創立した交詢社員であったこと、かつて政府批判の記事を書き有罪の判決を受けたことなどが挙げられるが、文部少輔九鬼隆一に「刺された」と見る向きもある。

外務省復帰後ベルリン駐在などを経て内務省へ移り、内相山県有朋の秘書官となった。山県は軍人のトップでもあるが、官僚の総元締めでもあった。山県は小松原の手腕力量をみとめ、第一次山県内閣が成立すると地方行政の経験を積ませる意味もあって埼玉知事にした。同内閣が倒れる直前、内務省警保局長に任命された。警保局長は内務次官・警視総監とともに内務三役と呼ばれる重要ポストで、全国の警察行政を担当した。現在の警察庁長官に相当する。数え四十歳のときのことである。

同局長在任中、巡査津田三蔵の露国皇太子刺傷事件（大津事件）・濃尾大地震による罹災地警備・第二回総選挙における官憲の選挙干渉など難問題が次々に起こり、内相品川弥次郎の引責辞職にまで発展した。小松原も静岡県知事に飛ばされ、五年近く据え置かれた。

その後長崎県知事を経て、第二次山県内閣（明三一・一一・八成立）で司法次官、一年後に内務次官（途中官制改定で総務長官）に返り咲いている。

在任中の大仕事といえば衆議院選挙法の改正であった。第一回総選挙から小選挙区制を採ってきたが、政府与党はつねに負け続けて来たので大選挙区制を採用し有権者の資格となっている直接国税を一五円から一〇円に引き下げることなどを内容としている。

小松原が思い切った行動に出られたのも背後に山県がいたからであろう。

剃刀の刃のような鋭いきれ味の小松原も涙もろい一面がある。田中正造が足尾銅山の鉱毒被害状況と救済について関係各官庁をまわって陳情を続けていたが、どこでも冷たくあしらわれた。その中にあって小松原は二時間余り田中の説明にじっと耳を傾けたという。田中は大いに感激し「小松原のような官吏は見たことがない」と褒めそやしたそうである。筆禍事件のときの官憲の冷酷さ、濃尾大地震の罹災民の悲惨さが頭をよぎったのではなかろうか。

文部行政で苦闘

山県内閣の総辞職で小松原は野に下ったが、内務次官に在任中貴族院議員に勅選されている。まだ若く政治に情熱を燃やす小松原は、かねてから新聞を発行し自己の意見を述べたいとしていた。そこへ大阪毎日新聞から社長就任の要請があったので、快くこれを受けている。お飾りの社長ではなく自ら社説を書いている。

山県は後継者に桂太郎（陸軍大将）を当て背後から操って来たが、桂は日露戦争を乗り切り実力をつけた。二度目の政権につくとき桂は山県の言うことを聞こうとしなかった。それでもなんとか第二次桂内閣（明四一・七・一四成立）に山県は小松原を文相に押し込んだ。在任期間は三年一ヵ月に及んだが、この間四三年三月から半年間農商務相を兼任した。

文部行政は警察行政や地方行政と違って、力で押しまくっても上手くゆかないことが判った。日露戦争ごろから忠君愛国が教科書に採り入れられ、南朝の楠木正成が忠義の士として大々的に称揚された。これが「南北朝正閏論」に影響を与えたため、小松原は「修身」や「国語」に正成の話を部分的に採り入れたものの「歴史」では「建武の中興」の事実だけにとどめ「正閏論」が再燃しないようにはかった。小松原は東京高等商業学校（のちの東京商科大学　現在の一橋大学）など官立高等商業学校専攻科の商科大学昇格を検討したがこの昇格に学生たちが反対し、政治問題化したので昇格を思いとどまった。官立商科大学の実現はそれから二〇年も後の昭和に入ってからであった。

小松原は学校教育が定着し基礎学力が付いたものの、まだ多くの人の一般常識が欠けているのを気に掛け、通俗教育（社会教育）の必要性を感じていた。当時、政治・経済・衛生・世界情勢などの情報は新聞に頼らざるを得なかったが、その仕組みや本質を知るのに役立たなかったことから通俗教育の組織化に苦心した。そこで「コモンセンスの国」英国に塾員小山完吾を派遣し、社会教育の組織・内容・効果について調査に当たらせるとともに、学識経験者から意見を聞いている。ただし当時の文部省は学校教育の充実だけに力を入れていたので、社会教育の具体策を中々取り纏められなかったうえ、内閣が総辞職したため実現出来なかった。小松原の構想のうちの芸術振興がのちに日本芸術院設立に繋がったと言ってもよかろう。

明治四三年五月に発覚した幸徳秋水らの大逆事件は翌年一月、大審院から被告全員に有罪の判決が出たが、先例のない事件だけに桂首相をはじめ岡部司法相とともに、思想教育担当の小松原も待罪書（処罰を乞う書面）を天皇に奉呈した。これは却下されたものの衆議院予算委員会で追求され苦労している。

小松原は大正五年一月、枢密顧問官に親任されたが、三年後の同八年一二月二六日死去した。数え六十八歳であった。

石川　安次郎――「革命派」政治記者

記事と行動

半山・石川安次郎は明治五（一八七二）年八月一〇日、旧備中藩士石川彦衛の次男として岡山市で生まれた。同二一年、十七歳で高等小学校の英語教師となったが、翌年一〇月には慶應義塾に入ったものの、ほどなくやめ大阪に赴いた。そこで中江篤介（兆民）やその門下生、幸徳伝次郎（秋水）と知りあった。石川と中江・幸徳との交友関係はその後も続いた。

石川は一旦東京へ戻り明治二四年三月、義塾に再入社している。はじめ義塾に入ったときには菅《すが》学応《がくおう》、林毅陸《はやしきろく》、中村利器太郎らがいた。再入したときには石田新太郎、忽滑谷快天《ぬかりやかいてん》らがいた。

石川は在塾中から『庚寅新誌』や『東京経済雑誌』の記者をしていたことから明治二六年、『信濃日報』主筆になった。ついで『中央経済新聞』経済部長・『毎日新聞』（旧改進党系新聞　現在の毎日新聞とは別）主幹・『郵便報知新聞』編集長などを経て大正元年八月には『東京朝日新聞』に論説記者として入ったが、二年後の同三年一二月には『万朝報』主筆となった。

石川が有名になったのも、鳥谷部愛山とともに人物評論家として高く評論されていたからであった。石川の人物評論の面白さは、幅広い交友関係から生まれたと言ってよかろう。大隈重信をはじめ島田三郎・田中正造らの政治家、中江兆民・安部磯雄らの社会評論家、幸徳秋水・堺枯川・片山潜ら社会主義者にも及んでいる。

石川の書くものは全て在野精神に貫かれていた。それも空理空論ではなく当事者の話を十分に聞いて論説を読む人を納得させるものがあった。

足尾銅山の鉱毒事件で被害者の窮状を訴え、救済方を関係官庁に陳情して回った田中正造がただ一度得た衆議院本会議での質疑にも政府は何も答えなかった。田中は最後の手段として閉院式に臨まれる天皇に直訴することとした。その情理を尽くした直訴状は石川が書いたものだということが、戦後になって判ったという。

北清事変では北京で、日露講和会議ではポーツマスへ取材に赴くなど行動力もあった。ところが「ビール王」馬越恭平ら各会派に属さない実業界出身の代議士五〜六人によって山下倶楽部を結成させ、自ら幹事になっていること（明治三一年）に一部から石川の行動に対して政治活動ではないかと言った批判も出た。しかし辛亥革命には新聞記者として取材に当たっただけでなく革命派の情報がわが国の外交にとっても有利な材料になったようだ。

石川は明治四一年から四年間北京に滞在し記事や情報を報知新聞に送っていたが、この間清国は大きく変わった。乱脈な政治や官吏の汚職・幼帝溥儀の即位など清朝一族の専横ぶりに多くの民衆は不満を持っていた。

孫文ら革命派は同志を糾合し一九一一年（明治四四年）一〇月一〇日、辛亥革命を起こした。この革命に対して一部の日本人は強い関心を示した。塾員の石川は革命派の情勢に通じていたし、犬養毅は孫文と親しかったし、森恪《もりかく》は革命派に便宜を図っていた。右翼の頭山満は革命軍将領蒋介石の面倒を見ていたし、現役将校を辞め革命軍に入った山中峯太郎（のち冒険小説家）がいた。

一方、わが国の政府は「革命」に神経を尖らし、関東州や満鉄・同付属地の権益保護に躍起となっていた。そのような時石川は、「日本が革命に干渉しなければ日本の権益を保護する」との情報を得て早速報道し、わが国は革命に干渉せず騒乱に巻き込まれることがなかった。

石川は大正一三年の第一五回総選挙に東京郡部から憲政会（旧進歩党・憲政本党系）で立候補し当選したが、健康を害しており、同一四年一一月一二日に死去した。数え五十四歳であった。

第Ⅲ部　開花期（大正年間）

明治四四年成立の第二次西園寺公望内閣は財政の健全化を図るため、冗費の節減・新規事業の中止を決めた。海軍はこの方針に協力的であったが、陸軍は二個師団の増設を求めて譲らず、陸相上原勇作は天皇に単独で謁見し、政情を報告したあと辞職した。陸軍は後任を推薦しなかったため、西園寺内閣は総辞職せざるを得なくなった。後継内閣首班に前の首相で内大臣になったばかりの桂太郎（陸軍大将）を選んだ。一たん宮中の要職についたものが再び政府の要職につくのは、皇室を政争に巻き込む恐れがあるとして、「宮中府中の別を弁えぬ」と非難の声が上がった。

この桂の行動は憲政の常道に悖るとして反発の声があがった。交詢社談話室の暖炉を囲んで、鎌田栄吉・犬養毅・尾崎行雄らが憲政擁護運動（第一次護憲運動）の狼煙を上げた。政府は大衆の声を無視したが、議会は内閣弾劾決議案を提出、これを賛成多数で可決した。桂は解散を図ったが、総選挙をしても事態を好転させられないため、総辞職せざるを得なかった。

桂内閣を継いだ山本権兵衛（海軍大将）内閣はシーメンス事件（海軍汚職事件）で瓦解し、第一次世界大戦がはじまった大正三年、第二次大隈重信内閣が成立した。かつて大隈の下には矢野文雄・犬養毅・尾崎行雄ら義塾出身者がいたが、相次いで大隈から去り、箕浦勝人だけが残った。箕浦は内閣改造で逓信大臣となったが、短期間だったので十分手腕を発揮できなかった。近代的炭鉱の経営・製鉄事業で富を築いた安川敬一郎は大隈を支援し、大隈内閣誕生の力となった。貴族院議員に勅選されたり、大戦の功績により男爵を授けられたりした。しかし大戦後の慢性的な不景気により事業が衰退、その建て直しもあって大隈の歿後政界から引退、事業に専念した。大隈の系統の憲政会総裁加藤高明は三菱、対抗する政友会は三井の支援を受けた。

また林毅陸・望月小太郎らの演説は議会人としての存在感を示した。

これに対して官吏は、現場で地道な仕事を続けていた野村龍太郎・小松謙次郎がいるが、高等文官試験の実施後、伊沢多喜男・森本泉らを除くと振るわなかった。

第一次護憲運動の立役者の一人原敬は第一次山本権兵衛・第二次大隈重信・寺内正毅の三内閣を経て首相となった。原内閣は再び小選挙区制を用い空前の大勝利をおさめた。しかし原首相が暗殺されたため、政友会は分裂した。

高橋是清後の加藤友三郎・第二次山本権兵衛両内閣には政党員を閣僚としたが、清浦奎吾内閣は政友本党の支援を受けながら、政党員を入閣させないという事態がおこった。高橋是清（政友会）・加藤高明（憲政会）・犬養毅（革新倶楽部）ら護憲三派は第二次護憲運動を展開し清浦内閣を倒した。「大正デモクラシー」の危機は護憲三派によって回避され、憲政会（民政党）と政友会の二大政党時代が昭和初期まで続いた。

尾崎行雄らの努力で大正一四年三月、選挙民の納税資格を撤廃した「普選法」が成立した。しかし社会主義の蔓延を恐れた政府は危険思想を取り締まる治安維持法を公布した。

二回にわたる護憲運動により根づくかと思われた民本主義も、治安維持法という爆弾を抱えたまま昭和に移ったのだった。

鎌田　栄吉——比例代表制を紹介

福澤の後継者

鎌田栄吉は安政四（一八五七）年一月二一日、紀伊国和歌山能登丁（現、和歌山市）で士族鎌田鍬蔵の六男として生まれた。幼名を槌熊といったが、五歳のとき栄吉と改名している。少年のころ藩校自修学校で漢籍を学んでいたが、飛び抜けて成績が良く神童といわれた。明治七年四月、和歌山県の推薦で谷井保とともに慶應義塾に入社した。鎌田が十七歳、谷井が十六歳のときのことである。当時同郷の森下岩楠が教員をしていた。塾生では児玉仲児、神津国助、尾崎行雄、石渡敏一、小松原英太郎らが学んでいた。

鎌田はいい成績で所定の課業を終え同九年四月に義塾を卒業した。同時に義塾の教員となったが、明治一一年三月、請われるままに自修学校の校長となった。しかし半年後には福澤諭吉に呼び戻され、再び義塾で教鞭をとった。

鎌田は福澤に可愛がられ、若いにもかかわらず何かにつけて相談を持ちかけられたほどである。これは福澤が鎌田を自分の後継者の一人として目をかけたからであろう。矢野文雄とともに福澤の四天王という人もいる。

たとえば交詢社設立に当たって福澤ら三〇人の創立事務委員の一人に選ばれて社則の制定などの設立事務を担当した。また福澤や自由民権論者の唱える国会の早期開設を実現するための一環として義塾に「会議講習会」を設けることとし、福澤から鎌田はその方法などを検討するよう命じられている。

「議会制度」の権威

鎌田は英米先進国の議会関係の文献を渉猟し議事規則を纏めた。さらに群馬県庁に勤務したことのある岡本貞烋《ていきゅう》の示唆によって、議場の体裁・椅子の並べ方・議席の番号の振り方なども考案した。明治一三年春には藤野善蔵を議長として疑(似)国会を開いている。この催しは何回か開かれており、波多野承五郎、加藤政之助らが熱弁を振るった。この話を聞きつけ、義塾外から大石正巳(のち農商務相)、原敬(のち首相)らも参加申し出があったが謝絶した(石河幹明『福澤諭吉伝』第二巻七二二〜七二四頁)。

この年発足した交詢社は単なる社交倶楽部ではなく、「知識を交換し世務を諮詢する」という設立目的に沿って政治・法律などの啓蒙活動に力を入れていた。同社の機関誌『交詢雑誌』は同年二月から毎月三回発行され、社内で行われた演説や社員の質疑に対する応答などが掲載された。

鎌田はこれまでの研究成果を「国会議員撰挙法」と題し交詢社で演説を行った。その内容は「交詢雑誌」第一六号（明治13・7・5）、第一八号（明治13・7・25）の二回にわたり、巻頭論文として掲載された。

その中で注目に値したのは比例代表制に関する部分である。鎌田はこれを「公平撰挙」と名づけてその仕組みを解説し、最も民意を反映できる選挙法であるとしている。比例代表制をわが国に紹介した演説・論文はおそらくこれがはじめてであろう。この制度がデンマークで採用されたのは二五年前（一八五五年）で、他の国はどこも見て見ぬふりをしていた。

その後何人かの学者が比例代表制を取り上げ、その中では森口繁治が纏めた『比例代表法の研究』（大一五）が比較的世間に知られている。

森口の著書は鎌田の論文が発表されてから四五年、半世紀近くの歳月が流れているし、選挙事務の煩雑さなどからわが国が比例代表制を実施したのは一世紀以上経った昭和五八（一九八三）年であった。

経験が実力に

鎌田は政治に強い関心を持っていたが、直接政治にかかわったのはずっとのちのことである。もっとも鎌田の時局論は少しも変わっていなかった。たとえば「国会議員撰挙法」を発表した明治一三年には「保護貿易の説」という演説をはじめ、交詢社主催の政談演説会講師の常連であった。同社の全国巡回演説会では巡回委員として栃木・茨城・千葉を回って国会の早期開設や革新的な「交詢社私擬憲法案」などについて説き聴衆を魅了した。

鎌田は参議大隈重信の参議罷免や大隈系義塾出身官吏の官界追放の「明治十四年の政変」にかかわらなかった。福澤諭吉は大隈の求めに応じ、尾崎行雄や犬養毅（岡山　明治九年入　のち首相）らを官界に送りこんだが、同じころ鎌田は鹿児島の旧藩校造士館教頭に任命されたからであった。その理由は詳らかではないが、明治一〇年の西南戦争で数多くの有為な青年を失った鹿児島県では、新しい学問・新しい知識を受け入れるため、義塾から新進気鋭の鎌田を招いたのではなかろうか。そこには鎌田と一緒に学んだ柏田盛文や市来七之助の強い要請もあったらしい。また福澤が敢えて鎌田を選んだのは、藩閥政治の中心の薩摩の人々の度肝を抜くためのものだった。（『福澤諭吉全集』第十七巻　四六四〜四六七頁）

造士館教頭在職二年、鎌田は再び義塾で教えることとなった。ところが帰ってほどなく突然内務省御用掛を命ぜられ県治局（のちの地方局）勤務となった。長州閥の山県有朋（陸軍中将）が軍人だけでなく、官僚を手中に収めるため広く人材を官吏に登用していた。とくに地方制度の改革を検討していた折から政治制度・組織をよく知り、最近の地方の実態も知っている鎌田に目をつけたのではなかろうか。鎌田は新しい地方制度の骨組みが出来るとあっさりと官界を離れた。

ついで鎌田は福澤の推薦で明治一九年には大分中学校長となったが、一年後には大分師範学校長兼学務課長となっている。鎌田は大分在勤四年、義塾に戻ったのは明治二三年であった。

このころ義塾は大学部を設けるなど拡充に伴う組織改善の時機であり、運営諮問期間として評議員会を設置、鎌田も評議員になっている。

四半世紀の塾長

明治二三年に帝国議会が開設され、第一回総選挙が施行されているが、鎌田は政治家になりたかったにもかかわらず色々な事情があったらしく立候補を断念している。しかし第二次伊藤（博文）内閣は野党の激しい攻勢に耐えかねて解散、明治二七年三月一日、第三回総選挙が施行された。鎌田は和歌山一区から無所属で立候補し当選した。ところが第六特別議会ははじめから荒れ模様であったが、結局多数の民党が一致して政府の不当解散に対する内閣不信任決議案を可決した。しかし政府は反省するどころかまたもや解散をもって応えた。鎌田が衆議院議員になって僅か三ヵ月、実質一九日登院したに過ぎなかった。合理主義的な鎌田にとって政治が馬鹿馬鹿しくなり、次の総選挙には立候補を取りやめた。のちに貴族院議員に勅選されるまでの間、元のように演説と論文で自己の主張を続けた。

そうこうしていると旧藩主徳川茂承《もちつぐ》の養嗣子頼倫《よりみち》の英国留学に当たり、請われて同行欧米を漫遊している。しかし漫然と旅を楽しんでもいられなかった。鎌田は塾長にえらばれ急遽帰国した。数え四十三歳であった。

謹厳実直な塾長小幡篤次郎は大学部の不振に悩み、明治三〇年八月辞職した。社頭福澤諭吉が塾長を兼務したが、学制改革の目処がついたので社頭に専念することとし、鎌田を塾長、小幡を新設の副社頭に選んだのだった。

鎌田は塾内の静謐を保つため教員・塾員・塾生の融和を図る一方、広く寄付金を募り積極的な大学運営に当たるなど「政治的」手腕を発揮した。

鎌田の塾長在任期間は二五年足らず、つまり四半世紀も塾長として義塾の発展に尽くした。これも鎌田の行政能力を評価されたからにほかならない。

明治三九年五月、鎌田は貴族院議員に勅選された。勿論教育の発展に寄与した功績によるものであるが、実は福澤諭吉に代わって貴族院議員に勅選された小幡篤次郎が前年四月に死去したための補充とされている。

勅選議員の欠員補充は一応前任者と同じ分野の人を選ぶという慣例があるとはいうものの、時の内閣の性格にもよるが、内閣に批判的な人物を選ぶことはまずなかった。桂内閣総辞職を前に前海軍省医務局長実吉安純ら五人を勅選議員とした。その際次の勅選議員には必ず学界から入れるとして鎌田の勅選を実現している。

護憲運動を指導

鎌田は塾長に就任と同時に交詢社の幹事にも就任、常議員長福澤諭吉の下で管理・運営に当たった。福澤の死後も大鳥圭介（元駐朝鮮公使）や林董《はやしただす》（前駐英公使）ら歴代常議員長を助け組織の拡充・内容の充実に尽力した。社屋の増・改築などにも手腕を振るった。

「明治十四年の政変」以後交詢社には政治活動を差し控える風潮があったが、大正元年暮から翌二年二月にかけての憲政擁護運動では交詢社員の多くが運動に加わり、推進し目的を達成した。

第二次西園寺内閣は財政再建のため経費削減・新規事業の見合せなどを実現しようとしたが、陸軍は二個師団の増設―増師―を譲らず、陸相上原勇作は帷幄《いあく》上奏し単独辞職した。しかも陸軍は後任陸相を推薦しなかったため西園寺内閣は総辞職を余儀なくされた。

〔注〕帷幄上奏とは陸・海軍大臣、参謀総長・海軍軍令部長が首相の侍立なしに天皇に自己の所管事項について報告すること。

後継内閣首班には内大臣（天皇の政治「参謀」）兼侍従長の桂太郎（前首相　陸軍大将）が選ばれ大正元年一二月二一日に第三次桂内閣が成立した。明治天皇の諒闇中で政治休戦をしているさなかの出来事だけに多数党政友会は長州閥・軍閥の横暴ぶりに怒りの声を挙げた。

交詢社談話室の炉辺に鎌田をはじめ政治家の尾崎行雄・犬養毅、実業家の朝吹英一らが集まり政局を論じていたが、桂を首相にしたのは「宮中・府中の別を弁えないもので憲政の常道に悖る」と桂内閣の退陣を求める結論となった。この談義に加わっていた政治家の政談演説会や新聞記事で政府批判の世論を盛り立てた。

帝国議会も世論に反応し衆議院では桂内閣弾劾決議案が本会議に上程され尾崎が趣旨説明に立ち舌鋒鋭く桂を責めたてたので桂も窮地に陥った。投票の結果、同決議案は圧倒的多数で可決した。桂は一たん衆議院を解散しようとしたが、海相山本権兵衛の仲介もあり思いとどまった。結局桂内閣は大正二年二月、二ヵ月で瓦解した。第一次護憲運動は成功裡に終息した。

鎌田は大正二年四月の交詢社社員大会で「大正政変と交詢社」と題し講演したが、その中で社員間で議論し合ったほか、多数意見が世論を動かし憲政の常道を護れた、と護憲運動の成果を強調した。鎌田が指摘するまでもなく第一次護憲運動の成功は「大正デモクラシー」の幕開けといってもよかろう。

文相を射止める

鎌田の力量は多くの人の認めるところであった。大正八年、ワシントンで開かれた第一回国際労働会議の日本代表（中立）に選ばれた。同じく使用者代表に鐘淵紡績専務武藤山治、労働者代表東大教授高野岩三郎ときまっていたが、労働総同盟の申し入れで労働者代表は鳥羽造船技師長桝本卯吉に代わった。

会議は同年一〇月二九日から一ヵ月に及んだ。その結果、八時間労働制・婦人の深夜労働禁止・母体保護・失業予防などを可決し成功裡に幕を閉じた。

大正九年、貴族院の所属会派が公表されたが、鎌田は政友会系の交友倶楽部に入っていることが明らかになった。

原（敬）首相の暗殺で後を継いだ高橋（是清）内閣は、党内軋轢で短命内閣に終わった。後継内閣首班にはワシントン軍縮会議で手腕を見せた海相加藤友三郎が選ばれ、大正一一年六月一二日に成立した。加藤は政友会系の鎌田を文相に起用した。長年教育に携わって来たものにとって教育行政の長は誰しもなってみたいもの。鎌田は二つ返事で引き受けた。当時鎌田は塾長を勤めていたが、文相と塾長の併任は無理なので塾長を辞任した。鎌田の塾長在任期間は実に二五年間に及んだ。

文相在任期間は一年三ヵ月弱と短かった。前年大学制度の抜本的改革の「大学令」改正が実現していたが、大学・高専教育と中等・初等教育の関係など問題が少なくなかった。またわが国を取り巻く情勢は容易ではなかった。たとえばシベリア派遣軍の撤退、軍縮条約に伴う陸海軍の軍備縮小、など当面急いで処理しなければならない問題が山積していた。加藤は与党内の確執や自身の健康の問題もあり、十分な成果を挙げられなかった。

鎌田は昭和二年一二月一七日、枢密顧問官に親任された。鎌田が顧問官になったとき枢密院は不戦条約で論議が沸騰していた。世界大戦の惨禍を再び起こさないと言う基本理念にはみな賛成しながら、捕虜の取り扱い規定など各論になると異論が続出しまとまらなかった。

枢密顧問官の六年余り、鎌田は「大正の政変」時代の激しさも消えたものの冷静な判断は代わらなかったと言う。

昭和九年二月五日死去した。数え七十八歳であった。

尾崎　行雄——憲政の神様

政治家を志す

尾崎行雄は安政五（一八五八）年一一月二〇日、相模国津久井郡又野村（現、神奈川県津久井郡津久井町）で名主尾崎行正の長男として生まれた。行正は明治二年に復活した弾正台（検察庁）の下級役人に取り立てられて上京、上司の土佐藩士安岡良亮（亮太郎）の屋敷に住み込んだ。のちに家族も上京し行正が高崎・宇治山田（伊勢市）と転勤につれ家族もついて行ったが、熊本転勤のときから家族は東京の安岡家に身を寄せた。

尾崎は明治七年五月四日、弟行隆とともに慶應義塾に入社した。行雄十四歳八ヵ月、行隆十歳五ヵ月であった。義塾の入社帳によると二人の保証人に安岡良亮の長男雄吉がなっていることから二人の出身地を高知としている。当時義塾には波多野承五郎、三宅米吉、豊川良平、鎌田栄吉、石渡敏一、小松原英太郎、岡部長職《ながもと》らが学んでいた。

のちにわが国屈指の雄弁家となる尾崎も、塾生時代は無口な変わりものであった。二年余りで義塾を退き工学寮（のちの東大工学部）に代わったが、ここも長くいなかった。

その後塾員で新潟新聞主筆古渡資秀《こわたりすけひで》が急死したため、福澤諭吉の推薦で尾崎が後任に選ばれた。このとき尾崎は二十二歳、古渡は二十五歳であった。

「無冠の帝王」を以て任ずる主筆時代の尾崎の逸話は多い。内心政治家になりたいと思いながら果たせぬ苛立ちを論説にぶつけていたが、若い有能な配下を探していた参議大隈重信の求めに応じ、統計院権少書記に任官した。しかし官吏の時代は短かった。大隈はかねてから北海道官有物払い下げ反対・国会早期開設・憲法制定促進を唱えていたが、憲法についての奏上内容を巡り参議伊藤博文・井上馨と対立し、結局大隈の参議罷免の代わりに北海道官有物払い下げ中止・九年後の国会開設・憲法制定促進をきめた。いわゆる「明治十四年の政変」である。このあと大隈系と見られる義塾出身の官吏、統計院幹事兼太政大書記官矢野文雄、外務大書記官中上川彦次郎らが相次いで罷免された。

尾崎も官吏を罷免され、以後は言論で戦うほかはなかった。

〔注〕「明治十四年の政変」については小幡篤次郎の項を参照のこと。

共和演説

尾崎は藤田茂吉の主宰する郵便報知新聞社に入社し、論説を執筆していたが、大隈を中心とする立憲改進党の創立に参画し、直接政治活動に入った。明治一八年には東京府会議員になっている。尾崎は有能な新進政治家として注目を浴びていたが、同二〇年全国的に広がった条約改正尚早論が政府を刺激し、多くの政治家が保安条例違反で東京退去を命じられた。尾崎もその一人だが、これを機会に外遊し主としてロンドンに滞在した。

憲法発布、恩赦による政治犯の釈放で尾崎も帰国し再び政治活動をはじめた。

尾崎は明治二三年七月施行の第一回総選挙に三重三区で改進党から立候補し、激しい闘いの末当選した。三重三区（宇治山田）を選挙区に選んだのは、かつて父と一緒に住んだことがあるというほかに深い理由はないようだが、明治から昭和まで連続当選をしており、尾崎を三重出身だと思っている人も少なくないようだ。

第一回総選挙で当選した議員を党派別に見ると大同倶楽部・改進党・自由党など民党（野党）が三〇〇議席中一七四議席を占め過半数を制していた。しかし各党派の思惑から一本化出来なかったのに対して吏党（政府与党）は議員集会所という院内団体を作り論戦を展開した。

官憲の選挙干渉で流血事件を起こした第二回総選挙も民党の勝利となったし、総選挙の度に政府は苦杯を嘗め続けた。日清戦争の勝利で手に入れた遼東半島は、露・独・仏三国干渉で清国に還付したが、ロシアが遼東半島、ドイツが膠州湾、フランスが広州湾を租借するなど恥辱外交が続いたため戦時中の挙国一致体制は脆くも崩れた。

明治二九年三月一日、改進党・革新党・中国進歩党・大手倶楽部などが合同し進歩党を結成した。

第二次松方（正義）内閣の改造に当たり大隈を副首相格の外相で迎え進歩党の協力を求めた。しかし内相に就任が決まっていた自由党の板垣退助は大隈の入閣に反対、憤然として辞職した。次の第三次伊藤（博文）内閣の組閣に当たり、伊藤は大隈・板垣の入閣を求めたが、大隈は入閣条件が気にいらないとして断り、板垣の入閣に井上が反対し実現しなかった。

政府も民党もそれぞれの思惑で手詰まり状態であったが、明治三一年一月、大隈の進歩党と板垣の自由党とがこれまでの行き掛かりを捨て合同し憲政会を結成した。同年六月の総選挙で圧勝した憲政会は、大隈を首班とするわが国初の政党内閣である「板隈内閣」を成立した。同内閣は陸・海軍大臣を除く大臣は憲政会の党員で、終始大隈と行動をともにした尾崎は文相として入閣した。

しかし尾崎に気負いと若さが目立ち大臣在任期間は短かった。帝国教育会館で行った演説で「もしわが国に共和政治が行われたと仮定すれば、おそらく三井・三菱から大統領の候補者が出るであろう」と述べたことが問題となり、就任わずか四ヵ月で辞職せざるを得なかった。

花の東京市長

尾崎の後任文相に、同じ旧進歩党の犬養毅（後出）がなったことから旧自由党系党員が反発、「最強」を誇る憲政会もあっという間もなく旧自由党系の憲政党と旧進歩党系の憲政本党とに分裂し、大隈内閣も四ヵ月で総辞職に追い込まれた。その後憲政党は立憲政友会となり、性格も変わったため尾崎は同党に移った。

しかし政党は代わっても尾崎は攻撃型の政治家で、受けて立つ行政官タイプではなかった。ところがその尾崎が東京市長に選ばれた。当時の市長は市会の推薦する三人の候補者の中から内相が任命した。ただ貴・衆両院議員が市長を兼ねることが出来たため、本人の意思にかかわらず市会の参事会で候補者に選ぶケースもあったようだ。尾崎が東京市長に選ばれたときの内相は山口出身の内海忠勝であった。内海は官僚だが、政治性に乏しく尾崎の激しい性格を知っていながら知事でないから影響が少ないと軽く見て任命した節がある。手強い相手であると気づいたときには後の祭りであった。

尾崎の市長在任期間は二期九年に及び東京市の近代化に努力したが、内務省は尾崎の人気があるのを恐れ、陰に陽に事業妨害をした。たとえば環境整備のための下水道工事の国庫補助費を減額した。また市街地電化工事計画、いわゆる「百万燈計画」を承認しなかったため、薄暗く危険を伴うランプ生活が続いたり、街路のガス灯もしばらくそのままだった。

もう一つは国際交流で、米国の首都ワシントンの市長に桜の苗木千本を贈り、今もポトマック河畔に美しい花を咲かせている。一方、アメリカからはアメリカンドッグウッド（はなみずき）が贈られ、日比谷公園に根づいており、両国友好の証となっている。

内閣を倒した演説

第二次西園寺（公望）内閣は、財政基盤建て直しのため新しい事業の見直しなど節減を心がけた。ところが陸軍は二個師団の増設（増師）を譲らず、聞き入れられないと判ると陸相上原勇作は帷幄奏上し辞職した。陸軍は後任陸相を推薦しなかったため西園寺内閣は総辞職せざるを得なかった。

西園寺内閣の後継内閣として第三次桂（太郎）内閣が成立した。しかし一旦政界を引退し、内大臣（天皇の政治参謀）兼侍従長になった桂を首相として政界に復帰させるのは「宮中府中の秩序を紊すもの」として非難するものも少なくなかった。尾崎・犬養をはじめ竹越与三郎、福澤桃介、林毅陸、堀切善兵衛らの政治家や鎌田栄吉、門野幾之進、朝吹英二らが交詢社談話室の暖炉の前に集まり、侃々諤々の議論を展開した。「宮中府中の秩序を紊す」ことは憲法に悖《もと》るとして交詢社炉辺談義は憲法擁護運動に拡がり藩閥政治糾弾国民運動となった。

帝国議会でも尾崎らは内閣弾劾決議案を提出した。当時決議案を提出するのには三〇人の賛成者がいるが、この決議案に賛成したのは二九九人に上り、議員定数三八一人の約八割に及んでいる。決議案の提案者を代表して尾崎が提案理由を説明した。

……彼ら（桂ら藩閥政治家）は忠君愛国を以て自己の一手専売の如く唱えているが、彼らのなすところ見るに常に玉座を城壁とし、詔勅を弾丸として政敵を狙撃せんとするものである。

と桂を指さして論じたとき、厚顔の桂も顔色を失ったと言われる。政府の抵抗も世論の前には無力であった。ほどなく桂内閣は総辞職し、憲法擁護（護憲）運動は成功裡に幕を下ろした。

軍縮と普選

尾崎はいつでも不正・不合理に対して戦う姿を崩すことはなかった。山本（権兵衛）内閣のときのシーメンス事件（海軍汚職事件）でも鋭く追及している。八・八艦隊（戦艦八隻・巡洋戦艦八隻編成の艦隊）計画がわが国の民力を圧迫するとして軍備縮小を唱えた。はじめのうちは無視されたが、米国も両洋艦隊（太平洋・大西洋同時に行動がとれる大艦隊）計画に国力が追いつかないなどから軍縮の機運が盛り上がった。

尾崎の運動に反応したのはわが国の政治家よりもアメリカの政治家で、日・英・仏・伊四ヵ国に呼びかけ大正一〇年一〇月からワシントンで軍縮会議を開催した。会議は難航したが、主力艦（戦艦・巡洋戦艦）の保有比率を米英五・日三・仏伊一・七五とするなどある程度の成果を得た。

尾崎は普選運動（普通選挙推進運動）に力を注いだ。わが国の衆議院選挙は被選挙人の資格は比較的緩やかなのに対し、選挙人（有権者）の資格は直接国税五円以上の納税者でなければならないなどの「制限」選挙であった。尾崎は成年男子なら誰でも投票出来る普通選挙の実現に邁進した。尾崎の努力が実を結び昭和三年の第一六回総選挙から普通選挙が施行された。

尾崎は平塚雷鳥や市川房枝らの婦人参政権に理解を示しながらも「普選が確立する方が先」と言

っていた。

昭和初期から台頭して来た軍部の威嚇にも、尾崎は恐れず在野の代議士として黙々と議会主義の重要性を説いて止まなかった。太平洋戦争が始まった翌一七年四月施行の第二十一会総選挙に無所属で立候補した尾崎は、無所属で闘う候補者の応援に駆け回った。ある演説会で「売り家を唐様で書く三代目」という古い川柳を引用し、外見よりも中身が大切という点を強調したが、これを聞いた警察は不敬罪で逮捕した。警察は尾崎が明治の御代から三代で滅ぶことを示唆したものとしていたが、同一九年大審院は無罪の判決を下した。

戦時中、頑として大政翼賛会に入らなかった数少ない代議士の一人で、無所属で当選をつづけていたが、昭和二八年四月の第二六回総選挙で落選し、第一回総選挙以来の連続当選は二五回で止まった。

衆議院は同年七月、尾崎が永年にわたり議会政治に尽くした功労により衆議院名誉議員に推したほか、翌二九年六月には「憲政功労年金法」による第一号の年金受給者になっている。

終始議会活動を通じ憲法に基づく政治を推進した尾崎を「憲政の神様」と呼んだ。あと一ヵ月余りで満九十六歳となる昭和二九年一〇月六日、眠るように死去した。葬儀は衆議院葬で行われた。

箕浦　勝人——藤田茂吉と二人三脚

藤田と知り合う

箕浦勝人《みのうらかつんど》は安政元（一八五四）年二月一五日、豊後国臼杵（現、大分県臼杵市）で実相寺愚山の二男として生まれ、のち臼杵藩士箕浦篤造の養子となった。少年時代は熊本に出て時習館で学んだが、志を立て上京し、明治四年に慶應義塾に入社した。数え十八歳であった。当時義塾には矢野文雄、三好退蔵、高嶺秀夫、藤田茂吉が学んでおり、後から波多野承五郎、牛場卓蔵、横田国臣らが入って来た。

このうち同郷の矢野や藤田とは仲よく義塾を出たあとも行動をともにしている。藤田は嘉永五年（一八五二年）六月、豊後国佐伯（大分県佐伯市）の佐伯藩士林四郎の三男として生まれ、藤田家の養子となった。一足先に上京していた矢野文雄の薦めで義塾に入ったのだった。

箕浦は明治七年に義塾を卒業すると藤田とともに郵便報知新聞に入社し、論説を担当した。入社後ほどなく施行された新聞紙条例は政府を批判する新聞を発行停止にしたり、編輯・発行名義人を処罰出来るなどが規定され厳しい弾圧が行われた。

箕浦は同紙の社説（明治8・8・30）で「新聞紙条例は人民の言論を奪い、言論を萎縮させるものである」と激しく非難した。とにかく箕浦は強い調子で論説を書き続けた。たとえばわが国の軍艦「雲揚艦」と朝鮮・江華島砲台との砲撃戦「江華島事件」直後には西郷隆盛の「征韓論」を支持したり、政府の金融財政政策の無策による通貨の中央集中・全国的金融逼迫状況を筆鋒鋭く追求している。

政府は箕浦の厳しい論調を黙って見過ごしてはいなかった。箕浦は小松原英太郎、西川通徹らと相前後して新聞紙条例違反の疑いで逮捕され、裁判にかけられた。箕浦は明治九年四月、禁獄二ヵ月の判決を受け服役している。

二人で『国会論』

出獄後ほどなく箕浦は福澤諭吉に招かれ、雑誌『家庭叢談』創刊号の編集を手伝うことになった。福澤は矢野・藤田・箕浦の三人を言論界で重用したが、単に同郷の門下生として可愛がったのではなく、それぞれの分析力・洞察力を買っていたからにほかならない。

その一つとして郵便報知に掲載した『国会論』がある。『福翁自伝』によると福澤は郵便報知の主筆藤田と郵便報知の論説記者に戻った箕浦に対し、国会早期開設を論じた一文を示し、…「この論説を社説としてみたらどうか。きっと世間の人々が喜ぶに違いない。但しこの草稿をそのまま印刷すると文章の癖から福澤のものとわかるから論旨は無論、字句も草稿のままとして、意味もなく妨げにもならない所はお前達の思うように直して出して御覧。世間ではどう受けとるか面白い結果になると思うよ」と話したところ三十歳前の二人は早速同紙に掲載した。

（『福澤諭吉全集』第七巻 二四七頁）

二人は若さにまかせて福澤の論文を掲載したのではなく、福澤のものの考え方、論文への反響などを十分考慮したうえで掲載に踏み切った。また加筆に当たっては全体の調子を崩さないようにする必要があったが、二人の文才がそれを余すところなく満たしていた。福澤の論文の掲載が終わると二人は「国会論に就いて大方の教を乞ふ」と題する社説を載せて、国会開設に期待を寄せる世論をもり立てた。

二人が加筆した『国会論』は同年、「藤田茂吉、箕浦勝人述 国会論 前編」として刊行している。

政界に雄飛

箕浦の政界志向は日増しに募り、国会早期開設運動推進者の一人となった。福澤諭吉の下で交詢社創立に参画し、国の基本法である憲法についても啓蒙運動をしている。さらに政論新聞である大阪新報社の名義人になったり、新雑誌『明治協会雑誌』の編集人となり、改革の政治信条の発表の

「場」を作っている。

この間福澤の命令で宮城県（のちの仙台）師範学校長や神戸商業学校長を勤めているが、いずれも在任期間は短かった。

当時自由民権運動が次第に全国的に拡がりを見せていた。大隈重信の立憲改進党が結成される半年前に板垣退助を中心に自由党が結成したほか、保守主義を標榜する福地源一郎の立憲帝政党などが作られている。

自由党が板垣退助・後藤象二郎・馬場辰猪を中心に纏まっているのに対し改進党は河野敏鎌の嚶鳴社、矢野文雄・藤田茂吉・箕浦勝人らの東洋議政会、小野梓・高田早苗らの鷗渡会からなり、それを大隈が束ねる形をとっていた。

東洋議政会は郵便報知新聞社を根城に英国流の議会政治を目標とし矢野・藤田・箕浦のほか尾崎行雄、犬養毅ら義塾出身者が名を連ねていた。

政府は帝政党を除く政党、自由・改進両党が反政府的と判断し、弾圧に乗り出した。政党弾圧の一環として警視庁は嚶鳴社・東洋議政会の解散を命じた。両会は止むを得ず命令に従い解散した。矢野は党が解散を認めたことを不満とし外遊した。

大隈の独裁に党内の軋轢が次第に大きくなり、明治一七年の臨時党大会で総理・掌事（三人）制を廃止し事務委員六人による合議制をとることとした。事務委員の中に藤田・尾崎・箕浦の三人が入っている。

藤田は事務委員の筆頭委員として事実上の党首であったが、二年後矢野が外遊から帰国すると委員を譲り一党員になった。政府は民党（野党）の勢いが増すのに苛立ち、とうとう保安条例を施行し、違反者は全て皇居の三里（約一二キロ）外へ三年間退去させられることとなった。これに伴い自由・改進両党にとって苦しい時代となった。

明治二二年二月一一日、大日本帝国憲法が発布され、翌二三年七月一日には箕浦や藤田らが待ちに待った第一回総選挙が施行された。

自ら路を切り拓く

第一回総選挙に藤田は東京第四区、箕浦は大分第五区から無所属で立候補し、いずれも当選した。小選挙区制であり、著名人が多い吏党（与党）の勝利かと見られたが、自由・改進両党を中心とする民党（野党）が善戦し、定数三〇〇議席中一二六議席（無所属四五を含む）をとり過半数を占めた。少数与党の政府は議会運営を有利にするため議会内での政党会派を認めなかった。しかし野党各会派は大同団結し強力な院内交渉団体を作り政府に対抗した。改進党系無所属から当選した箕浦・藤田はともに院内では議員集会所に所属した。また当時の議会は常任委員会制ではなく読会制をとっており、議案ごとその都度委員会を設けていた。藤田は予算委員についで忙しい鉄道法案委員になっている。

海相樺山資紀の暴言から議会は大荒れとなり、収拾がつかなくなった政府は解散に踏み切った。

民党（野党）潰しにかかった政府は徹底的な選挙干渉を行い、各地で流血の惨事となったが、前回同様民党の勝利となった。藤田も箕浦も当選した。

藤田は肺を患っていたので第三特別議会は開院式に出席しただけで療養に専念していたが、明治二五年八月一九日死去した。四十一歳であった。

盟友を失った箕浦は二人分の活躍を誓い、政治活動を展開した。明治二九年三月一日、改進党・革新党・中国進歩党・大手倶楽部などが合同し、進歩党を結成した。

第二次松方正義内閣で農商務相を兼任していた外相大隈は箕浦を商務局長に起用した。起用の経緯が面白い。第一〇通常議会の衆議院新聞紙条例改正特別委員会の委員になった箕浦は政府提出案と各党提出案とを比較精査した結果、現行の発行禁・停止（第十九条）、発売・頒布の禁止及び差し押さえ（第二十条）を削除し代わりに関係大臣が告発できる折衷案を纏め諮ったところ可決され、政府もこれを認めた。政府としては民心を宥和するため新聞紙条例の緩和を図ったのだろう。言論の自由を唱えて来た箕浦の手で改正されたことから「虎を野に放つ」より局長として政府部内に取り込む方が得策と考えたようだ。

しかしほどなく松方内閣が増税案を提出したので、外相兼農商務相の大隈や外務参事官の尾崎ら進歩党員は連袂《れんぺい》辞職した。箕浦の局長在任期間は短かったが、半年後大隈内閣が成立すると逓信次官になっている。

〔注〕わが国初の政党内閣である大隈内閣成立の経緯は尾崎行雄の項を参照のこと。

箕浦の逓信次官は四ヵ月であったが、外国との通商を許可された横浜のほか六港の港界（範囲）などを定めた「開港港則」や「港務局官制」（いずれも勅令）を作っている。

その後箕浦は大隈系の新党、憲政本党で党務に専念し、政務委員を明治三一年から同四三年までの間に通算六回八年余り務め、党勢拡張に努めた。当時は党役員のまま議会役員を兼ねられたので、箕浦は明治三七年三月一八日招集の第二〇特別議会で副議長に選ばれた。日露戦争がはじまった直後のことであり、戦費調達のため同年度の追加更正予算を可決成立させ、一〇日で閉院した。こういう非常事態であったので、政府は解散を避けて議会役員も変えなかった。その結果議員の任期満了に伴う総選挙後の第二五臨時議会召集から二日目の同四一年一二月二日まで箕浦はその職にあった。

党首の裏切り満潮

明治四一年五月施行の第四〇回総選挙で憲政本党は議席を減らしたばかりでなく脱党し、新会派を作るものが出たため同四三年三月、憲政本党を中心に無名会・又新会・無所属議員有志を集め国民党を結成した。箕浦も同党に入党したが、大正二年に立憲同志会が結成されると国民党の大部分が新党に移ったこともあって、箕浦もやむを得ずこれに従った。

若くして言論界にはいり、言論の自由を武器として政界に打って出て長州閥・軍閥の桂太郎（陸軍大将）を支持するような同志会入りについて疑問視する向きも少なくない。

箕浦は『郵便報知新聞』を『報知新聞』と改題した明治二七年一月から一九年間続けた社長を辞職した。この年箕浦が同志会に入ったのと無関係ではないようだ。

シーメンス事件（海軍汚職事件）で山本権兵衛内閣が倒れ、第二次大隈重信内閣が大正三年四月成立した。翌年三月施行の第一二回総選挙で内相大浦兼武が大規模な選挙干渉を指導したとして世論の猛反発を受け、大隈は内閣改造をせざるを得なくなった。結局前年から党総務になっていた大隈直系〝最後の大物〟の箕浦が逓信相として入閣した。

箕浦の初入閣は六十二歳で、さきの大隈内閣で逓信次官になったのが四十五歳だったので、実に一七年掛かっており、党人政治家の歩む道がどんなに険しいかを物語っていた。

当時第一次世界大戦のさなかで聯合軍はドイツ軍の進撃をくい止め、反撃の機会を窺っていた。わが国としては日英同盟の関係からドイツ領青島の占領・通商保護のための艦艇派遣など戦時下にあった。そんな中にあって逓信省関係では日本〜ハワイ間の無線電信の試験に成功したり、簡易保険制度を実施するなど着々と近代化の途を歩んでいた。

もっとも大隈内閣は減債基金問題で大正五年度当初予算案を貴族院によって否決されるなど揺さぶりをかけられ精彩を欠き改造後一年余りで総辞職した。

箕浦はその後加藤高明の憲政会に入り、党総務を二期二年余り務め、党勢拡張に寄与し、党員の絶大な信頼をかち得た。しかし都会派の多い憲政会は総選挙毎に議席を減らし、政友会に名を成させていた。大正一三年の第二次護憲運動後加藤内閣を成立させたものの二年で若槻礼次郎内閣に引き継がれた。

この間箕浦は苦労をしながら連続当選を続けた。昭和二年に大阪・松島遊廓の移転に絡む汚職事件が発覚、政友会岩崎勲、政友本党高見之通《ゆきみち》とともに箕浦も収賄容疑で起訴されたが、裁判の結果、公判中死亡した岩崎勲を除き無罪の判決があった。証人として出廷した事件当時の首相（公判時の憲政会総理）若槻礼次郎は身の安全を守るため曖昧な証言をしたとして箕浦から偽証罪として告発されたが、うやむやに終わった。党首が蜥蜴の尻尾切りを策したものの、そう簡単にはいかなかった。箕浦の反撃でむしろ若槻は面目を失い暫く出番がなくなった。

人が好く真面目な箕浦にとってこの事件は身に応えた。青天白日の身になったものの政治に失望し、体調も思わしくないことから昭和三年の第一六回総選挙には立候補せず政界を引退した。

昭和四年八月三〇日死去した。数え七十六歳であった。

安川　敬一郎――産業近代化の先駆者

石炭王

安川敬一郎は嘉永二（一八四九）年四月、筑前国戸畑（現、北九州市）で福岡藩士徳永省易の四男として生まれ、のち安川右衛門の養子となった。藩校で学んだのち明治四（一八七一）年に上京し勝安房（海舟）・山岡鉄舟について学び出したが、勝のすすめもあって翌五年八月に慶應義塾に入社した。当時義塾には波多野承五郎、牛場卓蔵、横田国臣、牧野貞寧らが学んでいた。

明治七年二月、実兄生島徳が佐賀の乱で戦死したため帰郷し、実兄松本潜とともに炭坑の経営に当たったが、一年足らずで失敗し、再起不能の危機に陥った。そのとき援助するものが出て来て石炭販売業をはじめたところ実績を挙げなんとか立ち直った。その後赤池炭坑など北九州地区の炭坑を次々に買収、健全な経営を続けた。

安川は前の失敗に懲りたあと、炭坑の経営に当たってこれまでのやり方と違った方法を採ったので成功したといえよう。たとえば安川は納屋（飯場）制度の弊害に気づき、明治二二年から他に先んじて傘下の一炭坑の納屋制度を廃止に踏み切った。納屋頭に請け負わせず、会社が坑夫を直接雇い入れる直轄制度を採用したが、採算が合わないため一年でその炭坑を譲っている。納屋制度の改革は失敗したものの、経理・販売・品質管理など細々した点に工夫を凝らし、その他の炭坑や関連企業を伸ばしていた。若松築港は業績を順調に伸ばし、港や大阪織物・豊国炭坑などの経営にも成功している。

安川は日露戦争で活況を呈していた炭坑の戦後の需要減を予測し、明治四一年、北九州地区の炭坑を統合して明治鉱業株式会社を設立し、経営基盤の強化を図って社長になるとともに地域産業振興のための明治紡績合資会社を設け、代表社員にもなっている。このようにして近代産業を基礎とした安川・松本財閥が誕生した。

また安川は育英事業にも心を配り、明治三四年に赤池炭坑内に私立の鉱山学校を設立していたが、同四二年には戸畑に高等技術者養成のため私費五〇万円を投じ、明治専門学校を創立した。同校から数多くの技術者を出した。一方、政府としても官立秋田鉱山専門学校の様な学校を九州に設けたいとの構想を抱いていたので、官立移管を安川に持ち掛けた。安川はお国のために役立つならばと事業が思わしくないにもかかわらず快く寄付を申し出て、大学・専門学校の制度改正が実施された大正一〇（一九二一）年四月、官立明治専門学校（現、国立九州工業大学）となった。

政界進出

安川が突然政界いりしたのはなぜなのだろうか。大正三年一一月施行の衆議院福岡市部の補欠選挙に無所属で立候補し当選した。六十五歳、初当選として高齢で、政界を引退してもおかしくない年齢であった。この年シーメンス事件（海軍汚職事件）で山本（権兵衛）内閣が倒れ、大隈（重信）内閣が誕生したが、少数の同志会を与党にしているため議会を解散し、安定政権を作る機会をねらっていた。実際に同年一二月七日召集の第三五通常議会に政府は二個師団の増設案を提出したが、政友会と国民党は同案に反対、否決したため政府は同月二五日、衆議院を解散した。

政界進出を考える安川が近々総選挙が有ることぐらい察知出来ないはずはない。それにもかかわらずあえて補欠選挙に挑んだのはどんな些事も蔑ろにしないという安川の性格によるものだろう。この総選挙は政友・同志両党は多数派獲得の鎬《しのぎ》を削り、大隈内閣支持の同志会がなんとか勝ったが、煽りを喰ったのは無所属の立候補者たち。安川もその一人で苦戦を強いられたあげく落選した。同内閣は内相大浦兼武の選挙干渉が明るみに出たこともあり、比較的短命に終わった。次の寺内（正毅）内閣は政党色抜きの手堅い内閣であったが、物価騰貴による「米騒動」で総辞職に追い込まれた。

思ったことは直言する安川は後継首班に噂されている原敬の「力」だけで押しきる政治手法に一抹の不安を感じたので原を訪ね、西園寺公望の再出馬を勧めた。この進言に対して自分以外首相になるものはいないと思っていた原は「西園寺侯（爵）は後進に道を譲る考えである」とさり気なく

答えていたが、内心よほど癇に障ったのか日記には、

…何か犬養等の説など聞き居たるかとも思はるれども其辺は不明なり（原敬『原敬日記』大正七年九月一二日）

としているところを見ても安川は政治信条は終始国民党に近いものがあったように思われる。

とにかく安川の衆議院議員在職期間はわずか二ヵ月間に過ぎなかったが、政治家・実業家としての活動は止めなかった。たとえば中国との合弁事業に情熱を燃やしたほか、懸案だった九州製鋼株式会社を大正六年に設立、取締役会長に就任した。安川は第一次世界大戦に伴う軍需を見越し大規模な工場建設をはじめたが、ドイツの降伏で四年にわたった世界大戦が終了し、続いてワシントン海軍軍縮条約が締結されたため、主力艦の制限によって鉄の需要が大幅に減少、計画が狂ってしまった。

二度目の蹉跌にも安川はへこたれなかった。老軀に鞭打ち自ら金策に駆け回ったが、予想に反し大戦後の慢性的不景気の壁が厚く結局自力再建を断念、昭和三年一一月に官立の八幡製鉄に経営を委ねた。これまでの同社に対する投資は全て安川の負担になったこともあり、このときを機会に政界・実業界から引退した。

これより先安川は大正三年の日独戦争（青島攻略）に当たって、軍需品生産・調達の功績により男爵を授けられている。大正一三年に貴族院（男爵）議員の補欠選挙があり、互選された。しかし九州製鋼の再建が思わしくないことから翌一四年の改選期には再選を固辞した。

浮沈が多かったとはいえ、安川はわが国産業の近代化の先駆者の一人であった。昭和九年一一月三〇日、八十六歳で死去した。

社会党屈指の論客で義塾法学部政治学科講師として労働運動史を教えた松本七郎（昭和一二年政）は敬一郎の兄松本潜の孫である。

林　毅陸――軍部大臣現役制批判

わが国初の欧州外交史研究家

林毅陸《きろく》は明治五（一八七二）年五月一日、長崎県東松浦郡田野村（現、佐賀県唐津市肥前町）で中村

清四郎の四男として生まれ、幼名を畸六といった。のち香川県高松出身の漢学者林竹堂（滝三郎）の養子となった。福澤諭吉を尊敬する兄義三郎の薦めもあって、明治二二年六月、数え十八歳のとき慶應義塾に入社した。

林より一足先に義塾に入っていたのは堀江帰一、奥村信太郎、小林一三、望月小太郎らであり、少し遅れて平沼亮三、中村利器太郎、石川安次郎らが入って来た。

林は明治二五年七月に正科を卒業し翌二六年一月に大学部文科に入学、同二八年一二月に文科を卒業した。このとき文科を卒業したもののうちには、占部百太郎、気賀勘重がいた。

林は卒業と同時に義塾の英語教師となり、同三一年には普通科主任となっている。若き日の人柄を物語るエピソードとして「世紀送迎会」での祝文朗読がある。明治三三年（一九〇〇年）一二月三一日の夕刻から三田山上で塾生主催の「世紀送迎会」に社頭福澤諭吉をはじめ、教員・塾員・塾生五〇〇人が集まり、賑やかに行われた。中でも林の祝文朗読は内容の高さ、修辞の美しさに加えて朗読の流麗さが参会者に深い感銘を与えたという。（慶應義塾編『慶應義塾百年史』中巻〈前編〉四一八～四二二頁）

同三四年一月、林は義塾から欧州留学を命ぜられ、パリに三年滞在し、欧州外交史の研究をしていたが、比較憲法を追加し英国のマグナカルタ（大憲章）を中心に仏・独両国の憲法も研究の対象とした。このため当初の予定を一年延ばし同三八年帰国し、ただちに政治科で外交史・比較憲法の講義を担当した。

学問と政治の両立

林は欧州留学の直前ルロア・ホーリュー著『露西亜帝国及露国民』（六巻）を抄訳し『露西亜帝国』と題し出版したが、林の留学中勃発した日露戦争の遂行上同書が大変参考になったという。帰国した林は訳書の評判が良かったのに気を良くし、欧州留学の研究成果『欧州近世外交史』二巻（増補改定版は三巻）を寸暇を惜しんで書き上げ、明治四一年から翌四二年にかけ刊行した。当時わが国で外交史を研究するものはほとんどいなかったので、林は開拓者としての役割を果したといってよかろう。

義塾は政治科の内容を充実するため明治四三年四月、林を主任教授とした。数え三十九歳の若さであった。林としては構想を持っていたに違いないが、その実現の緒についた同四五年五月施行の第一一回総選挙に、林は香川選挙区から無所属で立候補し当選した。中央では高名な林も地元では無名に近かったが、養父林竹堂やその門下生が熱心に選挙運動を展開したので当選出来た。

林が政治家として当面したのは、第一次護憲運動であった。第二次西園寺（公望）内閣は陸軍の二個師団増設を巡り総辞職し、後継の第三次桂（太郎）内閣が成立した。桂は内閣総辞職後内大臣（天皇の政治参謀）兼侍従長として宮中にはいったものの、ほどなく再び首相となったので「宮中・府中の秩序を紊し憲政の常道に悖る」と猛反発を受けた。交詢社談話室の暖炉の前で義塾塾長兼交詢社理事長鎌田栄吉をはじめ尾崎行雄、犬養毅ら政治家、門野幾之進、朝吹英二ら財界人が集まり憲政擁護運動の狼煙を上げた。林もその一人として街頭に出て桂内閣打倒の演説をしており、藩閥・軍閥政権の桂内閣は三ヵ月で倒れた。

〔注〕第一次憲政擁護運動については鎌田栄吉・尾崎行雄の項を参照のこと。

初の質問

桂内閣の後継内閣として政友会の支援で成立した山本（権兵衛）内閣に対しても、林の厳しい態度は変わらなかった。軍部横暴の根源は陸・海軍大臣が現役の陸・海軍大将または中将でなければならないという規定にあると断じ、現役制の是非を論じることとした。とくに先進国の中には軍人でなくても良い国もあることから、わが国の議会でもその是非が論議されることになった。これまで政府は「憲政の運用に万全を期し何ら支障はない」とつっぱねていたが、西園寺内閣を潰し諒闇《りょうあん》中にもかかわらず政争を巻き起こした罪は大きく、軍部大臣の現役制の論議は避けられなくなった。

林は大正三年二月二七日の本会議で憲政擁護の根本問題として五項目の質問をしているが、その中で「現行官制によれば陸海軍大臣は現役大中将に限れり。現内閣は之をもって憲政の運用に支障なきものと認めるや」と質している。

犬養も同年三月一一日に同じ趣旨の質問をしたところ、山本首相は「現行制度は憲政上支障なきや、とのご質問でございます。いかにも現行制度は憲政の運用上支障なきを保ち難いのでございます。つきまして政府は此れに対して慎重審議を尽くし相当の改正を施すことを期しております」とこれまでと異なる答弁をした。

山本首相の答弁に満足出来ない野党は重ねて同じ趣旨の質問をしている。再三の追及に政府は同年六月一三日になって陸海軍大臣及び朝鮮、台湾総督任用に関する官制のうち「現役」の二字を削り予備・後備・退役の大、中将でも任用出来るようにした。

この制度は昭和一一年の二・二六事件後の広田（弘毅）内閣で元へ戻るまで二三年間続いた。が、実際に現役以外の大、中将が陸海軍大臣になった例はない。（松下芳男『日本軍閥の興亡』2 一〇九〜一一一頁—ほか）ともあれ林はこの質問で一年生議員ながら一躍有名となり、林自身も講義の際塾生に議会の模様を詳しく述べ、「本会議で演説するぐらい愉快な事はない」と語っていたといわれる。

「大」参事官

学者と政治家の道を坦々と歩んでいた林は一見順風満帆のように見えたが、大正二年一二月に結成された中正会に入った。同会には尾崎行雄や竹越与三郎、菊池武徳ら義塾出身代議士が少なくなく結束が固かった。自信家の林は将来尾崎の後を継ぐのは自分以外はないと考えていたようである。ところが選挙区民の要望があったためか、その後二回の選挙には無所属、林にとって最後の選挙（大正九年）では政友会から立候補しており、尾崎の後継を目指しながら党を変えるのは勝手な奴としか映らなかったようだ。

林は忙しいにもかかわらず片時も外交・国際関係の研究を忘れなかった。大正八年四月には博士会の推薦で法学博士の学位を授与された。外交史で博士号を授与されたのは東京帝国大学教授立作太郎についで二人目。義塾の教授で法学博士になったのは田中萃一郎とともにはじめてであった。政治家の中で外交問題が判るのは外交官の経験のあるものを除けば林以外はいなかったといってよかったので、条約締結の委員会が設けられるとその委員になっている。同八年五月にブリュッセルで開かれた第五回万国議院商事会議の日本議員団副団長に選ばれ、松永安左ヱ門とともに渡欧している。

同年七月にはパリで開かれた平和会議全権事務所から専門委員を委嘱され、エジプト独立問題に関する一八三九年条約の改訂について参画し翌九年一月帰国した。

時の原（敬）内閣は第一次世界大戦後種々な問題を抱え込んでおり、内政・外交とも苦しい対応を迫られていたが、第一四回総選挙で与党政友会が大勝したことから一転、原内閣は力の政治を推し進めた。

第二次大隈（重信）内閣当時設置された参政官・副参政官制度は次の寺内（正毅）内閣で廃止されたものの、復活をのぞむ声が強かった。原内閣に代わって外交・内政政策推進を目的として外務・内務両省に限って勅任参事官を置くこととし、同九年八月二四日の閣議で林の外務参事官が発令された。

原は日記に「閣議（官邸）勅任参事官任命に関し、林毅陸を外務に、松田源治（注　のちの文相）

を内務に採用の事に決定したり。各大臣は自己の秘書官を陞用せんの意向多きも斯くては将来政局に立たんものをして、行政事務を見習はしむる事不能なれば、余は秘書官陞用に反対し先づ松田、林を採用せしが、松田など官等は高等官二等なるにより多少躊躇せしも心得違の事にて将来の利益少なからざるを余説示し之を快諾せしめたり」（原敬『原敬日記』大正九年八月二四日）と記している。

幻の外相

林は勅任参事官になると義塾の政治科学長（大正六年から政治科主任が学長となる）を板倉卓造に譲った。林は外相内田康哉のもとで懸案となっていたシベリア派遣軍の撤退の実現、日米英仏四国対支借款条約の実施などについて日夜努力した。さらにアメリカの提唱による五大国海軍軍備縮小に対するわが国の態度をどうするかについても参画している。

大正一〇年一一月開催のワシントン海軍軍縮会議に林は外務省の次席随員として参加し、難問題処理に当たった。会議は何度か行き詰まり決裂の危機に陥ったが、全権加藤友三郎（海相　海軍大将）の高度な政治判断による妥結を見たのであった。

林の見た全権や随員像はかなり厳しい。海軍の首席随員加藤寛治（軍令部次長　海軍中将）は加藤全権が呆れるほど頭が固く激昂するタイプであった。もう一人の全権徳川家達（貴族院議長）は温厚なだけで政治手腕はなかったことから林が加藤全権の相談にのることがしばしばあったそうだ。

林は全権団とともに翌一一年三月帰国した。義塾の教授・衆議院議員・外務省勅任参事官の忙しい日々を送っていたが、同年六月成立した加藤友三郎内閣に塾長鎌田栄吉が入閣し、林はその後任に擬せられた。

しかし林の心の底に外相の「夢」が残っていたのか、塾長就任を固辞した。ところが翌一二年九月一日の関東大震災で義塾も大きな被害を受けたため、社中一致して復旧に当たることになり、林は同年一二月から塾長に就任し復旧に着手した。

義塾の復旧は財政的にも苦しく困難を極めたが、新校舎の建設・大講堂などの補修を急いだ。やがて困難を乗り切り復旧のめどがついた。

林は義塾の将来を見据え壮大な青写真を描いた。都心の三田では手狭であるとし、郊外に校地を求めた。幾つかの候補地の中から日吉を選び、早速東側の台地に予科校舎の建設をはじめた。義塾の創立七五年式典を行った。翌九年一月、林は任期満了に伴い退任したが、この年の四月から日吉キャンパスで予科の授業がはじまっている。

林は鎌田栄吉の死去のあとを受け、昭和九年二月、交詢社の理事長に選任された。比較的平穏な仕事になると思っていたが、太平洋戦争が激しくなったため、交詢社は昭和一九年一二月には活動を休止することになり、林も理事長を辞任している。

戦後GHQ（連合国総指令部）はわが国の民主化の柱として憲法改正を急がせた。枢密院は昭和二一年四月一七日に新憲法政府案を可決したあと天皇の裁可を得た。これを機会に全顧問官が辞任した。ただ新しい憲法が施行されるまで枢密院を存続させる必要があり、顧問官の欠員補充が行われ、林も同年六月一〇日に顧問官に親任された。秩父宮・高松宮・三笠宮の直宮家を除く宮家の皇籍離脱・爵位制度の廃止を決めた。昭和二一年五月三日、新憲法の施行とともに自然退官した。林は優れた学者であるとともに行政手腕もあった。林の残した業績は高く評価されてよい。昭和二五年一二月一七日、満七十八歳で充実した生涯を閉じた。

望月 小太郎――日英同盟を提唱

筆で立つ

望月小太郎は慶応元（一八六五）年一一月、甲斐国（現、山梨県）南巨摩郡身延村（町）で袴田作兵衛の三男として生まれた。山梨県立師範学校を卒業し、明治二一年六月上京して慶應義塾に入社した。その後望月喜左衛門の養子となり、同二三年大学部法科に入学している。

当時、義塾には同郷の小林一三がいたし、大学部へ進むと菊本直次郎、藤原銀次郎、池田成彬らがいた。

望月は義塾を卒業する前の明治二五年、警察制度とり調べの命を受け、英国に留学し政治・経済を学んだ。ついでミドル・テンプル大学法学科を卒業し、バリスター・アット・ロウ（弁護士）の資格を取得した。その後しばらく英国に滞在し、英国の政治家について研究する傍ら『日英実業雑誌』を発行し、両国の実業界についての知識の普及に努めた。創刊は明治二五年といわれ、同二七年六月（第二巻第六号）から「日本主筆バリストル望月小太郎」と印刷されている。

望月は日清戦争後、フランス・イタリア・オーストリア・ハンガリー・ドイツ・ロシアなどの国々を巡って帰国した。

望月はかねてからわが国が極東の盟主となるためには、日英両国の同盟締結が必要であると説いていた。日清戦争で割譲を受けた遼東半島を露・独・仏三国干渉により清国に還付したところ、ロシアは遼東半島、ドイツは膠州湾、フランスは広州湾を租借するなど、極東は欧州列強の思うがままにされていた。とくにロシアからの脅威を減らすためにも英国との同盟を提唱したのが、伊藤博文や山県有朋らから注目されていた。明治二九年に望月は山県に随行し、露国皇帝ニコライ二世戴冠式に参列、また翌三〇年には伊藤に従いヴィクトリア英国女王即位六〇年式典にも参列した。この年暮から松本君平創刊の『大日本』の共同経営者になったものの、長続きせずに終わった。その後大蔵省や農商務省から委嘱された財政・経済実態調査に何度か欧米に赴いている。

「光栄ある孤立」を標榜していた英国も極東の植民地を守るため、日本との提携を考えざるを得なくなった。明治三五年一月には望月の持論である日英同盟が締結された。これは政治を志す望月にとって都合がよかった。この年八月施行の第七回総選挙に望月は山梨郡部選挙区から政友会で立候補し当選した。

陰の外相

望月の初当選四ヵ月後の明治三五年一二月召集の第一七通常議会で、地租増徴の地租条例改正案を巡って多数党の政友会と与党憲政本党とが反対したため、桂（太郎）内閣は衆議院の解散をもってこれに応えた。第八回総選挙の結果は前回同様野党政友会が多数を占めたため、首相桂は政友会総裁伊藤博文と話し合い、地租増徴を放棄する代わりに政友会も与党に加わるという妥協が成立した。これに対し望月を含む若手議員が強く反発、脱党し院内交渉団体である同市研究会を結成した。以後望月は無名倶楽部・立憲同志会を経て憲政会に移り、政友会へは戻らなかった。

日露戦争後、わが国の外交方針や世論が英米両国にとって危険に感じられるようになった。そこには戦勝国民の驕りもあったが、英米両国民の黄色人種に対する偏見やわが国の広報活動の不足による誤解も少なくなかった。

望月はわが国が国際社会で認められるにはわが国の実情を認識し、理解を深めてもらう必要があると考え、英文通信社を創立し社長となった。同社は『日刊英文通信』と英文『日本財政経済月報』とを発行した。これにより欧米の諸新聞に正確な日本の事情紹介に努めた。このように望月は新聞発行に力を入れ過ぎたせいか、明治四一年の第一〇回、同四五年の第一一回の二回の総選挙で落選の憂き目にあった。

しかし大正四年三月施行の第一二回総選挙で復活を遂げた望月は、以後連続四回、通算七回当選している。特に世界情勢に精通し外交問題に一家言を持っていたので、外交方針や条約の審議のための委員会が設置されたときには必ずといってよいほど当該委員会の委員に選ばれている。こんなことから「陰の外相」と呼ばれた。

果敢ない夢

尾崎行雄提出の「軍備制限案」は大正一〇年二月一〇日の衆議院本会議に上程されたが、尾崎の趣旨説明に対して望月は、「八・八艦隊（戦艦八隻、巡洋戦艦八隻からなる艦隊）の建造達成は国是である。国際聯盟の軍備制限についての趣旨は判るが、やがて米国は八・八艦隊を二つ持つ両洋（太平洋・大西洋）艦隊に対し、わが国の現状は八・四艦隊（戦艦四隻、旧式戦艦四隻、巡洋戦艦四隻）であるから、現状をもとに軍備制限をすれば不利は歴然としている。日英同盟第四条は日米が衝突した場合、英国は中立の立場をとるので、たとえ仏・伊両国を味方としても米国と対抗出来ない。軍備制限国防上安全を期しがたい」と反対派を代表して質疑をしている（朝日新聞　大12・2・12）。

尾崎の「軍備制限決議案」は賛成三八・反対二八五で否決されたが、米国の「海軍軍備縮小会議」の提案に原（敬）内閣が応じ、同年一一月ワシントンで開かれた軍縮会議にわが国は海相加藤友三郎・貴族院議長徳川家達を全権として参加し、翌年成功裡に閉会している。

望月には「外報時評」ばかりでなく『独逸之現勢』(大二)、『軍備制限と日米関係』(大一一)、『華府会議の真相』(同)などの著作もある。

本人としては外相以外のポストにつくつもりはなかったらしいが、憲政会総裁加藤高明は駐英大使の経験があったせいか、組閣に当たって外相に外交官出身の幣原喜重郎《しではらきじゅうろう》を当てたし、次の若槻(礼次郎)内閣では幣原を留任させたので望月の出番はなかった。

このため議員生活一八年に及んだにもかかわらず、憲政会総務(大一二〜一三、大一四〜一五)、同党院内総務(党代表 大一五〜昭二)を務めたにとどまった。

憲政会(民政党)の政権はそう長くなかった。蔵相片岡直の失言から銀行取り付け騒ぎを起こした責任を取り、若槻内閣は総辞職し政権は政友会の田中義一に移った。これで望月の「夢」は消え、落胆と故郷で行われた同志の補欠選挙の過労のため昭和二年五月一九日に死去した。六十二歳であった。

尾崎は望月をどう見ていたかというと、望月の訃報を受けた尾崎は「国会開設前から望月君と知り合っており、四十年間兄弟以上に交際して来た僕にとって唯一の友人であった。従って君と僕の間にいろいろ密接不離な関係があった……自分が先年軍備制限問題で意見を異とし一時君と反対の立場にあったが、それは公の問題で私的には何等変わる所はなかった。今、四十年来の唯一無二の親友を失って実に淋しい」という内容の感慨を述べていた(東京朝日新聞 昭2・5・20夕刊)。

伊沢　多喜男——凄腕の内務官僚

地方行政官のボス

伊沢多喜男は明治二（一八六九）年一一月二四日、信濃国高遠藩（郡）高遠（町）で士族伊沢勝三郎の四男として生まれた。兄に『小学唱歌』の編纂者として有名な伊沢修二がいる。伊沢は明治一八年、兄修二のもとに身を寄せ慶應義塾の普通科に通いはじめた。当時義塾には森村開作、田中萃一郎、高野岩三郎、立作太郎らが学んでいた。

英語などを修めた伊沢は明治二〇年普通科を卒業、京都の第三高等学校を経て東京帝国大学を卒業している。

伊沢は同二九年の高等（文官）試験・行政科に合格し内務省に入った。山梨県参事官を振り出しに各県部長職を経て、明治四〇年一月、数え三九歳で和歌山県知事となった。てきぱきと当面の事務を処理したのはいいとしても、県会（現在の県議会）は無論のこと懸案ですら県参事会にも相談しない独裁型の知事なので評判がすこぶる悪かった。

そのため伊沢の将来を案じた内相平田東一郎のはからいで愛媛県知事へ転出した。ここでは時の政府の意向を受けて県会議員選挙で立候補した政友会候補者を弾圧し、国民党を多数派にのし上げ、そこで県会を巧みに操って新規各種事業を推進した。

この功績で伊沢は大正元年一二月、新潟県知事に栄転したが、三ヵ月後の同二年三月には政友会の支持で山本（権兵衛）内閣が成立したため休職を命ぜられた。しかし山本内閣がシーメンス事件（海軍汚職事件）で総辞職し、代わりに大隈（重信）内閣が出来ると警視総監に抜擢された。第一二回総選挙では内相大浦兼武のもとでおおがかりな選挙干渉を行ったため不評を買い、辞職を余儀なくされている。大正五年、大隈内閣が総辞職の際貴族院議員に勅選された。

伊沢はしばらく表立ったポストについていなかったが、憲政党の加藤（高明）内閣が成立した大正一三年九月、台湾総督に親任された。民政長官には新進官僚の後藤文夫を起用した。

伊沢のもと台湾の治績は上がっていたが、酷暑のため健康を害し、大正一五年には治療のため帰京している。

帰京の少し前若槻（礼次郎）内閣が成立し、内相に浜口雄幸がなっていた。浜口は伊沢に無断で東京市長に任命した。当時市長は市会が推薦する三人の候補者の中から内相が任命する慣わしであった。親友の頼みなので健康を顧みず市長を引受けた伊沢は市会に巣くう市会議員の利権摘発・浄化の端緒をつけ二ヵ月で辞職した。

昭和四年、浜口内閣が誕生するとき貴族院工作を担当したが、入閣を勧められても断った。昭和一五年一二月六日に死去した元文相田中隆三の後を受け同月二六日、伊沢は枢密顧問官となった。この年の四月には塾員竹越与三郎が顧問官になっている。かつての若手内務官僚のホープも既に数え七十歳を越していたが、勉強を欠かさなかった。太平洋戦争の開戦に当たって伊沢は内務省の資料を基に消極的な態度をとっていたようだ。昭和二一年四月一七日、新憲法の草案が枢密院で採決されたのを機に顧問官を辞職した。

昭和二二年枢密院の廃止に伴い顧問官を辞し、同二四年八月一三日数え八十一歳で死去した。伊沢が義塾で学んでいた期間は二年に過ぎなかったが、福澤諭吉の影響を大きく受けたようだ。官僚の無謬性や政策の継続性を信じなかった。伊沢の内務省時代、内閣が代わると次官・局長は勿論、知事や部長も更迭された。復活したとき前任者の仕事を凌駕する施策を実現しなければ生き残れない。伊沢が若くして警視総監になるためには福澤のような柔軟なものの考え方が必要であった。

伊沢は長男紀《ただす》（作家　飯沢匡）に折りにふれ福澤の人となり、考えを教えており、義塾で学んだことのない紀が福澤を活き活きと描いた作品もある。

森本　泉——高文合格初の知事

地方官一筋

森本泉は明治六（一八七三）年四月、現在の高知市で生まれた。慶應義塾には明治二七年一月に入社している。保証人は渡辺国武とあるが、当時蔵相の渡辺はかつて高知県令だったこともあるので、おそらく同一人物であろう。

森本より義塾へ一足先に入った、田中一貞、青木徹二、小山完吾らが学んでおり、あとから松永安左ヱ門が再び入って来た。

森本は明治三〇年理財科を卒業し文官高等試験に挑戦した。この文官高等試験というのは高等教育機関が整備されたのを機会に、陸海軍省を除く各省の幹部になる人材を試験によって採用しようとするもので、明治二七年からはじまった。行政科の第一回の合格者は六人で、全員私学出身者であったが、二回目以降の合格者のほとんどが東京帝国大学出身者で占められるようになった。その理由は秘密のベールに閉ざされたままである。義塾出身者では奥田竹松が同三一年に合格したのがはじめてである。奥田は翌三二年には外交科試験にも合格したので農商務省から外務省に転じ、大正三年在ハンブルク総領事を最後に退官している。

二番目は山村弁之助で明治三三年行政科合格、大蔵省に入ったが、内務省に転じ、明治四五年宮城県学務課長で退官した。

三番目が森本で明治三四年の行政科合格、渡辺国武の推薦があったのか大蔵省理財局に入ったが、森本も山村同様途中で内務省に移っている。

森本のあと昭和のはじめまで高等試験行政科合格者が出ていないが、この間大正のはじめ福澤諭吉の女婿の福澤桃介や前義塾副社頭門野幾之進らが内相原敬を訪ね、義塾出身者の官吏登用方を要請したところ原は「私学出身者のために(高等文官採用の)試験制度を作ったのに慶應義塾出身だけは受けようとしない」と反論し、くいあわなかった。

ところで森本はこつこつと地方官として勤務していたが、大正一〇年七月、富山県内務部長から山形県知事に任命された。

ときの内閣は政友会の原内閣であったが、原が同年一一月四日東京駅頭で暗殺され、同党の高橋是清が後継首相となった。同内閣は翌年六月総辞職し、政友会の支持で海相加藤友三郎(海軍大将)が組閣した。この間内相は床次竹二郎から水野錬太郎とかわったものの森本は動かなかった。おそらく森本が政治的な動きをしなかったためであろう。

ところが戦局の改定を巡って紛糾、知事の裁定が政友会に不利であったとして休職を命ぜられ、大正一一年一〇月退官した。

東京へ戻って悠々自適の生活を送っていたところ、横浜市長渡辺勝三郎の懇請により大正一三年七月、同市助役に就任し、関東大震災によって壊滅的な打撃を受けた同市の復興に尽力した。森本は渡辺の後任市長有吉忠一のもとでも市の再建に献身し、復興が軌道に乗った昭和二年三月に退職した。

義塾の大学部を卒業し、文官高等試験に合格した数少ない塾員の中でただ一人知事となった森本は、地味ながら通算二四年間地方の振興・発展に寄与したのであった。

退官後神奈川県藤沢市に隠棲し、昭和三一年二月二八日に満八十二歳で死去した。

野村　龍太郎──生涯を鉄道に捧げる

塾出身初の工博

野村龍太郎は安政六（一八五九）年一月二五日、美濃国大垣（現、岐阜県大垣市）大垣藩士野村煥（藤陰）の長男として生まれた。明治五年九月、十四歳のとき慶應義塾に入社した。野村より一足先に波多野承五郎、岩田茂穂、横田国臣、前田利鬯《としか》、安川敬一郎、牧野貞寧らがいた。後から田中館愛橘、三宅米吉、大河内輝剛らが入って来た。

野村は義塾で英語や数学など基礎的な科目を学んだのち東京大学に入り、明治一四年同理科大学（のちの東京帝大工学部）土木工学科を卒業した。はじめ東京府の御用掛として土木課に勤務していたが、同一九年には内閣直属の鉄道庁に入り、鉄道建設業務に携わった。その後鉄道技師の身分は変わらなかったが、鉄道の所管官庁は内務省・逓信省と変わった。明治二二年博士会の推薦で工学博士となっている。義塾出身で工学博士になったのは野村がはじめてである。

日露戦争後陸軍の要請で山陽鉄道や日本鉄道（上野～青森）などの主立った私鉄が相次いで国有化され、明治四〇年に鉄道庁の所管が再び内閣直属となった。ほぼ同時に野村は鉄道庁建設部長となり、同庁の鉄道院昇格後も建設部長を務めた。次に技術官吏として最高の称号である技監を与えられている。

さらに大正二年五月には鉄道院副総裁兼運輸局長となった。政友会が支持する山本（権兵衛）内閣は前首相桂太郎の下で働き信頼の厚かった後藤新平系の鉄道官吏の一掃に乗り出した。純技術畑でのし上がった野村にとって政治とは無縁であったため、このポストが転がりこんだといってもよかろう。

沃野を翔ける

これまで無色だった野村も副総裁ともなればやはりときの政権に左右されがちである。真面目さも買われてその年の一二月に後藤系の満鉄（南満州鉄道株式会社）総裁中村是公の後任総裁に選ばれた。

日露戦争でロシアに勝ったわが国は、ロシアが保有していた満州（中国東北地方）の東清鉄道の南半分（長春～大連間およびその支線）をはじめとし、沿線地域に付属する炭鉱などの権利を得た。政府は明治三九年の勅令第一四二号により半官半民の国策会社「南満州鉄道株式会社」を設立し、満州の支配を図った。これはイギリスがアジア地域の植民地の支配を東インド会社にしたのと同じ発想であった。

野村としては施設・設備・車両の整備による輸送力の増強ばかりでなく、沿線地域の振興に尽くした。ところがほどなく山本内閣に代わった第二次大隈（重信）内閣は就任七ヵ月の野村を更迭した。

大隈内閣は聯合国の一員として中国にあるドイツ領の青島を占領したあと、山東省の割譲を含む対支（中国）二十一ヵ条の条約締結を求めるなど中国大陸侵出を狙っていた時であったので、技術畑の野村では積極的な行動を取れないと判断したのか、日露戦争の間勧業製鉄所長を勤めた陸軍中将中村雄次郎を起用したのだった。

中村は満鉄総裁に三年余り在職ののち、寺内（正毅）内閣のとき現役に復帰し、関東都督に親任された。関東都督府は満鉄との円滑化を図るため、中村は寺内に働きかけ形式的には内閣直属のまま実質は関東都督の支配下に置くこととした。これにより満鉄のトップは総裁から理事長に格下げとなった。

しかしそれも二年とは続かなかった。次の原（敬）内閣のとき関東都督を関東庁に改められ、現役の陸軍大・中将の関東都督に代わって文官の関東庁長官が親任されることになった。同時に満鉄も理事長から社長となり、野村が社長として満鉄のトップに帰り咲いた。

野村は鉄道官僚の中西清一を副社長に起用し、満鉄とその沿線地域の振興に努力を払ったのだった。

野村は満鉄社長を一期で辞めている。理由は詳らかではないが、仕事の多くを政治的折衝に費やされ、野村が理想としていた満鉄沿線の豊かさをなおざりにされていたことに不満だった。

中西は事務系であったため政治的野心が強く、役員を除く人事を一手に握り好き勝手なことをしていたが、政友会をバックにしていたので誰も文句のつけようがなかったし、森恪から塔蓮炭鉱を不当に高い価格で買収するなど、のちになって問題になることをやっている。そんなことを野村は不快に感じていたに違いなかった。

後任満鉄社長は中西の昇格ではなく三井銀行筆頭常務理事早川千吉郎を当てているし、一年後早川の死去に伴い内務次官川村竹治、ついで第二次山県（有朋）内閣書記官長を務めた安広伴一郎を起用するなどますます沿線地域の植民地化が進んだ。

野村は社長を辞職し帰国すると政治から離れたものの鉄道とは縁が切れず、東京地下鉄道や南武鉄道など私鉄の社長を勤めている。

鉄道に生涯を捧げた野村は昭和一八年九月一八日、八十五歳で静かにあの世に旅立った。

黒田　長成――貴族院副議長三一年

纏め役

黒田長成《ながしげ》は慶応三（一八六七）年五月五日、筑前国（現、福岡県）福岡藩藩主黒田長知の長男として生まれた。黒田家は黒田長政の後裔で福岡県北半分の領主で禄高は五一万石であった。明治一一年、数え十二歳のとき家督を相続するとともに慶應義塾幼稚舎に入舎した。当時幼稚舎には永田泰二郎、松平信次郎、長与称吉らが学んでおり、その年に門野重九郎、松平釗造らが入って来た。年長組では山本達雄、菅了法、伊藤欽亮、木暮武太夫らがいた。黒田は幼稚舎で熱心に英語を学ぶとともに基礎的教科を身につけた。

明治一七年七月、華族令が制定され、公卿、旧藩主、維新の功績者に爵位が授与されたが、黒田家は「大」大名だったので侯爵が授けられている。その直後黒田は英国へ赴き、ケンブリッジ大学に留学した。同二一年、帰国した黒田は宮内省に入り式部官となったが、一年後職を辞した。

明治二五年四月に成年（満二十五歳）になると同時（新暦換算）に黒田は貴族院議員に勅選された。貴族院議員のうち皇族・公爵・侯爵は成年に達すれば議員になれた。しかも黒田の場合、二年後の同二七（一八九四）年一〇月、副議長の西園寺公望が第二次伊藤（博文）内閣の文相に就任した後任に選ばれている。二十七歳の若さだった。近代国家の構築は若い世代の手でという政府の方針に基づくものであろう。

なぜ黒田が副議長に抜擢されたか詳らかでないが、丁度国を挙げて日清戦争に没頭しているさなかであり、適任であれば年齢に関係なく誰がどんなポストについてもおかしくなかった。黒田の場合、坐りのいい「大名華族」であるばかりでなく、長く英国に留学し議会制度にも明るいことが副議長に選ばれた理由だろう。これにより議長を扶け、議事の円滑な運営を図りたいというのが政府の考えと見られている。

黒田が副議長就任時の貴族院議長は蜂須賀茂韶《はちすかもちあき》侯爵で四十七歳、黒田と同じ「大名華族」であった。

黒田は五回連続して貴族院副議長に選ばれ、大正一三（一九二四）年一月一六日に辞任するまで実に足かけ三一年の長い間その職にあり、副議長として「最長不倒」記録を作った。この間議長は蜂須賀から近衛篤麿《あつまろ》を経て徳川家達《いえさと》の三代にわたっているが、徳川の議長歴も明治三六（一九〇三）年から昭和八（一九三三）年までの足かけ同じく三一年に及び議長の「最長不倒」を記録した。外交や戦争など種々な問題が山積していたが、貴族院は衆議院の行き過ぎをチェックする「第二院」

であったので比較的平穏であったといえよう。

副議長は議長不在のときに限って議長席に着く。ところが黒田は一議会を通じて議長席に着いていた。大正一〇年一〇月から同一一年三月までの五ヵ月間、ワシントンで開かれた海軍軍縮会議に徳川議長と海相加藤友三郎海軍大将の二人がわが国の全権に選ばれた。長期出張による議長の不在のため黒田が議長職を勤めた。帝国議会は天皇の立法権に対する協賛機関に過ぎないが、それにしても余りにも長い不在であった。

大正一〇年一二月召集の第四五通常議会の会期九〇日間、まるまる議長席に着いていたのは憲政史上希なことだが、黒田がしっかり「留守」を護ったので徳川はワシントンで十分任務を果たすことが出来たといえよう。

黒田が副議長を辞めたのは枢密顧問官に親任されたからだった。貴族院議員から枢密顧問官になる例は少なくないが、現職の副議長からの転任は珍しい。この任命は前年一二月二八日に枢密顧問官曽我祐準《すけのり》の辞職、摂政宮（昭和天皇）狙撃の「虎の門事件」で第二次山本（権兵衛）内閣が倒れ、後継内閣首班に枢密院議長清浦奎吾がなったための欠員補充であった。

黒田とともに枢密顧問官に親任されたのは元鉄道院総裁古市公威《ふるいちきみたけ》である。

顧問官としてまず直面したのは、不戦条約批准問題にはじまる国際関係懸案の処理であった。顧問官個々の発言がほとんど公表されていないので、黒田のとった態度がよく判らないが、貴族院時代に所属していた研究会が保守派であるところからみても、保守的な考え方をしめしたと見てもよかろう。

満州事変以降国際的に孤立化を深めたわが国を静かに見つめながら日華事変二年目の昭和一四年八月一四日に死去した。数え七十三歳であった。

第Ⅳ部　爛熟期

（昭和戦前篇）

大正の末期から昭和初期にかけ、政友会と民政党の間で政権交代が円滑に行われる一方、軍部の不穏な動きも見え隠れした。

奉天（現、瀋陽）を本拠とする東北地方軍閥の首領張作霖は中央進出を企てたが失敗し、山海関から奉天へ向かったものの奉天郊外の京奉線と満鉄とがクロスする所で乗っていた列車が爆破され、張は死去した。（昭和三年六月四日）。

この事件に関東軍が関与していたことが発覚し田中内閣は総辞職した。ほどなく田中は死去したため後任政友会総裁に鳩山一郎や森恪ら若手が犬養毅を選んだ。

次の民政党浜口雄幸内閣はロンドン海軍軍縮条約批准にこぎつけたものの狙撃された。代わった第二次若槻内閣の時代の昭和六年九月一八日、奉天郊外柳条湖付近で満鉄線路爆破事件が起こった（満州事変）。関東軍は中央の意向を無視して兵を進め、事変は拡大するばかりで欧米列強から中国侵略の疑いの目で見られた。

動きのとれなくなった第二次若槻内閣は総辞職に追い込まれ、後継内閣首班として犬養毅に大命が降下した。重臣の中には鳩山一郎や森恪ら軍部に近い代議士が犬養の回りにいるのを心配したが、元老西園寺公望公爵は政権交代は憲政の常道であるとしてゆずらなかった。

昭和七年二月の第一八回総選挙で与党政友会は大勝利を収めた。犬養首相・森内閣書記官長・久原政友会幹事長が同窓であるにもかかわらず三人の間の考え方に違いがあり軋みが表面化した。犬養首相の暗殺で強い指導者を失った政友会は結束がなくなり、軍部・官僚の政治介入を許すようになった。そればかりか大正末期から総選挙の度に政権交代が円滑に行われていたが、この総選挙の後、終戦まで行われなくなった。政党政治の破綻は日本破滅の一歩だった。

犬養　毅――義塾出身初の首相

従軍記者で学資

木堂・犬養毅は安政二（一八五五）年四月二〇日、備中国賀陽郡真金村（現、岡山県倉敷市）で庭瀬藩士犬養源左衛門の二男として生まれた。はじめ漢学を修めたが、英語を学びたいので学資を得る目的で十八歳のとき小田県地券局の雇《やとい》となった。ここに二年いたのち上京し、かつて小田県庁に勤めていたことのある山口正邦の従兄藤田茂吉（当時林姓）のもとに身を寄せ慶應義塾に通いはじめた。ところがすぐに学資が底を尽き、郵便報知新聞社で働きながら義塾で学ぶこととなった。明治九年三月、数え二十二歳であった。

当時義塾には桐原捨三、加藤政之助、妻木《つまき》頼黄《よりなか》、安広伴一郎、小室信介、山本達雄らが学んでいた。

犬養が義塾に入社した翌年、西南戦争が起こり、在京各新聞社は従軍記者を九州に派遣した。東京日日新聞社は社長の福地桜痴、郵便報知新聞社は矢野龍渓、朝野新聞社は成島柳北ら「大物」揃いであったが、いずれも後方での取材であったので臨場感に乏しかった。そればかりか官憲の検閲も厳しかったため、読者を満足させる紙面作りが出来なかった。そこで藤田は犬養を従軍記者に起用し、迫力ある通信を送り紙面を飾った。

戦い済んで意気揚々と帰京し、福澤諭吉に挨拶に行くと福澤から「命知らずの大馬鹿者」と一喝された。福澤としては塾生犬養の戦地入りを心配し、この叱責となったのだろうが、若い犬養には福澤の親心を理解しきれなかったかも知れない。

官界から政界へ

犬養はその後『郵便報知』へ定期的に論説を送り、その稿料を学資に当てていたが、書く回数の縺《もつ》れから同紙と縁切りとなった。そうなるとたちまち学資に困り、一時期は翻訳などでなんとか過ごして来たものの、結局学業を放擲《ほうてき》せざるを得なくなった。明治一三年に義塾を退学した犬養は『東海経済新報』を創刊し、主幹となった。犬養が義塾を去る少し前福澤を中心に創立された交詢社に加わり、機関紙『交詢雑誌』の編集にも携わったが、翌一四年七月突然官途に就いた。これは参議大隈重信が福澤に義塾出身の若い有為な人物の推薦を求めて来たのに応じた一人である。犬養は統計院の権少書記官に任命された。直情径行な犬養は歯に衣を着せず発言したので上司から目の敵にされた。

当時自由民権運動が徐々に拡がりを見せていた。とくに北海道官有物払い下げ反対・国会早期開設・憲法制定促進には大隈も乗り気であった。さらに憲法について参議の意見奏上でも大隈は民主的な「交詢社私擬憲法案」を骨子とした意見を奏上したため伊藤博文・井上馨と衝突、大隈の参議罷免と引き換えに北海道官有物払い下げ中止・九年後に国会開設・憲法制定促進を決めた。いわゆる「明治十四年の政変」である。のち大隈系と見られる義塾出身の官吏、統計院幹事兼太政官大書記官矢野文雄・外務大書記官中上川彦次郎が相次いで罷免された。犬養も罷免された一人である。

犬養の在任期間はわずか三ヵ月に過ぎなかったが、これを機に政治家になる決意を固めた。犬養は同一五年四月、大隈重信の結成した立憲改進党に入党した。同党は河野敏鎌の嚶鳴社、小野梓の鷗渡会、矢野文雄の東洋議政会からなっていた。東洋議政会は英国流議会政治を目指す組織であり、犬養はこれまでの経緯もあって、東洋議政会に所属することにした。政府は年々高まる自由民権運動に神経を尖らせ、改進党の嚶鳴社、東洋議政会に解散命令が出された。犬養は一時大隈とともに改進党を脱党したが、復党し第一回総選挙に臨んだ。

大隈内閣の文相

明治二三年七月一日施行の第一回総選挙に岡山三区から改進党で立候補し当選した。以後昭和七年五月暗殺されるまでの間、連続一九回当選、満四二年近く衆議院議員を勤めた。犬養は終始大隈の傍らにあったが、妥協を好まなかったので党内では重い役職についていない。日清戦争後改進党を中心に立憲改革党・中国進歩党・大手倶楽部が合同し進歩党を結成した。

さらに薩長藩閥政治に反発し、世論を背景とした進歩党はこれまでの行きがかりを捨て、明治三一年一月、自由党と合同し憲政会を結成した。驚いた政府（第三次伊藤博文内閣）は解散したものの、憲政党は同年三月施行の第五回総選挙に圧勝し、わが国初の政党内閣、板隈（大隈・板垣）内閣が誕生した。

この内閣の文相に尾崎行雄が入閣していたが、舌禍事件で辞職したため犬養が後任文相となった。ところが尾崎も犬養も旧進歩党員であったことから旧自由党員が反発、旧自由党系の新・憲政党と旧進歩党系の憲政本党とに分裂し、大隈内閣は四ヵ月で総辞職を余儀なくされた。犬養の大臣在任期間は一一日、実質五日であった。

犬養は暫く逼塞《ひっそく》していたが、第二次西園寺公望内閣総辞職に伴う政変で久しぶりに健在な所を見せた。後継首班として内大臣桂太郎に大命が降下し、第三次桂内閣が成立した。政治家の尾崎行雄・犬養毅、実業家門野幾之進・朝吹英二らが交詢社の暖炉の前で「桂内閣は宮中府中の秩序を紊し憲法精神に悖《もと》る」として憲法擁護運動を展開した。議会でも尾崎・犬養らが舌鋒鋭く政府を弾劾したため、桂内閣は組閣後わずか三ヵ月で総辞職せざるを得なかった。

〔注〕「護憲運動」については尾崎行雄の項参照のこと。

アジアの友との絆

犬養は福澤諭吉の「脱亜論」に影響されたのか、若いときから清国・朝鮮の改革を求めて止まなかった。朝鮮開明派の金玉均の亡命に関与したり、明治四四年の辛亥革命が起こると病気中にもかかわらず清国に渡り、頭山満《とうやまみつる》とともに孫文・黄興ら革命派を助けた。孫文は一二年後第二次山本(権兵衛)内閣の逓信相になった犬養に対し、「日本政府はこれまでの中国政策を改め、援助の手を差し延べるべきである。革命が成功すればベトナム、ビルマ、インドなどの民族も中国に続いて列強の鎖から放たれ独立するのは自明の理である。ゆえに中国革命は欧州帝国主義に死刑を宣告する第一声となるはずだ」といった内容の書簡を送っていた(朝日新聞 昭61・11・9朝刊)。

さらに孫文は革命軍を維持するための資金不足に悩み、その考え方を当時衆議院議員で、かつて三井物産で中国に勤務していた森恪に、満州を担保に借款をしたい、との意向を政府に伝えて欲しいと訴えている(毎日新聞 平7・5・22朝刊)。

この書簡を受け取った犬養がどう考えたか、森から政友会幹事長山本条太郎(森の物産当時の上司)や犬養に通じていたかも詳らかではない。ただのちに犬養が首相になったとき、書記官長森と対華政策についてかなりの意見の違いがみられた。

犬養が首相になるまでの道程は決して平坦なものではなかった。既成政党の無為無策にあきたらない犬養は国民党を結成したが、大正一三年の政友会分裂を機に国民党を解散、同志を糾合し革新倶楽部を結成したものの、小党の哀というか、政権とは縁遠かった。ところが加藤友三郎首相の死去に伴い、山本権兵衛が後継首相として組閣のさなか関東大地震が起きたため、各党党首を網羅した「挙国一致」内閣を成立させた。犬養も逓信相兼文相（兼任は大一二・九・二〜一二・九・六）に選ばれている。復旧に努力している折り、摂政宮狙撃の「虎の門事件」が起き内閣はわずか四ヵ月で退陣、またもや短命大臣におわった。

事件後枢密院議長清浦（奎吾）内閣は政党員入閣を認めなかった「超然」内閣であったことから、政友会総裁高橋是清・憲政会総裁加藤高明・革新倶楽部総裁犬養毅の三党首が集まり、政府糾弾の狼煙を挙げた。第二次護憲運動である。同年五月施行の第一五回総選挙で護憲三派が大勝し、清浦内閣は総辞職した。

この総選挙で第一党となった憲政会は革新倶楽部の協力を得て、加藤高明内閣が成立した。犬養は再び逓信相として入閣した。政界は一寸先は闇と言われるほど先が見えない。翌大正一四年、政友会総裁の高橋が突然引退し、田中義一（陸軍大将）が後任総裁となった。これが切っ掛けで一部を残し多くの党員が政友会へ移った。

犬養は当然の成り行きとして政友会に入ったが、政党間の信義に悖るとして悪評嘖々、強気の犬養も世論には勝てず、大臣も議員も辞めざるを得なかった。

やっと摑んだ栄光の座

一ヵ月後犬養は補欠選挙で当選を果たしたものの、しばらくの間犬養にとって冬の時代が続いた。

憲政会が民政党に変わり、加藤高明から若槻礼次郎となったが、政友会に政権は中々回って来なかった。ただ不景気が政友会にとって味方し、第一六回総選挙で政友会が勝利を収め、田中が首相となった。

政友会は関係閣僚らによる東方会議を開き、対華強行路線を突っ走った。会議の出席者の中に外務政務次官森恪（前出）や内閣書記官長鳩山一郎・奉天総領事吉田茂（戦後の首相）らがいた。当時「満州王」と言われた張作霖は中央進出を企んだが失敗し、京奉線の特別列車で奉天到着寸前、南満州鉄道とクロスする所で爆発が起こり張は爆死した。所謂「満州某重大事件」である。関東軍が惹き起こした事件にもかかわらず、昭和天皇のお耳に入ったのは翌三年六月であった。天皇から叱責された田中首相は内閣総辞職し、ほどなく死去した。

次は民政党の浜口雄幸内閣で緊縮財政・全方位外交路線を採った。政友会は積極財政・アジア重視路線を採ることとし、鳩山一郎・森恪ら若手の推す犬養を後継総裁に選んだ。

長く野党党首だった犬養にとって首相になる最後の機会であったが、昭和五年二月の第一七回総選挙では惨敗、森は幹事長を辞めざるを得なかった。後継幹事長に久原房之助が就任した。

犬養は浜口内閣の対外柔軟路線を「軟弱外交」と批判した。とくにロンドン海軍軍縮条約批准については「国防を危殆に瀕させるもの」と猛反対した。浜口は「国防の責任は政府が負う」と突っぱね、白熱した論議が展開された。

浜口はロンドン条約批准に反対の右翼によって暗殺され、次の第二次若槻礼次郎内閣（民政党）

の昭和六年九月一八日、奉天郊外柳条湖で満鉄爆破事件が起こった。関東軍は満鉄や居留民保護の名目で拠点を制圧した。若槻内閣の不拡大方針は関東軍によって無視されたばかりでなく、満州の独立・旧清朝廃帝溥儀の復辟《ふくへき》を画策した。窮地に立たされた若槻内閣は総辞職をせざるを得なくなった。多くの人々は難局を乗り切るためには挙国一致内閣が必要と考えていたようだが、結局政友会の単独内閣ということとなり、同年一二月一一日、犬養に後継内閣首班の大命が降下した。

重臣たちの不安

犬養が首班に決まるのには重臣の間でかなり難渋した。元老西園寺公望は若槻内閣が閣内不統一に基づく総辞職である以上、憲政の常道にしたがって現在野党の政友会に政権を渡すべきだ、と言う持論であった。しかし内大臣牧野伸顕は時局から政友・民政両党の協力内閣が望ましいとし、宮内大臣一木喜徳郎《いちききとくろう》も牧野を支持する考え方であった。結局、後継首班は中国通の犬養しかいないということで一致したので、西園寺は天皇に「この際犬養を以て後継内閣首班者にすることが適当と存じます」とお答えした。このあと西園寺は秘書の原田熊雄（男爵　貴族院議員）に次のように話している。

…陛下もなかなかよくお判りになつていらつしやつて、御軫念《ごしんねん》の点も重々御尤もだと思ふ。それは「この際後継内閣の首班になる者に対しては、特に懇ろに西園寺から注意してもらひたい。即ち今日のやうな軍部の不統制、並に横暴——要するに軍部が国政、外交に立入つてかくの如きまでに押しを通すといふことは国家のために頗る憂慮すべき事態である。自分は頗る深憂に堪へない。この自分の心配を心して、お前から充分犬養に含ましておいてくれ。その上で自分は犬養を呼ばう」といふ陛下の御言葉であつた。

（原田熊雄『西園寺公と政局』第二巻　一六〇頁）

昭和天皇は西園寺を信頼されておられたし、西園寺は、犬養がこの難局を乗り切る手腕の持ち主と信じていたのであえて強く犬養を推薦したのだった。

大命を拝受した犬養は内閣の要となる書記官長に森恪を任命した。森は鳩山一郎らとともに犬養を総裁に担ぎだした経緯もあったので書記官長に抜擢した。天皇が心配されていた陸相に皇道派の荒木貞夫、海相に反条約派の大角岑生《おおすみみねお》を起用するなど、どちらかと言えば天皇の思し召しに沿わない顔ぶれであった。逆に軍部は「親軍的」と見て政府と軍部との間に所謂「蜜月時代」がはじまった。

ところで幹事長は任期が三ヵ月残っていた久原房之助にそのまま続けてもらうこととし、内閣・党の要に義塾出身者がそろっていたのははじめてであった。犬養は首相に就任すると金の輸出を再禁止した。二年前の浜口内閣時代に採った金の輸出解禁（金本位制の復活）を、英国が金本位制を停止したこともあって再び輸出禁止に踏み切り民政党との違いを示した。

陸軍の抵抗

犬養内閣に対する試練は組閣一ヵ月経たぬうちにやって来た。昭和七年一月八日、陸軍観兵式に臨まれた天皇の鹵簿《ろぼ》（馬車列）が桜田門に差し掛かったとき、朝鮮独立運動派の李奉昌が爆弾を投げつけたが、天皇は無事であった。恐懼《きょうく》した犬養は全閣僚の辞表を取りまとめ天皇に提出したが、翌九日天皇の優諚《ゆうじょう》によって留任した。

内外の情勢が騒然としているため、犬養は院内の勢力分野逆転・政権の安定を図る目的で、一月二七日、第六〇通常議会で施政方針演説の直後衆議院を解散した。

政友会は「非常時日本」「満蒙は帝国の生命線」を合言葉に国民の危機意識を煽った。しかし犬養は辛亥革命を支え、以後日華協力を推進してきたので満州を独立させ、実質的に領土化するのには反対であった。少なくとも日華合作構想を抱いていたし、中国行政院長孫科（孫文の長男）とも親交があった（藤井昇三「孫文の対日態度」『現代中国と世界』一〇九～一五一頁）。森は陸軍の中堅幹部と満州の独立・清国王朝復辟を支持していたようだ。久原は満州での権益保護・産業振興策を考えていたらしい。

少数与党の政友会は政局安定を目指し衆議院を解散した。

政友会は満州で日本の権益が侵されているとし、「日本の生命線満蒙を護れ」という単純な選挙スローガンで昭和七年二月施行の第一八回総選挙に臨んだ。結果は原敬内閣以来の政友会大勝利となった。

安定政権となった犬養内閣は持論のアジア政策を展開しようとした。まず手はじめにこの年一月に起こった上海事変の停戦を実現した。次に満州問題の解決を目指したが、陸軍がその前に立ちはだかっていた。

陸軍にとって満州国独立の名分は五族協和・王道楽土の建設・清朝廃帝の復辟であった。このため陸軍は満州事変がはじまると、ほどなく天津市内に軟禁されていた旧清国廃帝溥儀（宣統帝）を大連へ脱出させた。余りにも「事」が順調に進んだので、予め天津特務機関長土肥原賢二大佐（のち大将）が溥儀を大連に脱出させたあとで関東軍によって満州事変を起こしたのではないかという「説」が出たほどであった。

国際聯盟は日本の行動を民族自決の支援とは認めず侵略行為とみなしていたが、聯盟に中華民国から正式提訴もないので日華間で交渉がつづいている間は仲介に乗り出さないでいた。

事態を憂慮した牧野内府（内大臣）は原田熊雄に西園寺公望を訪ねる前に国際法学者の立作太郎に聞いて欲しいと要請した。

…「満洲の新独立国は全く九箇国条約に正面から違反であつて…ただ違反するばかりでなくベーティー博士の如きは日本が他国の領土を占領し軍隊の威圧の下に出来た独立国である点、単純に出来た独立国以上に、非常に悪いと言つてゐる。総理（犬養毅）もやはりこの新独立国の出来たことには、ひそかに心配してゐる」と言ふ。

（前掲書『西園寺公と政局』第二巻　二一二頁）

〔注〕　大正一〇年（一九二一年）、ワシントンで開かれた五大国軍備縮小会議のあと九ヵ国によって中国の領土

保全・権益保護の条約を締結した。

犬養も当然立の話を聞いており、自分の考え方と事態が違う方向に進んでいるのに苛立ち、このまま陸軍に満州独立を任せて置けないと決意し、政府と軍部の蜜月関係は終わりを告げた。

話せばわかる

内閣の要、森書記官長は田中義一内閣以来陸軍の中堅幹部と親しく中国の情報を交換していた。犬養の描いていた日華合作構想にしても陸軍が先回りして妨害し、満州独立・清朝復辟といった犬養の意図に反した事態になった。さらに早期集結を目指す孫の「孫科工作」を邪魔するため、上海事変を起こすなどわが国の力を誇示した。

国際聯盟は中華民国の提訴に基づき、英・仏・米・独・伊五ヵ国からなるリットン調査団を極東に派遣し、日華両国の言い分を聞くこととした。同調査団は二月二九日、東京に到着し二ヵ月にわたり満州各地・上海の視察、事情聴取をして帰国した。調査結果は日本にとって不利で、日本の侵略行為は明白であるとか、たとえ日本が満州を五族（満・漢・蒙・日・鮮）協和の国家を強調しているが、実際に五族とは満・漢・蒙・回（ウイグル）・蔵（チベット）であって日・鮮が入っていないうえ、日本は朝鮮を民族国家として独立を認めていないのはこのましくない、などが指摘された。主張が認められない日本は昭和八年に国際聯盟を脱退し、孤立化を深めた。

総選挙も無事終わり任期満了となった久原は幹事長を無名の新人山口義一に譲った。幹事長は長くやらない不文律があるとはいえ、原敬内閣以来の安定多数を得たのだから、幹事長に居残っても良かったのかも知れないが、久原は将来を見据えて党執行部を去ったらしい。

そこへ予期せぬ大事件が起きた。上海へ派遣した陸海軍の首脳が天長節（天皇誕生日・四月二九日）の式典のさなか爆弾を投げ込まれ、白川義則総司令官が死亡、周囲の陸海軍の将官・外交官が負傷した。日中関係は再び険悪化したが、犬養は満州事変の収拾を第一に考え上海での爆弾事件を大きな問題にしなかった。

事態を憂慮された天皇の思し召しと占領地の拡大を恐れた中国側の方向とが合致し同年五月五日に停戦協定が成立した。これに対し軍部や右翼は停戦に猛反発し犬養を「敵」と見なすようになったし、森書記官長は不快感を隠そうとしなかった。

昭和七年五月一五日の夕刻、突然二台の乗用車に分乗した海軍の中・少尉が首相官邸に乗りつけ、制止する警察官を射殺して押し入った。夕食を終え食堂で家族と団欒していた犬養を取り囲み、ピストルを突きつけた。犬養は士官たちが土足のままなので窘めるとともに日本間に移り、「話せば判ることじゃ」と言う犬養に対して士官の一人が「問答無用撃て！」と叫ぶと別の士官がピストルを発射し、犬養はその場に倒れた。今となっては、犬養が何を話そうとしたのかわからないが、中国東北地方のあり方について説こうとしたのではなかろうか。駆けつけた医師の介抱のかいもなく同夜遅く波瀾に富んだ七十八歳の生涯を閉じた。

同夜海軍士官・陸軍士官候補生・右翼ら三組の別動隊は警視庁・内大臣官邸・日本銀行・変電所・

新聞社などを襲撃したが、計画がずさんであり、ピストルと手榴弾の武装では効果はほとんどなかった。

五・一五事件によって犬養の「日華提携・合作構想」が潰え、不幸な日中関係がはじまるとともに戦前の政党政治の終焉でもあった。

森　恪――中国との絆

日本海海戦の陰の功労者

森恪は明治一六（一八八三）年二月二八日、大阪市江戸堀一ノ二九で弁護士森作太郎の長男として生まれた。生母の死去を機に父とともに上京し、同二五年四月に慶應義塾幼稚舎に入った。数え十歳のときであったので寄宿生活をはじめた。同級生には島定次郎、田村羊三、竹内勝蔵らがいたし、二級上には長与文郎、一級下に大倉喜七郎らがいた。

森は良く出来たらしい。当時幼稚舎には品行方正・学術優秀な舎生に賞状を与え、金巻・銀巻名誉録という帳面に記載する表彰制度があり、森は明治二六年第三期と翌二七年第一期の二回、いずれも銀巻名誉録に名前を記載されている。

森が慶應義塾に学んだ期間はそれほど長くない。商人になるためにすぐ役に立つ学問を、という考え方から幼稚舎を止め一たん大阪に戻ったが、東京商工学校が実際に役立つ授業をしているとの話を聞き同校に移った。

森のこの選択がはたして正しかったかどうか。小商人に甘んずるならまだしも、大商社の幹部として日本経済を動かすつもりだったら慶應義塾に残り、大局を見る目を養う勉強をした方がよかったと見る向きも少なくない。

森は東京商工学校を卒業すると三井物産の清国留学生として上海へ派遣された。ほどなく同社の社員に登用されると上海・長沙・漢口・天津・北京などの支店に勤務した。上海時代の支店長山本条太郎（のち満鉄総裁・政友会幹事長）に認められ重用された。

森が注目を浴びたのは上海支店員だった日露戦争の最中の出来事。ある夜勤の晩、本社からロシアのバルチック艦隊が仏領インドシナ（現ベトナム）・カムラン湾出港の情報を得た森は、深夜にもかかわらず上海の艀《はしけ》を取り仕切っているウィルコック商会主ウィルコック（英国人）を訪れ、無理やりに全ての艀の賃貸契約をしてしまった。翌朝ロシアの総領事が同商会を尋ねたときには手の打ちようがなかったという。このためバルチック艦隊が上海に入港しても石炭の積み込みが不可能となり同艦隊は残り燃料の関係から太平洋を迂回してウラジオストックへ行くことが難しくなり、対馬海峡を通過し日本海へ抜ける方法しかなくなった。これが聯合艦隊の大勝に結びついた。

満州で辣腕

森がさらに凄腕を発揮したのは明治四四年一〇月、孫文らの起こした辛亥革命（第一次中国革命）のときであった。政府はいち早く「満州の権益維持」を打ち出し、これが認められれば革命に対し不干渉を表明していたし、民間では一歩進んで革命軍に借款を供与する動きも出て来た。三井物産は中国臨時大総統孫文の要請に基づき、漢冶萍公司を通し一千万円の借款供与を申し入れた。その重要な交渉役に森を選んでいる。森は当時ニューヨーク支店勤務であったが、急遽呼び戻され、物産幹部の指示を受けたのち中国へ渡った。形式的には三井合名理事長益田孝、三井物産常務山本条太郎が中央で、同上海支店長藤瀬政次郎が現地で指揮を取ったが、実際には三井と密接な関係のある井上馨・山県有朋・桂太郎ら元老が後ろで糸を引いていた。

孫文と森との直接交渉のさなか、孫は一千万円の追加借款を申し入れ、その代償として日本へ満州（中国東北三省）の一部の租借を認めるという条件を示した。しかし袁世凱ら武闘派が次第に勢力を拡げだしたので、孫ら文治派を支援しても効果がないと判断し交渉を打ち切った（毎日新聞　平成7・5・22朝刊）。

森はこのとき三十歳、交渉は失敗したとはいうものの、国家の運命を左右する交渉に当たったことはのちの政治行動に大きな影響を与えている。

中日実業公司の創立に参画した森はそれを契機に三井物産から独立し、同公司の経営に乗り出し、対華投資や資源開発に当たった。このほか森は上海印刷・塔連炭鉱（旧満州）各社長を務め、強腕を振るっている。しかし孫文との交渉以後森の目は政治へそそがれていた。そこへ政友会の横田千之の薦めもあり、大正九年の第一四回総選挙に神奈川第七区から政友会で立候補し当選した。

事実上の外相

この総選挙で与党政友会は大勝利を収めたため、野党は政友会のアラ探しに躍起になっていた。そこへ持ち上がったのが〝満鉄疑獄〟であった。元満鉄庶務課長山田潤二が満鉄の内情を暴いた『赤心録』という小冊子を著し、大阪毎日新聞社に提供した。同書によると森恪が所有していた塔連炭鉱を二〇〇万円で満鉄に売却したが、同炭鉱の評価額は高く見積もっても一〇〇万円前後であり、満鉄副社長中西清一はそれを知りながら評価額の倍以上で買収したのは背任罪に当たるというものであった。この小冊子は野党憲政会によって倒閣運動に利用された。森の売却益の大半は政友会に流れ、選挙費用に使われたのではないかとの質疑が貴・衆両院で行われ、衆議院では内閣問責決議案を提出した。絶対多数を誇る政友会はこの決議案を否決したが首相原敬や新人代議士森恪の疑いは拭いきれなかった。

首相原敬の暗殺後の政友会は党内の統制がとれず群雄割拠の状態であったが、高橋是清派（政友会）と反高橋是清派（政友本党）とに分かれた。森は政友会に残ったが、内閣は憲政会の加藤高明、民政党の若槻礼次郎と続き、政友会にとって冬の時代であった。

昭和二年、政友会の田中義一内閣が成立すると、外務政務次官に当選二回の森が抜擢された。当時閣僚の数も少なく、従って政務次官のポストも限られていた。まして首相が外相を兼任していたので森は事実上の外相といって良かった。古参党員の中にはこの人事に強い不満を洩らすものもいた。森の起用は中国の事情に詳しく、中国に対する考えかたが首相に近いことなどが挙げられていた。

ほどなく政府は居留民保護の名目で山東省へ出兵し、ついで済南市に兵を進めた。政府は出兵の閣議決定一〇日後の同年六月二七日、外相官邸に外務政務次官森恪・外務次官出淵《いでぶち》勝次・駐支（華店）公使芳沢謙吉・奉天（現瀋陽）総領事吉田茂・陸軍次官畑英太郎・参謀次長南次郎・関東軍司令官武藤信義らのほか、外務・陸軍両省の関係局長・課長らを集めて「東方会議」を開いた。この会議はこれまでの対華柔軟路線を見直し、対華強硬路線転換を模索した。

森はかねてから関東軍参謀長斎藤恒ら陸軍の一部将校とともに「満蒙分離計画」を練っていたが、それが東方会議に明確に反映されなかったのを不満としていた。しかし対華強硬路線が徐々に浸透しはじめ、懸案となっていた東北三省（満州）におけるわが国の権益拡大交渉が軌道に乗り出した。

犬養担ぎ出し

わが国の満州権益の拡大に対して中国民衆の排日運動は日毎に勢いを増していたし、中国統一を目指す蔣介石は、国民革命軍を率いて南下を図る張作霖の奉天軍との戦いも激しくなり、中国情勢は混沌としていた。翌三年には一時中断していた国民革命軍の「北伐」を再開、奉天軍は総崩れとなった。張は本拠地奉天へ戻り徹底抗戦を意図していたが、国民革命軍の満州進攻を恐れた関東軍は、満鉄や同付属租借地・関東州直轄事業などが戦乱に巻き込まれるのを防ぐため、張に奉天軍の武装解散を求めた。

馬賊から身を起こし東北三省を手中にした張は、そう簡単に領土を手放す気持ちにはなれなかった。日本政府は東北三省の平穏化を理由に挙げているが、実際は関東軍が満州の実権を握るのが狙いだった。張は関東軍の要請は下野の強要と反発、特別列車で山海関を出発し奉天へ向かった。

張の乗った特別列車が奉天郊外の京奉線と満鉄とが交差する陸橋で突然爆発が起こり、張は重傷を負いほどなく死去した。この事件について張の部下の謀叛説・国民革命軍特務の謀殺説もあったが、実際は関東軍が深くかかわっているにもかかわらず、「満州某重大事件」と称して無関係を装っていた。しかし中国人の間では勿論、日本人の中でも関東軍の仕業ではないかとの噂が流れていた。

昭和天皇は首相田中義一に事件の真相を問い糺し、関東軍の仕業と判ると厳しく叱責された。田中内閣は天皇に虚偽の報告をした責任をとって総辞職した。

森は「満州某重大事件」――張作霖爆死事件で満州の権益拡大・対華強硬路線が雲散霧消することを恐れ、内閣総辞職の直前外務政務次官を辞め、党務につく画策をしている。田中も後事を託すに足りる人物として昭和四年四月二八日の党大会で森を幹事長に抜擢した。

三ヵ月後田中の急逝に伴い後任総裁選びは混乱をきわめた。鈴木喜三郎や出戻りの床次竹二郎《とこなみたけじろう》、新入りの犬養毅の三つ巴戦となった。森や前書記官長鳩山一郎ら対華強硬派が中国に影響力のある犬養を総裁に選んだ。

権謀術数に長けた森も人心収攬はそれほど巧くなかったようだ。国民はドラスティックな変化は好まないので、前回（昭和三年）の総選挙では与党の政友会の対華強硬路線を渋々認めた形となったが、森が幹事長だった昭和五年の総選挙では野党だったこともあり、政友会の政策は容れられず敗れた。

森は総選挙大敗の責任をとらざるを得なくなり、幹事長職を辞任した。一つには犬養総裁に累を及ぼさないためであり、一つには政友会の対華強硬路線とくに満蒙（満州・モンゴル）問題の正当性を現地で検証したいとの考えからだといわれている。

昭和六年三月の党役員改選で総務になった森は、満州・間島暴動、中村震太郎大尉殺害事件などで物情騒然となっている東北三省を視察した。満州事変のはじまる一ヵ月前のことである。

森は視察先の満州各地で在留邦人を前に幣原喜重郎外相の軟弱外交を批判し、若槻礼次郎内閣の倒閣運動を展開していた。森の過激な言動は顰蹙を買い、政友会の犬養毅総裁について那須の御用邸に天機奉伺（天皇へのご機嫌伺い）に出掛けたところ、侍従長鈴木貫太郎（海軍大将）は森の単独拝謁を認めなかった。森は「前の侍従長のときは栃木県選出の代議士というだけで単独拝謁ができたのに」と近衛文麿（公爵）に怒りをぶちまけている（原田熊雄『西園寺公と政局』第二巻　四七頁）。

暴走書記官長

若槻礼次郎内閣は事変の不拡大方針を表明したが、関東軍は指示を無視して東北三省の外の熱河省にまで兵を進めたり、錦州を爆撃するなどしたため、中国を憤慨させ世界の不信感を買った。国内では相変わらず不景気が続いていたし、陸軍の中堅将校によるクーデター（十月事件）などもあって若槻内閣は総辞職した。

元老西園寺公望公爵は内外の情勢から挙国一致内閣ではなく、単独内閣が望ましいと奏請したので、政友会総裁犬養毅に大命が降下した。犬養は森を組閣参謀として組閣に当たった。犬養は主要閣僚に蔵相高橋是清、外相芳沢謙吉、陸相荒木貞夫、海相大角岑生、文相鳩山一郎を選んだ。森は内閣書記官長となった。

犬養は満州の独立に消極的だったので、中断していた中国との折衝を再開しようとしたが、今度は上海で事変が起こった。陸軍は犬養の意図に反して満州独立・清国廃帝溥儀の復辟など逆の方へ向かった。憤慨した犬養は陸軍の長老上原勇作元帥に書簡を送り、中堅将校の中国に対する認識不足を糾弾したが、上原の返事は的外れのものだった。

総選挙で政友会が少数与党から絶対多数を占めたこともあり、長期安定政権になると誰しも考えていたが、実際は政府・与党内の思惑が入り乱れていた。陸軍の中堅将校と親しい森は国際聯盟が介入しないうちに新華州独立実現を急いだ。

焦った森は久原房之助が任期満了を待たず辞職したのを機会に森も辞職を考えたが、内閣改造・政局に至らなかった。しかし森の焦燥感をみて「事」を急ごうとする同調者も少なくなかった。

昭和七年五月一五日夕刻、犬養の真意を理解出来ない海軍の青年将校が首相官邸を襲い、犬養首相を暗殺した（五・一五事件）。

森にとってこの暗殺事件は想定外であった。かつて田中首相を擁して対華強硬路線をとげたが、事件・田中内閣総辞職で潰れ、今度は首相暗殺で頓挫してしまい、再びこのような機会はないと思われた。

わずか五ヵ月間の短い書記官長であったが、全力を投入したためか、心身ともに疲れ果てて役職を退いた。第六三臨時議会（昭和七年八月）の本会議で政府に対し満州国の承認を求める発言を最後に政治の表舞台から消えた。

この年の一二月一二日、療養先の鎌倉・海浜ホテルで盟友鳩山一郎に看とられ五十歳の波瀾に富んだ生涯をとじた。

久原　房之助――天衣無縫

「鉱山王」

久原房之助は明治二（一八六九）年六月四日、長門国長府（現、萩市）で久原庄三郎の三男として生まれた。幼名を房三郎と云った。父庄三郎は藤田組創設者藤田伝三郎の実兄で、明治維新後大坂（大阪）へ出て兄や弟とともに藤田組発展のため努力した。

久原が親元の大阪を離れ上京したのは明治一九年、数え十八歳であった。久原はその年一一月に慶應義塾に入社したが、入社帳にはまだ久原房三郎となっており、住所も大阪市北区中之島と記されていた。

久原と義塾で机を並べ学んでいたのは小田久太郎、磯村豊太郎、牧口義矩、松実喜代太、出井兵吉、大島雅太郎がいた。このあと川合貞一、角田勤一郎、池田成彬らが入って来た。

久原は三年後の明治二二年、義塾の正科を卒業し森村組に入社した。貿易を通じて海外を知ろうとしたので念願のニューヨーク出張所員を命ぜられ喜んでいた。ところが父から藤田組を手伝うよう云われ従った。

最初の仕事は父が手をやいていた秋田の小坂鉱山建て直しに取り組んだ。数え年二十二歳のときのことである。

鉱山再建は容易ではなかったが、久原は坑内に入り採掘の実態をつぶさに見るなど、坑夫とともに精力的に改善に努力し、なんとか建て直すことができた。

日露戦争が終わった明治三八年暮、茨城県の日立鉱山を買収し、その経営に乗り出した。資金は鴻池銀行の池田二郎が久原の並々ならぬ力量を見込んでの融資であった。その後事業は順調に伸び、東山、竹野、豊羽鉱山など鉱山二〇ヵ所、油田四ヵ所を傘下に収め、久原鉱山株式会社を創立した。

ほどなく第一次世界大戦がはじまったので、わが国は聯合国側に立って参戦した。青島駐屯のドイツ軍を攻略したり、艦隊を地中海に派遣し英国船舶の護衛に当たった。このため鉱工業品の需要が高まり、久原鉱山も増産をはじめた。大戦は聯合国の勝利となり、軍需景気にわいたのも束の間、反動の不景気となった。

久原鉱山も危機に陥り、赤字は当時の金額で三千万円と言われ、日銀融資枠の四分の一を占める巨額であったが、政友会と密接な関係があったためか、再建に必要な融資を受けることが出来た。原首相は日記に次のように記している。

…日本銀行副総裁木村清四郎来訪、財界の近況並に久原房之助救済方に付略々見込み付たる旨内話したり

（『原敬日記』大正九年七月二四日）

久原は日銀救済融資によって危機を脱することが出来たが、政権が代わったため優遇措置が得られなくなるなど、政治に対する不満を持つようになった。

久原は日立鉱山の再建が出来ると義兄鮎川義介に譲り、身軽になって政界に転身した。

キングメーカー

久原はかねてから原内閣の陸相で同郷の田中義一から目をつけられていた。田中は山県有朋元帥直系で長州閥を率いていたが、政党政治が定着したのをみて政友会に乗り込み総裁の座に就いた。ほどなく民政党内閣が倒れた後を受け、田中内閣が成立した。久原は一年生議員ながら逓相に親任された。逓信省は郵便・貯金・簡易保険・海運・航空・電気通信・電波監理・電力などを所管する役所である。久原の在任期間は短かったが、定期航空路開設認可や開始間もないＪＯＡＫなどラジオ放送の指導など、新しい事業に関心を寄せていたようだ。

田中内閣は対華強硬路線を採り、首相をはじめ外務・陸軍・海軍各省幹部らからなる東方会議を設け、中国情勢の分析に当たった。

当時の中国では中央政府と地方軍閥との間で戦闘が絶えなかった。満州（東北地方）の軍閥を率

いる張作霖は中国全土を手中に収めようと兵を起こした。はじめは首都北京に迫る勢いであったが、政府軍の猛反撃を受け、本拠地の奉天（現、瀋陽）に逃げ帰ろうとした。しかし政府軍は追撃の手を緩めず奉天陥落が迫った。張の乗った京奉線（北京〜奉天）と満鉄（大連〜奉天）がクロスする所にさしかかったとき爆発が起こり張は爆死した。はじめは反張派の仕業と見られていたが実は関東軍の陰謀であることが判り、昭和天皇から田中は厳しく叱責された。恐懼した田中内閣は総辞職した。一部の人から「満州某重大事件」と囁かれたが、真相は戦後までひた隠しにしていた。

ほどなく田中は急死したが、死因は詳らかにされなかった。

田中が突然死去したため政友会は後継総裁選びに大わらわだった。田中内閣時代の書記官長鳩山一郎や外務政務次官森恪ら「若手」が犬養毅擁立運動を展開した。田中は対華強硬路線を推進するため外相を兼任していたので、この会議に森も出席していた。犬養は孫文の中国の革命を陰で支え、日華両国の友好のために尽力し、孫文の死後、子息孫科とも親交があったと云う。久原は大陸の資源に関心があり、中国政策に共通点を見いだせると考え、鳩山・森の運動に同調、犬養総裁が実現した。

強腕幹事長

昭和五年施行の総選挙で政友会は敗れたため、犬養を首相にすることは出来なかった。民政党の浜口雄幸内閣は対華融和策・緊縮財政策を採ったが、ロンドン海軍軍縮条約批准反対の右翼によって、首相狙撃事件にまで発展した。一旦回復の兆しを見せていたが、病状が急変して死去、第二次若槻礼次郎内閣が成立した。

この少し前、政友会では久原を幹事長に選び政権奪回の準備に余念がなかった。財政・金融政策補遺の田中内閣当時の政策を踏襲することになったが、対華政策では犬養・久原・森（前幹事長）の間で微妙に食い違っていた。犬養は中華民国の主権の下で満州で日華合作による地域振興を図りたいとするのに対し、久原は満鉄路線延長・同付属地帯拡張による権益の拡大という考え方であった。森は満州を独立させ、事実上の植民地化する陸軍の考え方に近かった。

同年九月一八日、満鉄奉天郊外の柳条湖で線路の爆破事件が起こり満州事変となった。若槻内閣は不拡大方針を採っていたが、関東軍は錦州爆撃など暴走し続けた。さらに関東軍は満州独立・清朝廃帝溥儀の復辟を明らかに認め、若槻内閣は総辞職せざるを得なかった。後継首班に選ばれた犬養は陸相に荒木貞夫、文相に鳩山一郎、書記官長に森恪を選んだが、余り評判が良くなかった。

〔注〕 犬養内閣組閣の経緯については犬養毅の項参照のこと。

少数与党の政友会は昭和七年一月二一日衆議院を解散し、政権の安定を図った。そのさなか上海事変が勃発したこともあり、政友会は「非常時日本」「満蒙の一線を護れ」のスローガンのもとで闘った。二月二〇日の投票の結果、政友会は定数四六六議席のうち二四〇議席を占める圧勝を遂げた。

久原は幹事長の任期が一年のこっているにもかかわらず突然辞任し、全く無名の山口義一に譲った。

一国一党論

久原が「一国一党制」を唱えだしたのは斎藤実内閣成立の直前であるが、この考え方を持つようになったのは田中内閣瓦解直後だったといわれている。二大政党制は理想的な姿であるが、政権が替わる度に対外政策、財政・金融政策が変わるので国民は迷惑を被っている、というものである。時局柄斎藤内閣は挙国一致内閣といわれたが、圧倒的多数を誇る政友会は民政党との閣僚配分を巡って不満を持ち、倒閣の機会を狙っていた。しかも満州国の独立・国際聯盟脱退・海軍軍縮会議脱退と孤立化を深めていった。冷害による農村の疲弊は甚大で政治に対する不満が強くなっていた。

昭和一一年二月二六日、青年将校による首相官邸や重臣公・私邸襲撃事件、所謂二・二六事件が起こった。斎藤内大臣、高橋是清蔵相、渡辺錠太郎陸軍教育総監が凶弾に倒れた。反乱は直ぐに鎮圧され、指揮を執った青年将校は軍法会議で死刑の判決を受け、翌年執行された。また青年将校の後ろ楯となった荒木ら皇道派の大・中将は予備役になったばかりでなく、青年将校の改革思想の指導者として北一輝・大川周明、財政的援助をしたとして久原も軍法会議に召喚・拘留された。ほどなく久原は釈放されたが、青年将校と関わりがあった亀川哲也に僅かな金を渡した容疑だったので免訴となった。久原は陸軍主流派の反対派弾圧に不快感を隠さなかったようだ。

二・二六事件以後政党からの入閣者は政友・民政両党とも二名以下となり、帝国議会は政府の協賛機関となってしまった。

昭和一二年二月の政友会党大会は、鈴木喜三郎総裁の後継者を巡っておお揉めに揉めた。結局同党は鳩山一郎・前田米蔵・島田俊雄・中島知久平の四人を総裁代行としたが、党内を纏め切れず混迷を深めた。久原は昭和一四年四月二八日、党大会を開き芳沢遜吉とともに総裁代行に就任した。鳩山らは二日後の四月三〇日に党大会を開いて中島を選出し、政友会は分裂した。久原らは同年五月二〇日、改めて党大会を開き久原を総裁に選出した。政友会久原派を正統派、中島派を改革派と名付けたのは党派届の順番からだろう。

翌一五年は紀元二千六百年なので既成政党を廃止し、天皇の親政を翼賛する「大政翼賛会」結成の動きが高まった。久原は持論の「一国一党論」が違う形で実現するのに不本意であったが、同年七月一六日に他党派に先駆け解党した。中島派も同月三〇日に解党したが、民政党（総裁町田忠治）は最後まで抵抗し、八月一五日になってようやく解党した。非常時に無益な政争は止めるべきかも知れないが、官僚に政治をまかせ切りにしたのは戦後の政党政治、民主主義の発展にマイナスになっているのも事実である。

戦後公職追放令によりしばらく隠退生活を送っていたが、追放解除になると「アジア合衆国論」など人を驚かす構想を打ち出していた。

再建した日立鉱山を手放したり、少数与党を多数与党にすると任期を残し幹事長を辞めたり、政友会総裁になったものの政党解消一番手であった。政治評論家の中には久原の行動を不可解とするものもいるが、久原は達成感が得られれば名利を求めない天衣無縫ぶりを発揮したまでのことではなかろうか。

昭和四〇年一月二九日に死去した。九十五歳の長寿だった。

堀切　善兵衛――大臣よりも政務次官

気鋭の経済学者

堀切善兵衛は明治一二（一八七九）年四月、福島県信夫郡飯坂町（現、福島市）の旧家、堀切良平の長男として生まれた。四年後に生まれた弟の善次郎（のち内相）とともに「神童」と言われ、将来を嘱望された。

堀切は明治二九年上京し慶應義塾に入社した。この年義塾に入社したものに松本宗吾、今城定政、福澤三八、福澤大四郎、中村愛作、金沢冬三郎、名取和作、柳弥五郎らがいた。このうち福澤兄弟、中村は幼稚舎、柳は普通科で学んでいる。

〔注〕『入社帳』によれば明治一三年四月生まれ。

明治三一年本科の課程を修了した堀切は大学部の理財科に進んだ。学問を究める意欲は旺盛で、同僚の目を見張らせるものがあったそうだ。堀切は同三六年理財科を優秀な成績で卒業し、同三八年には義塾第二回海外留学生に選ばれている。堀切は経済学専攻のためハーバード大学へ入ったが、飽き足らずケンブリッジ大学に移り、近代経済学の始祖マーシャルの教えを受けた。その後ベルリン大学で学び、同四一年満四年近い研鑽を経て帰国した。

帰国後堀切は時事新報の論説記者を経て義塾の理財科教授となり、欧米の新知識を採り入れた経済原論の講義をはじめたところ、新進気鋭の経済学者として注目された。同四四年から植民政策を担当している。

堀切はかねてから国家財政の立案・運用を実際にやってみたいと考えていたところ、薦める人もあって政界に打って出る決心をした。

しかし父良平は、地方の名士が選挙の都度多額の選挙費用を使い没落したのをみているだけに強く反対したが、堀切の決意は変わらなかった。

政界進出

明治四五年五月施行の第一一回総選挙に福島郡部選挙区から政友会で立候補し初当選した。数え三十三歳であった。当時政友会の西園寺公望内閣は財政再建を選挙公約としたので圧勝した。これまで政治家になりたがらなかった塾員も、この選挙から増えはじめた。議員定数三八一のうち塾員の当選者は四〇人（補欠三人を含む）に上った。これは平成五年施行の第四〇回総選挙で定数五一一のうち塾員の当選者が五三人を出すまで最多の当選者の記録であった。

ところで多数与党の支持を受けながら西園寺内閣は決して安定政権ではなかった。海軍は八八艦隊（戦艦八隻・巡洋戦艦八隻）建造計画の一部を繰り延べて節約に協力したものの、陸軍は二箇師団増設を譲らず閣内不一致の状態が続いた。陸相上原勇作は帷幄《いあく》奏上のうえ独り辞職し、後任も出さなかったため西園寺内閣は総辞職、次の桂太郎首相の選任の方法が憲政の常道に悖るとして、護憲運動によって桂内閣は三ヵ月の短命に終わった。

政治に藩閥・軍閥が政権争いに絡むことに堀切は不快を感じながら、予算の編成・執行の夢を実現するため衆議院議員を続けている。はじめのうちは国の財政の仕組みやあり方を説いて知識層の固い支持を得ていたが、大正九年施行の第一四回総選挙から小選挙区制になると選挙戦術も変えざるを得なかった。政友会の公約は候補者の地盤に道路や橋ばかりでなく、鉄道・駅舎の建設を推進する地域開発型であった。その中にあって堀切は苦戦を強いられながらも従来通りの選挙戦術を採っていた。

堀切は教授と代議士の「二足の草鞋」を履いていたが、実力も運もあって理財科主任（経済学部長）にもなり、議会役員・政府の高官にもなっている。堀切は日銀総裁・蔵相経験がある高橋是清に可愛がられていた。大正一〇年一一月に高橋は内閣を組織すると堀切を首相秘書官に選んだ。当時代議士が大臣秘書官や勅任参事官になれたし、「出世」の緒《いとぐち》と思うものも少なくないが、高橋と堀切との場合は財政の問題点について共通認識があるので、堀切は一々高橋の指図を受けなくても懸案処理に当たることが出来た。さらに堀切は加藤高明内閣の農商務参与官に選ばれたが、都市を基盤とする憲政会の加藤内閣は、農商務省の行政事務量の増加・対象の複雑多岐化の解消を理由に、農林省と商工省とに分割することとした。これに伴い堀切は商工参与官となり、産業基盤合理化計画に着手したが、若槻礼次郎内閣のとき退官した。

堀切は第五六通常議会（昭和三年一二月二六日〜同四年三月二五日）衆議院予算委員長を務めた。あるとき高田耘平《うんぺい》（民政党）がくどくどと質問をしたので委員会室は険悪な空気に包まれていた。このような状況を見て堀切は「高田さん、お孫さんは何人おいでですか？」ととぼけて尋ねたので委員会室は笑いの渦が起こり審議は軌道に乗った（自由新報　昭和44・5・26　有竹修二「堀切善兵衛」）。

少数与党の民政党は多数を占めて安定政権とするため、浜口雄幸は解散・総選挙の時機をねらっていた。準備の都合もあって結局第五七通常議会の冒頭と決まった。政友会としては解散だけの衆院議長を当てるわけにも行かず、当選五回の堀切を候補に立てることとした。同通常議会は昭和四年一二月二六日召集、自然休会あけの翌五年一月二一日、浜口雄幸首相の施政方針演説後衆議院を解散した。同年二月二〇日投票の第一七回総選挙で政友会は敗れた。第五八特別議会で堀切は議長に再選されなかったことから、堀切の議長在職期間は二七日に過ぎなかった。

昭和六年一二月、政友会の犬養毅に大命が降下し組閣に入った。組閣本部に呼ばれた堀切は犬養から文相就任を求められた。堀切は犬養の厚意に感謝しながらも蔵相ならお受けすると答えた。犬養としては満州事変の重大な時でもあるので首相経験者の高橋是清を当てることとし内諾も得ていたため堀切の申し出を断ったが、堀切は高橋が蔵相と知ると進んで大蔵政務次官をやりたいと言うので、その場で政務次官が決まった。今では議長経験者が政務次官になるのを訝しがるかも知れないが、専門以外の大臣は受けないと言う堀切の見識を評価すべきであろう。犬養首相は翌年五月暗殺されたため斎藤実内閣が成立したが、高橋とともに堀切も留任し、昭和九年七月までその職にあった。

犬養内閣の文相には犬養を総裁に担ぎ出した鳩山一郎が就任し、次の斎藤内閣にも留任したが、滝川幸辰《たきがわゆきとき》京大教授（刑法専攻）の『刑法読本』が赤化思想を助長するとして発禁処分としたことから、同大学法学部教員は「学問の自由」を守るため連袂辞職するなど終息まで時日が掛かり、鳩山の無力振りを露呈した。もし堀切が文相を引き受けたとしたらどうなっていただろうか。

戦時駐伊大使

満州国の独立・国際聯盟脱退・ワシントン海軍軍縮条約廃棄と孤立化が進んでいたし、昭和一二年七月に華北ではじまった日中両国の戦闘はたちまちのうちに全面戦争となった。五・一五事件で犬養毅、二・二六事件で高橋是清が暗殺された。理解者を失った堀切はやや政治に対する情熱が薄らいだ節がある。

昭和一四年、政友会は久原房之助派と中島知久平派とに分裂、翌一五年夏には新体制運動が起こり、政友会両派、民政党ともに解党したためわが国の政党政治は消滅した。

昭和一五年一二月、第二次近衛文麿内閣の松岡洋右《まつおかようすけ》外相は「新体制」外交を唱え、大・公使の大幅入れ替えをしたが、評判はよくなかった。堀切がなぜ駐伊大使に選ばれたのか詳らかではない。日独伊三国同盟の一つであるイタリアへ元衆議院議長を派遣することで最大限の敬意をはらったつもりだったのだろう。堀切は国王に信任状を奉呈し、ムッソリーニ首相と会談で両国の緊密な関係をアピールしただけで、あとは何もすることはなかった。イタリアを取り巻く状況は良くなかった。アフリカ戦線は苦戦の連続だったし、駐在海軍武官光延東洋大佐の極秘情報によるとタラント軍港で新鋭戦艦二隻が英国海軍航空隊によって撃沈されるなど信じられないことばかりであった。翌年六月はじまった独ソ戦も緒戦快進撃のドイツ軍はモスクワを前に停滞し、同年一二月にはじまった太平洋戦争も緒戦の華々しいわが国の戦果も、翌一七年夏以降連合国軍の反撃に遭い、前途多難を感じさせられた。

東条英機内閣は戦況の悪化を認めようとしなかったが、東郷茂徳外相の進言により一部外交官の更迭に踏み切った。堀切も在任二年近くになるということで同一七年一〇月に帰国命令が出た。ドイツ軍はソ連軍に押され気味だったので、堀切は一たん北欧に出たのちシベリア経由でようやく帰国した。堀切が帰国してほどなくイタリアは連合国軍に降伏し、日独両国も守勢に立たされていた。昭和二〇年二月、堀切は貴族院議員に勅選され、研究会に所属したが、健康を害したため翌二一年六月に議員を辞職した。六ヵ月の療養生活も空しく同年一一月二五日死去した。華々しい経歴にもかかわらず六十五歳の若さであった。

鈴木 梅四郎——犬養毅の女房役

創業者タイプ

鈴木梅四郎は文久二（一八六二）年四月、信濃国上水内《かみみのち》郡平柴村（現、長野市）で鈴木龍蔵の二男として生まれた。明治一四（一八八一）年三月、数え二十歳のとき上京し慶應義塾に入社した。当時義塾には武藤山治、日比翁助《ひびおうすけ》らが学んでおり、鈴木の後から有馬良橘、石河幹明、竹越与三郎、渡辺治らが入って来た。

鈴木は六年後の明治二〇年四月に正科を卒業しているが、卒業までに普通の人よりも歳月が掛かったのは働きながら学んだからであった。卒業すると早速時事新報に入ったものの、ほどなく横浜貿易商組合に顧問として迎えられ、機関紙『横浜貿易新報』主筆となって貿易振興のため尽力した。

そのころ三井銀行は理事中上川彦次郎が中心となり、金融業務近代化の一環として人材発掘をはじめていた。たとえば武藤山治、和田豊治、小林一三、西松喬らが三井銀行に入行している。明治二七年には鈴木をはじめ波多野承五郎、柳荘太郎らも中上川の傘下に馳せ参じている。

中上川は鈴木の能力を認め入行したときの月給四五円を一年後には六〇円、三年後には二〇〇円、四年後には三〇〇円に昇給したばかりでなく、ボーナスも倍増している。地位も本店調査係長から横浜支店長を経て神戸支店長へと進んだ。

王子製紙再建

三井は金融部門を中心に発展したので、工業部門は三菱に比べるとやや立ち遅れ気味だったため鐘淵紡績を傘下に収め、ついで王子製紙を系列化する目的で三井銀行は藤山雷太を専務として送り込んだ。

王子製紙社長渋沢栄一は長州閥の政治家の井上馨を後ろだてとして抵抗を続けたので、簡単に三井の「軍門」に降らなかった。藤山は散々苦労したあげく目的を達成したものの、中上川の死去を機に王子製紙を去っている。

三井としては折角王子製紙を手にいれたものの経営状態は悪く、建て直しに頭を悩ましており、結局神戸支店長の鈴木に白羽の矢が立った。鈴木は藤山辞任の経緯を知っていたので「全権の委任・有形無形の援助」など三条件を示し、これが認められたので就任を受けたのだった。

鈴木は老朽施設・設備の廃止や経費の節減など経営の合理化に努める一方、明治四三年には苫小牧に東洋一の新聞用紙専門工場を完成させ、営業を開始する積極性を見せた。

この工場の建設は同社発展の基礎となっている。これを見ても判るように鈴木は経営者タイプというよりも、創業者タイプの経済人といってもよかろう。ただ鈴木が健康を損ねたことや三井から人・資金の援助が得られる見通しがついたこともあって、同四四年、王子を去っている。

一年ほど浪人生活を送ってリフレッシュを図った鈴木は、明治四五年五月施行の第一一会総選挙で東京市部選挙区から無所属で立候補し当選した。数え年五十一歳、遅咲きの大型新人であった。

鈴木の政治信条・手法はどちらかと言えば立憲国民党の犬養毅に近かったが、同党には入らなかった。当時国民党は犬養や大石正巳、河野広中らを中心運営されていたが、河野は犬養よりも七歳年上であることから犬養の下につくことを潔しとしなかったので、つねに軋みを見せていた。

大正二年の憲政擁護運動のさなか大石・河野の二人は脱党、加藤高明の立憲同志会の結成に参画している。この憲政擁護で桂(太郎)内閣が瓦解し、代わりに立憲政友会の支援で山本(権兵衛)内閣が成立した。軍人を首班とする山本内閣に政友会党員から相次いで入閣したため尾崎行雄や林毅陸らが脱党し政友倶楽部を結成するなど揺れ動いていた。鈴木は議員の離合集散に不快感を抱きながらも、しばらくは無所属のまま模様を眺めていた。しかし次の総選挙では国民党から立候補している。

政界転出

鈴木は実業界で苦労して来たので空理空論を弄ぶのを嫌ったし、反対の反対にも避けるよう努めた。しかし少しずつ浸透しはじめた民本主義を覆すような政府の政治姿勢には断乎反対している。一年生議員、しかも無所属でありながら鈴木はその識見を買われ、大正三年一月二一日の衆議院本会議で政府演説に対して質疑を行っている。

この直後シーメンス事件（海軍汚職事件）が発覚したため犬養らは政府弾劾決議案を提出したが、与党・政友会が多数でこの決議案を否決されたので野党各党は結束し、大正三年度予算の大幅削減を求めた。与党の政友会は結局鈴木らの意見を入れて国防充実費新規計画分七、〇〇〇万円のうち、三、〇〇〇万円を後年度承認することとし、国防充実費全体の額は一億五、〇〇〇万円となった。ところが貴族院は新規計画分七、〇〇〇万円全額削除の修正可決し、衆議院に回付して来た。しかし衆議院はこれに同意せず両院協議会に諮った結果、衆議院の修正案をもって再度各院で審議したが、貴族院が否決したため、大正三年度予算は不成立となった。

山本内閣が総辞職して第二次大隈（重信）内閣が成立してほどなく第一次世界大戦がはじまった。

このため一時的にせよ政治休戦が実現した。ところが大隈内閣は大正四年施行の第一二回総選挙後の内閣改造が閣内不統一をもたらし倒れ、後継内閣首班に寺内正毅が登場した。この内閣は政党人を入れなかったので「超然内閣」と呼ばれ、政党を無視する施策をとり続けた。寺内首相は中国政策を巡って憲政・政友・国民三党首と会談し協力を求めた。三党は「今さら何で…」と反発し、同内閣に反対する態度を鮮明にした。これに対して政府は半年後の大正七年六月五日、「外交問題は超党派で行いたい」として臨時外交調査会を設置し、寺内首相自ら総裁となり、政友会総裁原敬・国民党総務犬養毅を同会委員とした。ただ外交政策に一家言を持つ憲政会総裁加藤高明は同会に参加しなかった。

野党幹事長の苦闘

寺内内閣に反対し続けていた国民党が、同内閣に協力することに対する党内の動揺はかなり強かった。同党は二週間後に党大会を開き、党則を改正して新たに総理を置くこととした。また、この党大会で総理に犬養を推戴、幹事長の関直彦が総務、幹事長に鈴木を選んだ。古島一雄や浜田国松ら生え抜きの党員を差し置き鈴木が選ばれたのは、その学識と実行力を買われたためであろう。

幹事長は党の要で、総裁・総理を補佐し党務を総攬するもので、内閣で言えば書記官長（現在の官房長官）に相当する。国民党の場合、総理犬養・総務関とも新聞記者出身なので党の資金繰りは決して上手くなかったため、実業界出身の鈴木に期待するところが大きかったのではなかろうか。

余談めくが憲政会総裁加藤高明は外交官出身だが、三菱合資社長岩崎弥太郎の女婿だし、政友会でも総務に日銀総裁の高橋是清がいたし、のちには同党幹事長に三井の「大番頭」山本条太郎を起用するなど党財政には気を遣っていた。

鈴木は党勢拡張のためあれこれ手だてを尽くしたが、簡単に実現するものではなかった。そればかりか原内閣は選挙法を改正し、政府与党に有利な小選挙区制を再び採用した。

大正九年五月施行の第一四回総選挙で政府与党の政友会は空前の大勝利を収めた。これに対し憲政会はかなり議席を減らしたし、国民党も解散直前の三一議席を二議席を減らしている。

原内閣は首相の暗殺で倒れ、後継内閣首班には同じ政友会の高橋是清がなったが、半年ほどで総辞職、政友会の支持で加藤友三郎内閣が成立したものの、同内閣も首相の病歿で一年で瓦解した。

この間国民党は苦闘を続けたが、報いられるところがなかった。明治四四年創立された国民党も大正一一年九月解党し、一一年間の戦いに幕を閉じた。鈴木は同党の歴史の半分に近い五年間党の中枢である幹事長の職にあった。

一たん無所属となった旧国民党員も二ヵ月後には革新倶楽部を結成し、犬養を党首に選び野党色を鮮明にした。

原内閣時代国民党を代表して財政経済調査会委員となり、堂々の論陣を張っていた鈴木も選挙には余り強くなかった。大正一三年施行の第一五回、昭和三年施行の第一六回　総選挙で連続落選し再起不能と見られていたが、昭和五年施行の第一七回総選挙に政友会で長野一区から立候補し当選、政治に対する並々ならぬ意欲を示した。しかし次の第一八回総選挙（昭和七年施行）では東京一区から立候補したが、落選したため遂に政界を引退した。

鈴木は財界で活躍したばかりでなく、『平和的世界統一政策』、『日本に於ける社会政策の基礎』、『日本改造の意義及其綱領』、『医業国営論』といったものから、『修養実訓　福澤先生の手紙』、『福澤先生と理化学』など幅広い分野の著作がある。

昭和一五年四月一五日、波瀾に富んだ生涯を閉じた。数え七十九歳であった。

高橋　光威——原敬の懐刀

言論人

高橋光威《みつたけ》は慶応三（一八六七）年一〇月一九日、越後国蒲原郡菅谷村（現、新発田市）の高橋幾右衛

門の四男として生まれた。明治一八年一〇月、数え十九歳のとき上京し慶應義塾に入社した。当時義塾には釈宗演、菊池武徳、磯村豊太郎、久原房之助らが学んでいた。

高橋は明治二二年四月、別科を卒業したが、学才を認められ翌二三年一月には大学部に入っている。義塾の入社帳によると同じ時期に藤原銀次郎、池田成彬、神戸《かんべ》寅次郎、望月小太郎らが名を連ねている。

高橋の学力は米国の鋼鉄王カーネギーの著書『米国繁昌記』の翻訳で認められている。明治二六年法律科を卒業した高橋は、博文館主大橋佐平に招かれ大橋内外通信社主幹となった。

高橋は同二八年一月、数え二十九歳の若さで福岡日日新聞（現、西日本新聞）主筆に選ばれた。ときあたかも日清戦争の最中であったが、つねに冷静に物事を捉え的確に論評を加えたので読者から好評であった。四年後の同三二年には主筆を辞めて外遊に旅立ったが、農商務省からの依頼でトラストの学理を研究するための留学だとも言われている。

原敬との出会い

一年後「福日」に戻った高橋は将来を見据えて研鑽の日々を送っていた。その真摯な態度をじっと見守っていた一人の男がいた。駐清公使から衆議院議員に転身したばかりの原敬であった。原は大阪毎日新聞社の社長を務めていたこともあったので、新聞が政治に及ぼす力を知っていた。そこで大阪新報社の社主となり政友会の機関紙とすることとしたが、主筆に人を得なければ読者を惹きつけられないと判断し、考え抜いた末、高橋に白羽の矢を立てた。
高橋ははじめ政党の機関紙を馬鹿にしていたが、原と話し合ってみると原のスケールが並外れて大きいことが判り、高橋は原の申し入れを引き受け、直ちに大阪に乗り込んだ。日露戦争がはじまる一年前の明治三六年のことである。

「名伯楽」を得た駿馬のように高橋は思う存分実力を発揮した。政党の機関紙としての制約はあったものの産業・経済の振興による国力の充実・対外強硬路線を訴えるなど多くの人々の共感を得た。原が同社の社長を辞したあとも高橋は暫く主筆をしていたが、明治四一年五月施行の第一〇回総選挙に新潟郡部選挙区から政友会で立候補し、初陣ながら定数一一人のうち五番目で当選している。

原が明治四四年八月、第二次西園寺（公望）内閣に内相兼鉄道院総裁で入閣した際、高橋は内相秘書官に選ばれた。現在では衆議院議員が大臣秘書官になれないが、当時は閣僚の数も少なく政務次官（副大臣）、参与官（参政官）などの政務官制度がなかった時代なので一年生議員にとって秘書官は魅力のあるポストであった。

高橋は原を助け県知事と町村長の間にある郡長を廃止し郡役所の代わりに地方事務所を設置するなど内務省の権限強化を図った。また政府与党にとって有利な小選挙区制の復活についての調査研究に取り組んだ。

力の政治

高橋は原敬に傾倒し「師」として仰いだ。高橋は新潟、原は岩手の出身で明治維新後新政府の下では不遇な時期もあったので、何時か見返してやろうという共通の気概があったに違いない。原・高橋とも力による政治を信奉したのもそういう背景があったと観られている。

高橋は政治家として力を蓄えることを忘れなかった。たとえば「一村入党」—村の有権者の全員政友会に入党する交換条件として、新発田から村上に通ずる鉄道路線十一里のうち両極端を除き六箇所も停車場を設置した（三谷太一郎『日本政党政治の形成—原敬の政治指導の展開』一六六頁）でも明らかなように、利益誘導で票を集めることが公然と行われた。のちに「我田引水」ならぬ「我田引鉄」が使われるようになり、この手法は自民党に引き継がれている。

徐々に力をつけた高橋だが、必ずしも順風満帆とは言い難かった。大正二年の政変で政友会は桂（太郎　陸軍大将）内閣の弾劾決議案に賛成した。とくに政友会の尾崎行雄や国民党の犬養毅ら政治家や鎌田栄吉、朝吹英二といった福澤門下生が交詢社に集まり護憲運動を盛り上げたが、高橋は交詢社員でありながらその名が上がっていない。薩長藩閥には反対の筈なのに護憲運動の先鋒とならなかったのは何故だろうか。次の山本（権兵衛　海軍大将）内閣には原をはじめ松田正久、元田肇《もとだはじめ》らが入閣したため尾崎や岡崎邦輔は軍閥・藩閥と深くかかわっている山本内閣には協力出来ないと政友会を脱党してしまった。

その山本内閣はシーメンス事件（海軍汚職事件）で総辞職し、第二次大隈（重信）内閣が出来たため政友会は野党となり、高橋も日の当たらない場所に移った。しかし粘り強さを発揮し、政友会圧勝のための戦略研究を続けた。

大隈内閣が倒れたあと寺内（正毅　陸軍・元帥）内閣が成立した。同内閣ははじめ憲政会、ついで大正六年四月施行の第一三回総選挙後は政友会の支持を得て運営していたが、第一次世界大戦による物価騰貴は富山での米騒動となり、やがて全国各地にひろがったため同内閣は退陣を余儀なくされた。

小選挙区制で圧勝

寺内内閣の後継内閣の首班に大正七年九月、政友会総裁の原敬が選ばれた。原は西園寺の後任政友会総裁となり、巧みな政界游泳で勢力を扶殖し、遂に権力の最高の座を射止めた。原は既に軍閥・藩閥の時代は去ったという認識のもと、第一次大隈内閣以来の政党内閣を組織した。陸海軍大臣と外務大臣を除く五人の閣僚、書記官長、法制局長を政友会の党員で当てたのであった。

高橋の書記官長起用については前々から決まっており、組閣がはじまると高橋は入閣者の取り次ぎに当たっていた。一般からは「爵位を持たない平民宰相」と好評だったが、実際の原の態度は傲慢不遜、西園寺と山県有朋を除けばかつての同僚も高橋と同様に小物扱いで不評を買っていた。

原内閣が成立する直前、政府は赤軍に追われてシベリアを彷徨うチェコスロバキア軍の救出のためシベリア出兵を宣言していたが、米英仏華各国の要請もあって、派遣軍をバイカル以西には進出させない方針の決定が原内閣の初仕事になった。

当時の世界情勢はドイツの降伏による第一次世界大戦の終結、朝鮮独立運動家による「万歳」騒擾事件、ヴェルサイユ対独講和条約締結に伴う旧ドイツ領山東半島・膠州湾領有を巡る中国の反日運動、在留邦人・守備隊惨殺の尼港（ニコライエフスク）事件など大きな外交問題が次々に起こった。原の対外強硬路線は長い目で見るとマイナス面も少なくなかった。

内政面でも物価高によるストライキの頻発、株式・米・生糸の暴落による恐慌など政府にとって頭の痛い問題が続いた。さらに当時表面には出なかったが、皇太子妃の色盲遺伝問題が浮上した。皇太子裕仁親王（昭和天皇）のお妃候補久邇宮良子女王の家系に色盲の遺伝子があるむねを理由に、山県有朋が皇太子妃辞退を宮内省に進言したため、内閣を揺さぶる大問題になった。原は事態を沈静化するため皇太子を外遊させたが、却って保守派を刺激し「皇太子殿下を国外へ御旅行させるなど開闢《かいびゃく》以来の不敬事」と猛反発し、事態は益々悪い方へ向かった。

しかしこのような難問を吹き飛ばしたのは小選挙区制による第一四回総選挙（大正九年五月施行）での空前の大勝利の成果であった。高橋が調査・研究し練り上げた区割りに何度も手を入れ実行に移した。第一回総選挙から第六回総選挙まで小選挙区制であったが、政府・与党が勝った例はなかった。民党（野党）の候補が決死の覚悟で闘ったのと、数少ない有権者の良識とが働いたからであろう。そこで政友会が小選挙区制を復活するに当たって選挙資格である直接国税の引き下げによる有権者の増大、利益誘導をしやすい区割りなど計算し尽くしていた。

この総選挙の結果、政友会は四六四議席のうち二七八議席の絶対多数を占め原内閣は長期安定政権を約束されたといってもよかった。

原の暗殺と政友会の分裂

原の強権政治はかなりの反発を招いたし、数々の事件の中でも皇太子妃家系の色盲問題と皇太子外遊は庶民に衝撃を与えた。東京駅員中岡艮一は巷間の噂を信じ、東京駅構内で原首相を暗殺した。原の後継首相には同じ政友会の高橋是清がなった。財政通の高橋（是）も小煩い多数の党員を切り回す力量がなく、組閣早々から前途多難を思わせた。

原内閣の書記官長高橋（光）は法制局長横田千之助とともに党に戻ったが、横田が幹事長に抜擢されたのに対し、高橋（光）は無役であった。

長老クラスにも軋轢を生じた。高橋（是）より先に日銀総裁だった山本達雄や内相経験者床次《とこなみ》竹二郎らは高橋（是）にそっぽを向くことが少なくなかった。このため戦後の財政・経済の建て直しに期待が寄せられていた高橋（是）内閣は一年足らずで総辞職を余儀なくされた。

加藤（友三郎）、第二次山本（権兵衛）両内閣とも政友会のバックアップで維持していたとはいうものの、党内の溝は深まっていた。

摂政宮（のちの昭和天皇）暗殺未遂の「虎の門事件」で山本内閣が倒れ、後継内閣首班に枢密院議長清浦奎吾が選ばれた。政友会の多数派である山本（達）・床次・高橋（光）らは清浦支持、高橋（是）

らは不支持に回り両派の断絶は決定的となった。ところが清浦は政党員を一人も入れない「超然」内閣を組織したため、政友会多数派は面目を失ったが、山本（達）らが中心に政友本党を結成した際一四九人が参加し第一党となった。高橋（光）が先輩を飛び越し幹事長に選ばれたのも「分裂劇」の脚本を書いたのが高橋（光）だったからであろう。

清浦内閣の政党無視の態度を非立憲的とみた政友会（高橋是清）、憲政会（加藤高明）、革新倶楽部（犬養毅）の三党首が会談、護憲運動を展開することとした。政友本党は静観したが、世論は第二次護憲運動を支持し盛り上がりをみせた。ところが護憲三派の大阪演説会後尾崎行雄らの乗った列車が豊橋付近で転覆したり、衆議院本会議場に暴漢が乱入したこともあって政府は衆議院を解散した。

原内閣の書記官長として政友会を大勝利に導いた高橋（光）を選挙上手とみており、幹事長として指揮をとらせた。しかし護憲三派の前には思うように票が伸びず第二党に転落した。この結果清浦内閣は総辞職し、第一党となった憲政会の加藤高明が首相となり、再び政党内閣が復活した。政友本党は建て直しのため筆頭総務の床次が総裁となり、高橋は幹事長から一総務になった。

政友会は第一党を目ざし、政友本党を吸収合併するため復帰を希望するものたちと個別折衝をはじめたが、結局昭和三年二月施行の第一六回総選挙までに全員復帰し政友本党は解党した。

高橋（光）も政友会に復帰し、総務を二度（いずれも短期間）務めたが、書記官長の時代に比べ精彩を欠いていた。昭和五二年二月施行の第一七回総選挙までに連続八回当選し選挙上手で通っていたが、年齢と健康には勝てず、昭和七年二月施行の第一八回総選挙では立候補せず政界から引退し、その年の四月九日死去した。六十六歳であった。

渡辺　千冬――大臣一家

まず代議士に

渡辺千冬は明治九（一八七六）年五月一日、長野県諏訪郡長地村（現、岡谷市）高島藩士渡辺千秋（のち宮内大臣）の三男として生まれている。のち千冬は叔父の渡辺国武（のち蔵相）の養嗣子となった。千冬は満九歳九ヵ月の明治一九年三月三日慶應義塾幼稚舎に入った。

慶應義塾入社帳によるとこの前後に義塾に入ったのは小田久太郎、磯村豊太郎、久原房之助、川合貞一らがいたし、幼稚舎で机を並べていたものに本多忠鋒《ただざき》、坪井九八郎、牧口義矩らがいた。

渡辺は義塾の大学部へは進まず東京帝大で学んだ。明治三三年同校を卒業すると実業界に入り、日本製鋼所や北海道炭鉱鉄道の取締役、日仏銀行専務取締役・東京支店長を務めた。

渡辺は同四一年五月施行の第一〇回総選挙では長野郡部選挙区から政友会で立候補して当選し、政界へ一歩足を踏み出した。このとき政友会は過半数を超えていたため政局も安定し、四年の任期一ぱい務めている。

渡辺が衆議院議員を一期務めただけで辞めたのは、衆議院議員在職中に貴族院勅選議員だった実父千秋が死去し、養父の国武も政界引退を仄めかしていたので、貴族院への鞍がえを狙っていたのではなかろうか。

三人目の大臣

大正八年、養父国武の死去に伴い子爵を襲爵した。翌九年七月には貴族院子爵議員の互選が行われた。貴族院議員のうち皇族・公爵・侯爵・勅選議員は終身議員であるのに対して、伯爵・子爵・男爵・多額納税議員は任期七年であったため互選を行って来た。渡辺は子爵になりたてながら早々に議員に選ばれている。

親譲りというか、渡辺は政治力——人心収攬術に長けていた。一年生議員ながら貴族院最大派閥の研究会の領袖となっている。

大正一五年には子爵議員に再選された渡辺は昭和四年七月、民政党の浜口（雄幸）内閣の司法相として入閣した。かつて政友会党員であった渡辺を反対党の内閣が受け入れたのも貴族院最大派閥の意向を無視出来なかったことや、五十三歳という大臣「適齢」だったからだろう。

渡辺の司法相在職期間は次の若槻（礼次郎）内閣と合わせ二年五ヵ月に及んだが、腕を振るう機会はほとんどなかった。そればかりか浜口内閣は慢性的不景気に対処するため緊縮政策をとることとし、手はじめに全官吏の俸給を一割減額する方針を明らかにしたが、渡辺の膝元の判・検事が真先に反対運動を起こした。これが切っ掛けとなり各省とも司法省に同調、結局政府は減俸案を撤回せざるを得なくなり面目を失った。

追い掛けるようにウォール街の株大暴落にはじまる世界大恐慌が日本を襲い、内閣は四苦八苦の有様だった。それでも昭和五年二月施行の第一七回総選挙で勝利を収め懸案のロンドン海軍軍縮条約調印に漕ぎつけた。

しかし海軍の条約反対派は野党政友会を巻き込み、反対運動が起こった。条約締結が国防を危うくするものとかんがえる右翼が東京駅で列車に乗り込もうとした浜口首相を狙撃、重傷を負わせた。後を継いだ若槻首相の昭和六年九月、満州事変が勃発し、見る見るうちに拡大し、軍部の暴走を抑え切れなかった若槻内閣は総辞職した。

次の犬養（毅）内閣は政友会だったので渡辺の入閣はなかった。また犬養首相暗殺後の内閣は政党員の入閣はあったものの、主体は軍人・官僚であったのでその後も渡辺は入閣はしていない。ただ渡辺は古参議員であったので、第七四通常議会（昭和一三・一二～一四・四）で貴族院予算委員長に選ばれた。当時日華事変のさなかであったので、昭和一四年度予算は波瀾なく成立している。

渡辺はその年の八月、枢密顧問官となったが、一年足らずの昭和一五年四月一八日死去した。数え年六十五歳であった。

戦後岸信介・佐藤栄作兄弟首相や船田中《ふなだなか》・享二《きょうじ》・藤枝泉介《ふじえだせんすけ》三兄弟閣僚など大臣一家は珍しくないが、戦前一家から三人もの大臣を出したのは極めて稀とされている。

中島　久万吉——足利尊氏賛美論で失脚

戦時首相秘書官

中島久万吉《くまきち》は明治三（一八七〇）年七月二四日、神奈川県横浜弁天通で県令中島信行の長男として生まれた。父信行は高知藩士で坂本竜馬の海援隊に入り活躍、明治維新後大蔵省紙幣権頭、租税権頭を経て神奈川県令となった。この後元老院議員、衆議院議員、同議長から貴族院議員に勅選され、男爵を授爵している。

久万吉は明治一七年三月、慶應義塾幼稚舎に入った。この年幼稚舎に入った者の中に田中萃一郎、原十太、高野岩三郎、奥平昌恭、朝吹常吉、武智直道、朝倉伝二郎（旧姓松田）らがいた。

中島がいつごろまで幼稚舎にいたのかはっきりしないが、比較的早く転校したらしい。明治学院を経て東京高等商業学校（一橋大の前身）を卒業し東京株式取引所に入ったが、明治三二年三月、父信行の死去に伴い男爵を襲爵した。

明治三四年六月、第一次桂（太郎）内閣が成立すると首相秘書官に抜擢された。首相の職務は広範囲であり、普段でさえ忙しいのに一時的とはいえ、桂は内相・文相を兼務したため秘書官の忙しさも倍増した。さらにわが国の命運を賭した日露戦争に直面したため秘書官の忙しさは計りしれなかった。

この活躍が認められ、明治三七年七月の貴族院男爵議員の互選に当たって、政府から根回しがあったのか三十一歳の若さで男爵議員に互選された。また翌三八年には義塾の特選塾員になっている。

産業合理化推進

日露戦争後の明治三九年、桂内閣総辞職に伴い中島は秘書官を辞任し実業界に転じた。中島は古河市兵衛に見込まれ、古河系の会社で経営に当たっていたが、横浜電線製作会社の社長になっている。中島はこの会社を古河系列に組み込み、古河電気工業とした。また横浜護謨（現、横浜ゴム）を設立、社長に就任し古河財閥の発展に寄与した。

大正に入ると財界活動にも力を入れ、同五年には日本工業倶楽部の若手会員を代表し専務理事に就任し、会長を扶け同会の活性化・発展に尽くした。

中島は明治三七年の男爵議員互選では議員に選ばれたが、同四四年の互選では互選されてない。おそらく首相秘書官であれば政府と議会との「潤滑油」になるだろうとの思惑があったのではないか。しかし中島が議員を離れると何かと不便な面があるとして大正七年の男爵議員互選では財界を代表して選ばれた。以後同一四年、昭和七年の二回男爵議員に選ばれている。

第一次世界大戦、関東大震災後のわが国は物価高と慢性的な不景気に悩まされて来た。昭和のはじめ、田中義一内閣は対華強硬政策を推進するため統制経済の実現を検討しはじめた。その一環として内閣直属の資源局を新設したほか、陸軍省に軍需局を設置した。

次の民政党浜口（雄幸）内閣は一転、外政では対華宥和政策に戻すとともに内政では緊縮財政・工業重視政策を実施した。しかし産業政策について業種間・企業間の思惑が錯綜し、足並みが乱れていた。そこへ起こったのがウォール街での株価大暴落による世界大恐慌であった。政府はその波及を恐れ次々に対策を打ち出している。その一つとして産業合理化審議会を設置（昭四・一一・一九）したが、具体的施策は商工省の外局の臨時産業合理局で立案することとし、翌五年一月二一日にその官制が公布された。

同局長官は商工相俵孫一自ら兼任し、第一部長に木戸幸一（侯爵）、第二部長に吉野信次が起用され、中島は大河内正敏（子爵）らとともに常任顧問に就任した。

中島が常任顧問に選ばれたのは、日露戦争当時の首相秘書官としてものごとを多角的に見て判断した実績を買われたのだろう。
中島は関係していた会社の役員を全て辞め、企業整理・能率推進・生産費切り詰めとに努力した。

製鉄事業合同

五・一五事件で暗殺された首相犬養毅（岡山　明治九年入）の後継首班に選ばれた斎藤実（子爵　海軍大将）は中国情勢の緊張から挙国一致内閣を成立させた。しかしこの年二月の総選挙で大勝した政友会は民政党との入閣者の割り振りに不満を持ち、一部政友会員が早々に倒閣運動をはじめた。それとは知らず中島は斎藤から商工相として入閣を求められたとき、これまでの経験を活かせると引き受けた。中島は記者会見で抱負を次のように語っている。

…非常時下国民経済もその基調が変化しているし変化しなければならない時代になっている。従って商工省から見た狭い意味の経済政策よりも農林行政、金融政策と連携をとって国家的見地から割り出した広い意味の経済政策を考慮しなければならない。現にフーバー（米大統領）のインフレーション政策が功を奏していないのを見ても瞭らかである。わが国でもとかく大蔵・農林・商工各省がお互いの主張を譲らず抗争するのは醜い話だ。私は合理局顧問としての経験を活かし各省と関係を密にし国家統制のもとにおける経済政策を行いたい。

（東京朝日新聞　昭7・5・26夕刊）

当時の世界情勢において、満州の独立・清朝廃帝の復辟は中国の反発を招いたばかりか、国際聯盟脱退による孤立という非常事態となった。政府は軍部の唱える高度国防国家建設に沿って、軍需産業拡充・統制経済推進を実行に移した。

中島は原材料の少ないわが国が列強各国と競うために基幹産業の生産性を高めるため、製鉄会社の大合同を説いたが、簡単に同調する空気ではなかった。

軍需産業中心の製鉄業の合同は陸海軍の思惑も手伝って手こずったが、王子製紙・富士製紙・樺太工業の製紙三社の合同はすんなり決まり、社長に王子の藤原銀次郎が就任した。

そこで大蔵省と折衝を重ねた末、銑鉄の関税を二・六倍にすることとし、これと引き換えに製鉄業合同を目的とする「日本製鉄株式会社法案」を昭和八年の第六四通常議会で成立させた。同法はまず官営・製鉄所を民営に移し、これに民間各社が参加する、出資は現物出資とする、政府は株式の過半を保有するとともに、監督権を保留するなどを骨子としていた。また同社には九州製鋼、東洋製鉄、三菱製鉄、釜山製鉄、輪西製鉄など財閥系を含む大手各社が参加し、昭和九年二月一日に発足した。

製鉄合同計画では年間鋼鉄一九〇万トン、銑鉄一七万トンを生産すると、銑鉄の生産費が一トン当たり五円安くなるなど合同効果を上げられるとしている。中島の統制経済は一歩一歩着実に進み順風満帆のように見えたが、思わぬ些細なことから失脚という悲運に見舞われた。

雑誌「現代」（昭和9・2）に掲載された中島の足利尊氏賛美論が右翼団体から非難攻撃されたため、講談社は同誌を回収・廃棄した。「俳人」中島が句誌に掲載する随筆を書生が間違って「現代」の編集者に渡したことが判ったが、結果責任を問われることになった。

この事件が起こる前年京大教授滝川幸辰の刑法学説は赤化思想であるとして文相鳩山一郎は滝川を休職処分、著書『刑法読本』を発禁にしたことから法学部長以下一八人の教授・助教授が学問の自由を守るため辞職した「滝川事件」が起きており、首相は困惑しきっていた。中島は事の重大さに気づき、「日鉄」発足一週間後の二月八日辞職した。

戦後中島はそのときの経緯を次のように語っている。

…大臣になる前に句誌「倦鳥」に（随筆を頼まれたので）興津の清見寺にある足利尊氏の木像を見た印象として下膨れをした鷹揚な態度は大したものだ、と書いただけで建武の中興のことを論じたものではない。その後雑誌社から私の随筆を求めて来たとき書生が私に無断で句誌の随筆を見せたところそれが転載され世間を騒がせる結果となった（時事新報　昭23・12・26）。

砂上の楼閣

中島の不運はさらに続いた。時事新報は中島の筆禍事件が起きる少し前から「番町会を暴《あば》く」という記事を連載し、長崎英造・永野護・河合良成ら麴町区（千代田区）番町を根城とする政財界人グループが官僚を動かし巨利を貪っている、と書き立てた、その連載記事の中に中島を巻き込む端緒となった「帝人事件」を取り上げていた。

大正末期、帝国人絹製造の親会社鈴木商店の経営が悪化し、融資していた台湾銀行とともに倒産、昭和二年の銀行取りつけ騒ぎに発展した。金融騒動終熄後、台湾銀行は貸付金回収のため鈴木商店と帝国人絹の経営を管理することとし、融資の担保として帝人株二二万五千株を取得し、同社の株式総数の過半数を抑えた。その後人絹の暴騰により帝人の業績も見る見るうちに回復した。鈴木商店の番頭だった金子直吉、藤田謙一らは帝人株の値上がりを見越し、台湾銀行から帝人株を買い受けようとしたが、台湾銀行はこの求めに応じようとしなかった。この藤田らの動きに永野ら番町会のメンバーが協力し、政官界に働きかけ帝人株買い受け運動を展開した。その後、番町側は藤田らと行動をともにするのを止め、文相鳩山一郎・商工相中島久万吉・大蔵次官黒田英雄に買い受けの斡旋を依頼したり、生命保険や絹糸商に呼びかけ、買い受け団を組織している。結局この運動が実を結び買い受け団は一株一〇円で一〇万株取得した。しかも帝人が増資を計画しているという情報もあって株価はあっという間もなく一五〇円に上がった。

金子や藤田らは途中から仲間外れにされたため、成り行きを見守る以外手だてはなかったが、番町会を中心とする買い受けが成功したのを見て憤慨し、この買い受け運動を巡って贈収賄があり、鳩山・中島・鉄道相三土忠造《みつちちゆうぞう》ら斎藤内閣の閣僚が背後で暗躍した、と攻撃した。「番町会を暴く」の記事は藤田側から流された情報によるところが大きいのではなかろうか。

一方、検察当局は台湾銀行頭取島田茂、帝人社長高木復、買い受け側の永野・長崎・河合らを取り調べるとともに、黒田ら大蔵省幹部を検挙し立件の意思を示した。このため斎藤内閣は総辞職し、昭和九年七月三日に岡田（啓介）内閣が成立したが、その翌日中島らは東京地検に召喚され、その後市ヶ谷刑務所に八〇日間収容されて取り調べを受けたのち起訴された。

容疑者の中には取り調べの際、人権を蹂躪されるような苛酷な仕打ちを受けた者があったといわれたことから、貴・衆両院の本会議や予算委員会で司法ファッショ批判の声があがった。

裁判は長引き、三年後の昭和一二年一二月一六日になってようやく判決が出たが、裁判長は判決文の中で検察側の立件の手法は「空中楼閣」でしかないと断定し、被告一六人全員に無罪を言い渡した。

中島の筆禍事件にしても帝人事件にしても後から見直してみるとどうも斎藤内閣倒閣運動の道具として使われた節がある。中島はその犠牲となったといってもよかろう。

中島は起訴から判決までの間所属していた公正会を脱会しているし、男爵の礼遇不亨であったが、無罪判決で公正会へ戻り礼遇不亨も解除された。

〔注〕礼遇不亨とは爵位に相応しい待遇を受けられない礼遇停止より軽い処分　最も重い処分は爵位返上。

中島は日中戦争が中国全土に拡大の一途を辿っている非常事態を考慮し、昭和一四年に施行された男爵議員互選には推薦を辞退し政界から引退した。

実業界に戻った中島はその後東京地下鉄社長、戦後には日本貿易会・国際電信電話会社各初代会長、文化放送会長などを歴任している。

昭和三五年四月二五日、歴史の波に翻弄された中島は満八十六歳の生涯を静かに閉じた。

山本　達雄——辣腕・孤高

日銀総裁

山本達雄は安政三（一八五六）年三月三日、豊後国臼杵郡梅添村（現、大分県臼杵市）で臼杵藩士山本確の二男として生まれた。明治二年に山本幽妻の養子となったが、養家先が貧しかったので大阪へ出て小学校の訓導をしながら勉強をしていた。学資も蓄えられたので上京し、慶應義塾に入社した。明治一〇年数え二十二歳のときのことである。当時の義塾には森田文蔵（号・思軒）、赤坂亀次郎、三輪信次郎、江口三省（のち小松姓）、斎藤珪次らが学んでいた。山本の後から菅了法《すがりょうほう》、伊藤欽亮、木暮武太夫らが入って来た。

山本が義塾で学んでいた時期は比較的短い。学資が足りなくなったこととともっと実務的な勉強がしたいということから、豊川良平の主宰する三菱商業学校へ転校した。明治一三年には第一期生として同校を卒業すると岡山商法講習所教頭となり、ついで大阪商法講習所校長となった。山本は根っからの政治好きだったらしく、毎日のように政治論を生徒に聞かせていたので、生徒から喜ばれたものの府当局は地方吏員として相応しくないとの理由で山本を罷免してしまった。

帰郷した山本は豊川のあっせんで、郵便汽船三菱会社に入社し横浜支店で働くこととなった。当時の海運界は郵便汽船と三井系の共同運輸会社とが激しい闘いを展開していた。そのままでは共倒れになるおそれが出て来たので、監督官庁である農商務省は当初共同運輸支持の方針を採っていたのを明治一八年になると急遽その方針を放擲し、両社の対等合併による日本郵船会社を設立させた。郵便汽船から日本郵船に移り東京支店副支配人を勤めた。

山本は三菱の「大番頭」川田小一郎に重用された。川田は三菱合資の創立者岩崎弥太郎の死後も事務監督を務めていたが、二代目岩崎弥之助（弥太郎の弟）と折り合いが悪く、明治二二年九月に日本銀行総裁に転出した。山本は川田について日銀に移り、はじめ営業局筆頭書記、ついで営業局長、理事と進んだ。営業局長になったのは入行して二年経っていなかったが、川田は営業の全てを山本に任せ切っていた。山本は辣腕ぶりをいかんなく発揮し名営業局長と謳われた。しかし同二九年に川田が急逝し、岩崎弥之助が後任総裁に就任すると、川田に可愛がられた山本は冷たくあしらわれた。

鼻っ柱の強い岩崎は歴代蔵相としばしば衝突していたが、大隈（重信）内閣の蔵相松田正久との低金利政策をめぐる確執で岩崎は任期半ばで辞職したのだった。

後任総裁の選考は難航を極めた。川田・岩崎と二代続けて三菱から総裁を出しているので、今度は行内からという声が高まり、河上謹一を推す動きが強かった。一方、大隈内閣の与党である憲政党は犬養毅、竹内綱（戦後の首相吉田茂の実父）を推したり、財界も原六郎、園田孝吉といった名を挙げ、収拾がつかなかった。このような事態の打開をはかるため河上を諦め、山本を推した。もし行内から人を得られなければ理事・監事・局長ら幹部が連袂《れんぺい》辞職する決意をしめした。大隈内閣もこれを受け入れ、山本の第五代日銀総裁が実現した。

金融界から政界へ

山本達雄が三菱系の会社にいたり、川田小一郎に可愛がられたことから三代続けて三菱出身の日銀総裁と見る向きもあるが、大方は初の行内生え抜きの総裁と見ているようだ。ただ薄井佳久・河上謹一・鶴原定吉ら生え抜きの幹部は、何をするにしてもよもや自分たちの意思を無視することはあるまい、と考えていたが、山本は行内一致をモットーに他からの雑音排除に努めた。それが嵩じて岩崎時代に確立した役員・局長合議制を止め、川田時代の独裁に戻った。

このため山本と薄井らとはことごとく対立し、行内は刺々しい空気となった。一時期山本や薄井らと理事を勤めたことのある正金銀行副頭取高橋是清が仲介しようとしたが、実際はどうすることも出来ない状態であった。高橋が手を引くのとほとんど同時に薄井ら三理事・文書局長植村俊平・西部支店長志立鉄次郎（福澤諭吉四女滝（たき）の夫　東大出　のち日本興業銀行総裁）ら三支店長がそろって山本総裁排斥の意味をこめて辞表を提出した。既に大隈内閣は倒れ、山県（有朋）内閣となっており、蔵相も松田から松方正義（元首相）に代わっていたので、大隈色の強い人事一掃の一つとして山本更迭論が高まったが、高橋は政府高官を相次いで訪ね、国家中枢機関のトップを役員や従業員がボイコットするのは秩序を紊すばかりでなく海外に与える影響もよくないので更迭は避けるべきだ、と説いて回った。かつて川田が育てた有為な人材は山本一人だけではない、として山本に批判的だった松方も結局山県の裁断に従い、山本の留任を認めざるを得なかった。

この紛糾で日銀の優れた多くの幹部がいなくなってしまったので、高橋が久しく空席だった日銀の副総裁の椅子につき、山本を助けることとなった。

危機を乗り切った山本は自信を持って業務に当たった。とくに北清事変後清国向け輸出が激減したため、明治三二年～三四年に関西で発生した金融恐慌ではいち早く救済資金を出して鎮静化を図った。その措置は中央銀行としてリスクが大き過ぎると批判する向きもあったが、多くの人は地域規模の恐慌を止めた実績を評価している。

山本は日銀の任務の中で、産業振興のための資金供給が第一であるとしていたので、政府の大幅な借り上げ要求には赤字予算になる、と難色を示していた。時あたかも日露間の情勢が厳しく軍備の充実が緊急課題であった。桂（太郎）内閣の新蔵相曽禰荒助は財政・金融に全くの素人で陸海軍大臣の言うがままに大規模な公債発行を受け入れる方針だった。山本は果して消化しきれるかどうか見通しがつかなかった。伊藤博文の直系を自負する曽禰は山本の慎重な態度にあきたらなかったので、任期一ぱい務めたところで更迭した。後任は大蔵省理財局長松尾臣善であった。

山本は日銀総裁を辞めて一ヵ月後、黒岡帯刀（予備役海軍中将）、後藤新平（台湾総督府民政長官）らとともに貴族院議院に勅選された。また明治四二年には日本勧業銀行総裁に選任されたが、二年後の同四四年には第二次西園寺（公望）内閣の蔵相に親任された。山本は西園寺内閣の行政・財政政策に基づき、陸軍から要求が出ていた増師―二個師団の増設―に与党政友会が消極的であったことから難色を示した。これに対し陸相上原勇作は強く抵抗、増師が容れられないと知るや天皇に帷幄上奏し単独辞職した。陸軍は後任を推薦しなかったため西園寺内閣は総辞職した。山本の蔵相は一年余りの短期間だった。

当時政友会内に財政・金融通がいなかったので山本は誘われるまま政友会（貴族院では交友倶楽部）に入った。

苦難の政治家

西園寺内閣の後継内閣の首班は桂太郎となり、蔵相に若槻礼次郎が就任したが、一たん内大臣（天皇の政治参謀）として宮中に入ったものが再び首相として政府に戻るのは憲法の精神に悖るとして第一次護憲運動が起こり、桂内閣はわずか二ヵ月で崩壊した。次の山本（権兵衛）内閣は政友会の支持で成立した。この内閣の蔵相に日銀総裁高橋是清、農商務相に山本が起用された。

山本は産業振興政策に努力し手腕を見せたが、同内閣はシーメンス事件（軍艦建造汚職事件）によって総辞職し、在任一年余りで退陣せざるを得なくなった。山本は身辺を清潔にしていたので尊敬されたが、自説を曲げないため「子分」が出来なかった。憲政会の第二次大隈内閣、軍人の寺内（正毅）内閣を経て四年後に政友会の原（敬）内閣が出来たものの、原の意向で山本内閣同様蔵相に高橋、農商務相に山本を選んだ。

原首相が東京駅で暗殺されたあとを誰にするかということになると、山本よりも原内閣の蔵相だった高橋是清を選ばざるをえなかった。山本は高橋内閣に農商務相として留任した。

高橋内閣は党内外から弱体内閣との批判を受け、内閣改造をこころみたが、失敗したためわずか七ヵ月で倒れ、加藤（友三郎）内閣が誕生した。ところが一年余りで加藤首相が病没したため、関東大震災の翌日第二次山本内閣が成立した。

求められるままに第二次山本内閣で三度目の農商務相として入閣し、関東大震災後の東京復興に全力を挙げていたが、大正一三年一月帝国議会開院式後皇居に戻られる途中の摂政宮（のちの昭和天皇）の狙撃事件が起きた。摂政宮に怪我はなかったが、内閣は責任を取り総辞職した。組閣から四ヵ月しか経っていないため山本としては実績を上げる暇もなかった。

政友会は後継首班清浦奎吾に協力するかどうかで揉めたとき、高橋総裁は不支持を表明したのに対し高橋を快く思わない山本をはじめ元田肇、床次竹二郎、中橋徳五郎、高橋光威らが連袂脱党、これをきっかけに脱党者によって政友本党を結成した。残留者一二九名に対し新党に走った者は一四九名に上り、衆議院の第一党にのし上がった。

これに対し政友会の高橋是清、憲政会の加藤高明、革新倶楽部犬養毅の三党首は清浦内閣の出現が政党政治に逆行するとの認識の基に、倒閣運動を展開することになった。この運動は尾崎行雄や貴族院の観樹・三浦梧楼子爵も加わり第二次護憲運動に発展した。

政友本党は直後の総選挙で第二党に転落したため清浦内閣は総辞職を余儀なくされた。同党結成の中核であった山本は責任をとって総務をやめた。

再び脚光

総選挙に敗れた政友本党は空席になっていた総裁に床次をあてて再起をはかる一方、総選挙の指揮をとった幹事長高橋光威は敗戦の責任をとって総務に退いた。山本もこのとき総務を辞めている。政友本党は次の総選挙にも敗れ、民政党へながれるものや政友会に戻るものが相次いだため昭和四年に解党した。政党の離合集散を目の当たりにした山本は政党政治に失望し、一歩離れた立場で政治に携わった。

大正から昭和に入ると政治・経済の様相は大きく変貌した。恐慌・失業に加えて軍部・右翼の台頭で折角芽を出した民権運動も伸び悩んでいた。

昭和六年九月一七日、奉天（現、瀋陽）郊外柳条湖での満鉄爆破事件に端を発した満州事変の拡大で民政党の第二次若槻内閣が総辞職し、代わりに対華強硬路線をとる政友会の犬養内閣が誕生した。同内閣は戦火が満州だけでなく上海に飛び火するなど収まる様子もなく、しかも陸軍が満州を独立させる企図が実現しそうなのに危惧を抱き中国との停戦を急いだ。これが軍部を怒らせ海軍士官らによる犬養首相暗殺の五・一五事件の発生となった。

山本が再び脚光を浴びたのはこの不幸な事件が起きて政変となったためである。後継内閣をどうするか、誰しもこの非常時を乗り切るためには挙国一致内閣を作るべきだとし、斎藤（実）内閣の成立をみた。「副首相」格の内相で入閣した山本は財政・経済のエキスパートとしての活躍が期待された。

満州・上海事変は終結したものの、満州国の独立で世界の批判の中を国際聯盟脱退へと悪い方向へ進んだ。さらに「京大・滝川教授事件」「帝国人絹汚職事件」などが政治問題化し総辞職に追い込まれた。

世論は非常時内閣を待望しており、清浦奎吾、床次竹二郎といった官僚出身者への期待が強かった。しかし昭和七年の総選挙で圧勝した政友会は政党内閣の再現を目論み、西園寺ら重臣への工作に力を注いだ。

山本への働きかけもあり、周囲も政友会から出るとすれば山本をということになった。そうこうしているうちに東京朝日、東京日日、時事新報など有力紙が一斉に「山本男（爵）有力。斎藤子（爵）大命再降下も」の見出しが人目を惹いた。しかし実際は、山本らがかつて政友本党を創ったしこりが残っていたし、軍部の強い反対や新進官僚に踊らされた近衛文麿（公爵　のち首相）が海相岡田啓介を強く推したことから山本の起用も斎藤の再降下もなくなり、岡田の登場となった。岡田は「条約派」――海軍軍縮賛成派で、比較的穏健なものの考えの持ち主――であった。その穏健さに飽き足らぬ陸軍の青年将校たちは重臣襲撃の二・二六事件を起こしている。

山本はこのときから事実上第一線を退いたといってよかろう。ただ貴族院の勅選議員は終身議員なので、終戦後貴族院が廃止されるまでの四三年余りの政治生活を送った。

昭和二二年一一月一二日九十二歳の天寿を全うした。

優れた才能と手腕を持ちながら原理原則が先に立ち、妥協も許さず手加減もしないことから子分もなく味方も少ないため宰相になり得なかったのではなかろうか。

第Ⅴ部　動乱期（昭和終戦まで）

政府は国策遂行の一環として言論・学問・宗教の自由を弾圧した。実業界から政界に入った武藤山治は正論を唱え続けたが、却って同志をうしなったばかりか政治と関係のない男に射殺される悲運に遭っている。

昭和一一年二月二六日、陸軍将兵によるクーデターが起こり斎藤実前首相ら重臣が殺された。昭和天皇はクーデターの鎮圧をお命じになった。

この年、張学長（張作霖の長男）は共産党の掃討に当たっていたが、蔣介石軍事委員の方針に内心反対の張は、西安に作戦の督励に来た蔣を監禁し「国共相撃つ愚」を諫めるとともに早期対日統一戦線結成を求めた。翌一二年七月はじまった日中戦争で中国は徹底抗戦を続けた。

わが国は相変わらず中国を侮り、やがて講和を求めてくると思い込んでいたようだ。そういう風潮の中にあって財界出身の塾員池田成彬（第一次近衛内閣蔵相）、藤原銀次郎（米内内閣商工相）、小林一三（第二次近衛内閣商工相）らは決して楽観視していなかった。それにもかかわらずドイツの欧州制覇を信じていた政府は日独伊三国同盟を結び米国に対抗しようとした。はじめ中国援助だけだった米国も対日戦略物資の輸出禁止から経済封鎖へと拡大した。政府は打開交渉をはじめたが双方とも譲らず、日本軍の中国全面撤退を含む厳しいハル・ノート（ハル国務長官覚書）を手交した。わが国はこれを最後通諜と受け取り、太平洋戦争を起こした。これをもって太平洋戦争を自衛戦争とするものもいるが、これは歴史を知らないものが言うに過ぎない。

昭和一六年一二月八日からはじまった太平洋戦争は、はじめ東南アジアを制圧していたが連合国軍の反撃にあい、頼みとするドイツ・イタリアの降伏、同二〇年八月の広島・長崎への原爆投下、ソ連の対日戦争参加もあってポツダム宣言を受諾した。

日本は戦後新しい憲法のもと民主化の道を歩みはじめた。

戦後六〇年、憲法や教育基本法改正の動きがあるが、遵法精神のない政治家、官僚主導の改定では、かりに改正されても運用次第では最悪の事態を招きかねない。

現在わが国は、戦後日本再建の心構えを説いた小泉信三、高橋誠一郎が文相時代に成立した教育基本法などを忘れてはならない。

武藤　山治――在野精神の権化

起業家候補生

武藤山治は慶応三（一八六七）年三月一日、尾張国（愛知県）海部郡鍋田村（現、立田村）で佐久間国三郎の長男として生まれた。ほどなく揖斐川を挟んで対岸にある父の故郷の美濃国（岐阜県）海津郡蛇池村（海津町）へ移った。明治一三年五月、数え十五歳のとき上京し慶應義塾幼稚舎の前身である和田塾に入った（この年和田塾を幼稚舎と改称）。

当時幼稚舎には毛利五郎、陸奥広吉、川村鉄太郎、馬越孝二郎らが学んでいた。

また本科では阿部宇之八、伊東祐侃、小松謙次郎、日比翁助らがいた。

武藤の成績はずば抜けて良かったらしく幼稚舎から比較的早く本科に移ったばかりでなく、本科も同一七年七月には日比翁助や門野重九郎らとともに卒業している。

卒業一年後武藤は同じ年に卒業した桑原虎治や和田豊治とともに渡米し、苦学しながら経済・産業の新知識を吸収して明治二〇年帰国した。

帰国後、武藤は広告社を起こしたが、当時は広告に対する理解が乏しく自ら広告をとって歩いたものの成果は余り上がらなかった。ついでジャパン・ガゼット（新聞）社長となって言論界に飛び込み悪戦苦闘を続けた。明治二五年、武藤は三井銀行理事の中上川彦次郎の目に留まり三井銀行に入った。

当時三井銀行は近代化を図るため若い有為な人材を集めており、前年藤山雷太、この年和田豊治、小林一三、西松喬、武藤の入った翌年に波多野承五郎、鈴木梅四郎、柳荘太郎らが同行に入って来ている。

鐘紡育ての親

武藤は三井銀行に入って二年後の同二七年四月、三井銀行から鐘淵紡績へ転出を命ぜられた。当時の鐘紡は赤字続きでその建て直しに中上川が乗り出し、武藤を派遣することとなった。二十八歳の武藤は兵庫支店支配人として月産四万錘の新工場を建設し関西の出城を築くといった大仕事を成し遂げたが、日清戦争のため建設延期論がでたり、大型の蒸気機関の納入が大幅に遅れるなど道のりは決して楽ではなかった。

新工場が稼働しはじめたのは明治二九年八月であったが、ライバル紡績会社から工員の引き抜き事件が起こったりして、同工場が軌道に乗るまでかなり時間がかかっている。

しかしその苦労が認められ、入社五年目の同三二年には本社支配人に抜擢された。もっとも東京に戻ってほどなく松方（正義）蔵相の緊縮財政の煽りで運転資金のやり繰りが苦しくなり、メインバンクの三井銀行から借りるばかりでなく、横浜正金銀行・三菱合資銀行部などから借りざるを得なかったし、最後には原料の綿花を担保に日本銀行から借り、急場を凌いだこともあったという。武藤はこの経験から会社の基盤強化の必要性を痛感し、常に経営の合理化を心掛けたという。

経営基盤強化策の一つとして生産規模の拡大がある。強気の武藤はまず九州紡績・中津紡績・博多紡績を吸収合併し、九州地方は鐘紡が手中に収めた。ところが三井銀行が所有していた鐘紡の株を放出したため、これを手に入れた群馬の資産家鈴木久五郎が同二九年臨時株主総会を招集、増資決議を強行した。このため武藤は支配人の職を辞したが、二年後鈴木が投機に失敗・没落したことから武藤は鐘紡に復帰し専務取締役になった。

実業界のために

鐘紡専務に返り咲いた武藤は従来にも増して経営規模の拡充に力を入れる一方、品質向上・従業員の勤務条件改善などに十分配慮した。事業が軌道に乗り心に余裕が出来た武藤は、政治に関与したいという思いを強めていった。政治好きで衆議院議員もやったことのある父佐久間国三郎が山治を慶應義塾に入れたのも、福澤諭吉の開明的なものの考え方に賛成したからにほかならない。武藤は義塾で学んだことのうち国家・社会については念頭になかったものの、落ちついてみると父と同様直接政治に関わることになった。

まず武藤は大日本実業組合聯合会を創立し、委員長となって政治から実業界の自立を促す運動を起こした。当時の経営者の多くは自分の企業さえよければいいという考え方が強かったので纏まりが悪かった。そこで武藤は経営者が団結しやすいよう事業税の撤廃を当面の目標にしたてる。当然政府の武藤に対する風当たりは強かったが、実業界の切れ者として注目を浴びる結果となった。

大正一〇年一〇月、ワシントンで開かれる第一回国際労働会議に武藤は使用者代表として派遣されることとなった。政府（中立）代表には慶應義塾塾長鎌田栄吉、労働者代表に大原社会問題研究所長高野岩三郎が決まった。わが国の代表が三人とも義塾出身者ということとなったが、出発直前労働総同盟友愛会からクレームがつき、鳥羽造船所技師長柳本卯吉が労働者代表となった。

武藤が使用者代表に選ばれたのは社会に対する先見性・経営についての進歩性が評価されたからにほかならない。今となってははっきり判らないが、当初鎌田・武藤・高野の三人を選んだのは原（敬）内閣書記官長高橋光威が推進した人事といわれる。

この会議は一ヵ月間白熱の論議を展開した結果、八時間労働制をはじめ失業の予防、労働に従事する母体の保護などを決議し成功裡に閉会した。

実業同志会を起こす

武藤はこの会談後、世界情勢を踏まえたうえで政治改革の必要性を強調した。武藤は高橋（是清）

蔵相の放漫財政を不満とし、これに追随する井上（準之助）日銀総裁とともに厳しく批判している。そうこうしているうちに、井上は日銀総裁のまま日本経済聯盟発起人に加わったことから武藤は怒りを爆発させた。同一一年八月一八日付東京・大阪両朝日新聞に「井上日銀総裁に問う」と題する次のような要旨の公開質問状を寄せた。

…わが国の実業家は政府の庇護救済を得んとしている。実業家の一大聯盟が出来ると一層この弊風を助長することになる。私のように政府の庇護救済に反対するものは、はじめから加入しない方がよいと思う。

日銀総裁は官吏である。中央銀行の総裁を官吏としているのは、その職務を厳正にするためのものである。それにもかかわらず特定の実業家ととかくの噂があるのは綱紀上許せない。またこの聯盟の発起人となるのは中央銀行総裁としてあるまじき行為である。加藤（友三郎）首相、市来（乙彦）蔵相はこれを是認するか、どうか。…

結局、井上は聯盟から手を引き武藤の勝利となったので、ますます武藤の政治に対する意欲が大きくなった。

ところが大日本実業組合聯合会から大阪聯合会が突然脱退し足元を掬われた恰好となったが、武藤はこれをばねとして同志を糾合し政治団体の実業同志会を結成した。

実業同志会は大正一三年五月施行の第一五回総選挙に候補者三〇余人を立てて戦った結果、武藤ら同志会公認の八人が当選した。選挙後、無所属で当選した一人が入会し九人となった。

この選挙で与党の政友本党は大敗し清浦（奎吾）内閣は瓦解した。政友会・憲政会・革新倶楽部からなる護憲三派は憲政会の加藤（高明）内閣を成立させている。武藤は第四九特別議会本会議で浜口（雄幸）蔵相に対し、財政・行政整理および緊縮財政策・金解禁問題などについて質問した。これに対して浜口は誠意ある答弁をし武藤を納得させている。

武藤が掲げた高い理想は選挙民には中々理解されなかったようである。選挙の度に同志会は議席を減らしたため、鶴見祐輔の国民党と合同し国民同志会を結成、心機一転党勢拡張を図ったが、思うに任せなかった。理想と現実の厳しさを痛感させられたのだった。この間昭和五年一月には長年手塩にかけて育てた鐘紡から手を引き、政治に専念することとした。

武藤としては理想の実現になんとか頑張り続けたかったが、世論のバックなしでは何も出来ないことが判り、懸案となっていた時事新報社の経営を引き受けることとした。

凶弾に倒れる

実業同志会を国民同志会に改組したものの、やはり退勢を挽回出来なかったので国民同志会を解散し、自身も昭和七年二月施行の第一八回総選挙には立候補を取り止め政界の第一線を引退した。しかし福澤諭吉のように新聞の力によって世論を動かしたいと考えていたところへ、時事新報経営の話が持ち込まれた。

時事新報社は大正年間の大阪進出が躓きのはじまりで、大正一二年の関東大震災で大打撃を受けた。東京朝日・東京日日両新聞社のように大阪に本社のあるところは復旧も早かったが、東京を本拠とする時事新報社は遅々として復旧が進まず部数の回復は儘ならなかった。

昭和七年四月、武藤は時事新報社長に就任した。このとき武藤は六十六歳、新しい事業に懸念する向きもあったが、〝起業家精神〟に富む武藤はその建て直しに力を注ぐとともに激しい筆致で不正・不条理を糾した。

明治時代の政論新聞全盛時代と違って客観記事中心の時代に変わっていた。しかしどの新聞を見ても同じでは詰まらないとばかりにスタッフを一新し、読者を惹きつける記事で埋めつくした。その一つが「帝人事件（帝国人絹汚職事件）」の発端となった「番町会を暴く」がある。
〔注〕「帝人事件」については中島久万吉の項参照のこと。
『時事新報』は市井の些事も見逃さなかった。火葬場移転問題は武藤の主張通り展開していたが、これに反対する福島新吉という失業中の男が昭和九年三月九日、北鎌倉の私邸を出た武藤を拳銃で狙撃したあと自殺した。武藤は二日後の一一日死去した。数え年六十八歳であった。

反骨・在野精神を貫いた武藤の心の底にあったものは何か。「憤怒し得させる人と事を共にしたることはなし」というドイツの文豪の言葉を座右の銘としていた（筒井芳太郎『武藤山治伝　武藤絲治伝』

二二〜二二四頁）と指摘する人もいる。いま武藤のような気骨のある人を求めるのは無理であろうか。

有馬　良橘――士官教育に傾倒

旅順閉塞隊指揮官

有馬良橘《りょうきつ》は文久元（一八六一）年一一月一〇日、紀伊国和歌山城下（現、和歌山市）で藩士有馬元丞の長男として生まれた。藩校で学んだのち明治一四年、数え二十一歳のとき上京し慶應義塾に入社した。当時義塾に学んでいたものの中には坂元英俊、鈴木梅四郎、矢野常太郎、石河幹明、竹越与三郎らがいた。

有馬は義塾で英語・数学・物理を学び、一年後の同一五年一〇月、海軍兵学校に入校した。同一九年一二月に同校を卒業したが、同期で海軍大将になったのは有馬と山屋他人の二人である。同期の中には土屋光金がいるし、江頭安太郎（海軍中将）は評論家江藤淳の祖父であり、山屋他人とともに皇太子妃雅子妃の曾祖父である。

有馬は語学が堪能なところを見込まれて英国に出張しているし、緻密で几帳面な性格を買われて日露戦争直前に常備艦隊参謀となっている。開戦とともに聯合艦隊が編成され、有馬は島村速雄参謀長の下で作戦を担当することとなった。

ロシア極東艦隊はウラジオストックと旅順の軍港を本拠とし、わが陸海軍の補給線を脅かすおそれがあった。米西戦争の際、キューバのハバナ港に碇泊中のスペイン艦隊の跳梁を封ずるためハバナ港の港口に貨物船を沈め、スペイン艦隊を閉じ込めた例を引き、有馬は旅順のロシア艦隊封鎖を進言した。東郷平八郎司令長官は生還の見込みのない作戦を簡単に許さなかったが、綿密な作戦を立てるとともに自ら閉塞隊の指揮官を買って出てようやく認められた。

第一回の閉塞は旅順港入口近くに五隻の貨物船を沈め、作業隊員は随伴水雷艇に収容された。しかしこれでは不十分だとし、第二回閉塞は広瀬武夫少佐が指揮を執ったが、港湾周囲の砲台から集中砲火を浴び広瀬は福井丸船上で戦死するなど、成功とは言えなかったため第三回閉塞を行うこととし、再び有馬が指揮を執りますますの成果を収め閉塞作戦を終了した。

海軍を退役後、有馬は同郷の後輩小泉信三宅を訪ね、長男信吉《しんきち》の求めに応じ旅順閉塞の話をしていたという（小泉信三『海軍主計大尉小泉信吉』四〇～四一頁）。

敬天人愛 268

有馬は日露戦争後砲術学校長、軍令部参謀、第一艦隊（のちの第一戦隊）司令官から中将に進み大正三年海軍兵学校長、同五年海軍教育本部長となったが、四ヵ月足らずで第三艦隊司令長官に転出した。これは艦隊司令長官の経験のないものを大将に昇進させないという海軍の不文律に基づくもので、一年余の司令長官職についたのち再び海軍教育本部長となり、同八年大将に昇進した。

二度目の教育本部長時代は第一次世界大戦が終了後であり、世界各国に自由主義・民権主義の潮流が押し寄せて来ていた。少尉候補生や兵学校生徒の中には哲学書を読み耽り、懐疑的なものの考え方になるものも出て来ている。将来に不安を感じた海軍当局は健全な思想教育の必要性を感じた。教育本部長であった有馬のもとでその対策を検討したが、これは生真面目な有馬にとって打ってつけの仕事であった。

海軍当局は、兵学校があった江田島で民家を借りて生徒に休日をのんびりと過ごさせるとか、若い士官には先任士官が悩みごとを聞くなど、軍艦の士官次室（中・少尉の居住区）で生活がアットホーム（家庭的環境）になるように図ったり、休日で上陸の際、神社仏閣見学などに力を入れ、「善導」に努めた。

予備役になった大正一五年に有馬は海軍在郷将官団体の「有終会」に入ったが、軍縮派でも条約反対派でもないことから同会の中心的人物となり、会長に推された。しかし昭和五年のロンドン海軍軍縮会議について同会会長の立場上重巡洋艦の対米英比率七割、潜水艦対米英比率同率などの強硬論を主張し、「補助艦保有比率米五・英五・日三」の原案支持の浜口（雄幸）内閣の軟弱外交路線を批判した。

翌六年には明治神宮宮司となり、さらに同年一二月二六日には枢密顧問官に親任された。顧問官は憲法・外交・国防・教育など国の基本に関する事項について天皇の諮問に答える職務である。有馬が顧問官になったとき既に満州事変がはじまっており、引き続き上海事変・満州事変・国際聯盟脱退など危険な道を歩み出していた。有馬の顧問官親任は国家主義陣営を勢いづける結果になったようである。

蘆溝橋事変が起った年の昭和一二年秋、有馬は国民精神総動員中央聯盟会長となり、近衛(文麿)内閣の総動員体制を精神面から支えた。

元々有馬は謹厳実直ではあったが、必ずしも国家主義者ではなかったようだ。故郷を愛し義塾を愛する気持ちは変わらないようで、昭和初期には先輩小泉信吉《のぶきち》を懐かしがり、子息信三邸を訪れ、孫のような信吉《しんきち》(同　昭和一六経　南東太平洋で戦死)に旅順閉塞戦の話を分かり易く話す好々爺振りを見せるなど、どうやら時代とともに考えかたも変化したらしい。

太平洋戦争さなかの昭和一九年五月一日、数え八十四歳で死去した。

山本　英輔——叔父・甥海軍大将

メモ魔

山本英輔は明治九（一八七六）年五月一五日、東京で陸軍大尉山本吉蔵（旧鹿児島藩士　首相・海相を務めた山本権兵衛の兄）の長男として生まれた。二歳のとき父が西南戦争で戦死したため、母方の大田家で育てられた。明治二二年、英輔は慶應義塾幼稚舎に入った。

同じ年に幼稚舎に入ったものの中には平沼亮三、今城定政らがいた。

山本は幼稚舎で英語・数学などを学んでから海軍兵学校に入り、同三〇年には第二四期生として卒業した。同期に海相になった大角岑生がいる。

日露戦争では第二艦隊参謀として従軍、活躍している。ハンモックナンバー（海兵席次）が良かったのでとんとん拍子に昇進し、艦政本部第一部長（砲熕兵器担当）、海軍大学校長、第五戦隊司令官、練習艦隊司令官を経て、昭和二年に初代海軍航空本部長となった。翌年横須賀鎮守府司令長官、同四年第一艦隊司令長官兼聯合艦隊司令長官になるという輝かしい経歴を残している。

昭和五年のロンドン海軍軍縮会議で重巡洋艦対米英比率七割保持・潜水艦保有トン数対米英同量を巡り、強硬派の軍令部長加藤寛治と条約派の海相財部彪（山本権兵衛の婿）とが対立、山本は強硬派の一員であったが、最後は重巡七割近い所で纏めた。翌六年には大将に昇進し、再び横須賀鎮守府司令長官を経て軍事参議官となった。真崎勝次・荒木貞亮両海軍少将を中心とする国粋主義を信奉する海軍士官に担がれ艦隊派（反条約派）の旗頭となった。昭和一一年の二・二六事件に当たっては反乱将校から海軍を代表して昭和維新を推進する人物と目されたばかりでなく、真崎甚三郎陸軍大将（皇道派　真崎勝次の兄）でなければ山本を暫定内閣の首班に担ぎ出す動きもあった。しかし陸軍の新しい主流（統制派）は山本の首班には反対していたので、山本も自重していたが、現役士官の政治関与を嫌う海軍当局は事件落着後予備役とした。

第一次大戦後の大正年間賠償使節団の一員としてドイツへ行った際、フリードリヒハーフェンにあった飛行船の大格納庫を接収、解体して霞ヶ浦に建て直した。当時「無用の長物」と陰口を叩かれたが、昭和三年、飛行船「ツェッペリン伯爵号」がドイツから世界一周の飛行の途中、最初の着陸地に霞ヶ浦が選ばれ、大格納庫が役だったことから「先見の明」があった、との讃辞に代わった。さらに霞ヶ浦は海軍訓練航空隊のメッカであり、多くの「赤トンボ」（練習機）を収容の大格納庫は予科練のシンボルとなった。

山本は関心事があるとすぐポケットから手帳を取り出しメモするメモ魔であった。仕事ばかりでなく、ありとあらゆるものをメモし周囲の者を呆れさせた。それでも、行き詰まるとメモを取り出し時には仕事にも役立ったそうだ。

同じ海軍大将であっても、叔父権兵衛に比べるとスケールの大きさでは足下にも及ばなかった。とはいうものの甥英輔は新しもの好きで、飛行機の将来を見越し、海軍航空隊の育成をはじめた。これを発展させ戦果を挙げた山本五十六（元帥　新潟出身）とともに、海軍にとって忘れられない人物とされている。

昭和三七年七月二七日、八十六歳の長寿を静かに卒えた。

竹越　与三郎——日本経済史を確立

哲学・歴史研究

三叉・竹越与三郎は慶応元（一八六五）年一〇月五日、武蔵国本庄（現、埼玉県本庄市）で酒造業を営む清野仙三郎の次男として生まれた。父仙三郎は元々越後国（現、新潟県）中頸城郡柿崎村の出身であったので明治三年には柿崎村に戻っている。与三郎は明治一二年に地元の小学校を卒業したが、教師や周囲のものが与三郎の非凡な学才を認めたこともあって、与三郎は家族に無断で家を出て埼玉県大里郡吉岡村（現、熊谷市）の伯父長井市太郎方に身を寄せ、伯父に上京して勉強したいと訴えた。市太郎の尽力で東京遊学が実現し、同年九月、中村敬宇の同人社に入った。

さらに一年後の同一四年九月、慶應義塾に入社した（入社時の本籍地は新潟）。数え年十七歳であった。当時義塾には鈴木梅四郎、矢野常太郎、石河幹明らが学んでおり、与三郎の後から渡辺治、黒岩周六（号　涙香）らが入って来ている。

時事新報社が出来て一年ほどたった明治一六年に、与三郎は学費の一助にするため同社に入り、翻訳に携わった。またこの年親族の竹越藤平の家督を嗣ぎ、竹越姓を名乗るようになった。

若い竹越にとって福澤諭吉の穏健な自由民権論はもの足らなくなって、同年末には義塾を去り文筆活動をはじめた。まず同一七年五月には翻訳『近代哲学宗教史――総論巻之一』を刊行し、続いて同年暮に『独逸哲学英萃（エッセイ）』を世に問うている。

このころから熱心なキリスト教信者になった竹越は、主として群馬の青年に布教活動・廃娼運動に挺身した。この活動は三年ぐらい続いたし、『上野新報《こうずけしんぽう》』（現、上毛新聞）に啓蒙的な論文を何回か寄稿している。

明治二二年一月三日、竹越は『大阪朝日新聞』の姉妹紙として創刊された『大阪公論』へ論説記者として招かれ、主として思想や宗教問題を論じたようだが、一年後には徳富猪一郎（号　蘇峯）の求めに応じ、『国民新聞』の記者になるとともに民友社のメンバーになった。

竹越は同社から『格朗究（クロムウエル）』（明二三）、『新日本史』上・中・下（明二四〜二五）、『支那論』（明二七）を刊行した。『基督（キリスト）伝』（明二六）を大阪・福音社から出版し、史家としての評価を得た。また『マコウレー』（民友社　明二六）は歴史家マコーレーの真髄を描いたもので、マコーレーのものの見方・分析の仕方などが竹越の労作『日本経済史』に影響を与えている。

西園寺との出会い

徳富蘇峯といえば、国家主義者を思い浮かべるが、当時はキリスト教の精神に基づく平民主義・欧化主義を強調していた。竹越にとって同じ思想の持ち主である蘇峯は良きパートナーであったが、日清戦争を契機に蘇峯は国家主義者に変身したため、明治二八年末には袂を訣つ結果になっている。竹越は一時時事新報社に戻っていたが、すぐに辞め、『二千五百年史』（明二九・五）を開拓社から刊行した。同書は好評で十数版を重ねたといわれる。

民友社を去った竹越は西園寺公望・陸奥宗光の後ろ盾により雑誌『世界之日本』を創刊し、その主宰者となった。同誌は自由主義・民権論が基調になっていたので多くの読者の指示を受けた。しかし翌年一月五日から創刊した日刊『世界之日本』は雑誌ほどの人気が出なかったため、同年一〇月一六日に廃刊している。

明治三一年にわが国初の政党内閣の大隈（重信）内閣が成立したが、半年足らずで瓦解し、憲政党は旧進歩党系の憲政本党と旧自由党系の憲政党に分裂した。かねてから政党を率いたいと考えていた伊藤博文は憲政党を乗っ取り、政友会とした。やがて同党は西園寺に引き継がれることとなり、竹越も政友会の大きな輪に組み込まれた。

竹越は明治三二年、西園寺の求めに応じ、政友会の機関紙『人民』の顧問となった。一方、経営の上でトラブル続きの雑誌『世界之日本』は翌三三年三月、第五巻第五六号で廃刊した。

竹越が政治の道に足を踏み入れたのは、明治三一年一月に文相西園寺の秘書官となったときである。西園寺は竹越の学識を評価し、秘書官のまま勅任参事官に登用し、同省の枢機に参画させている。

しかし竹越が本格的に政治活動をはじめたのは明治三五年の第七回総選挙からであった。竹越は新潟県郡部選挙区で政友会から立候補し当選した。以後連続五回当選している。

竹越は衆議院議員三期目の第二一通常議会（明治三七～三八年）で同院請願委員長になったのをはじめとして、第二二、第二四両通常議会でも請願委員長を務めた。当時の議会は読会制をとっているので衆議院の常任委員長は全院・予算・決算・請願・懲罰の五人しかいなかった（のちに建議委員長が加わった）。さらに四期目の第二七回通常議会（明治四三～四四年）では全院委員長に選出されている。このときの予算委員長は原敬であった。

このように竹越が先輩議員を飛び越えて何度も委員長に選ばれたのも西園寺の信頼が厚かったからにほかならない。しかもこの間文筆活動を続けていた。明治三六年には『二六新報』、同四一年には『読売新聞』の各主筆として健筆を振るった。読売の主筆時代、東京朝日新聞と夏目漱石の争奪合戦を繰り広げたが、社長と同額の月給を出すこととした『東朝』にとられてしまった。このときの『東朝』主筆は塾員池部吉太郎（号　三山　熊本　明治五年入）であった。

ライフワーク

竹越は大正四年から駐仏・駐露各公使を務めた本野一郎、三井銀行常務池田成彬らとともに日本経済史編纂会を創立し、同八年までの間に『日本経済誌史』八巻を刊行した。以後のわが国の経済史学の確立に寄与した。この間竹越は毎朝八時半には京橋にある編纂事務所に着き、夕刻まで執筆を続けたという。

竹越の歴史に対する客観的な視点は広く、誰しも一目を置かざるを得なかった。大正一一年二月二日に貴族院議員に勅選されるとともに、宮内省臨時帝室編修局御用掛、臨時帝室編修局長となり『明治天皇御紀』の編纂に従事した。同時に勅選議員になったのは嘉納治五郎（東京高師範校長・講道館長）ら七人で中には和田豊治（大分　明治一七年入　当時富士紡績社長）がいた。

他の人ならいざ知らず、竹越は「朝」にあって在野精神を忘れず、時の政府の言いなりにならなかったのは、若いころ身につけた自由主義・民権論ではなかっただろうか。

貴族院で竹越は政友会の系列の交友倶楽部に所属していたが、別に顕職を求めることもなく、歴史の研究に没頭していた。

昭和一五年、七十六歳のとき枢密顧問官に親任された。同時に枢密顧問官になったのは大島健一（元陸相）と小幡酉吉《おばたゆうきち》（元駐独大使）であった。政府は同年四月三日死去した元商工相藤沢幾之輔の補充として元蔵相三土忠造を推薦していたが、「帝人事件」に連座し、無罪になったばかりであるとして枢密院側が難色を示したため、選考をやり直した。当時皇国史観が台頭して来たにもかかわらず、西園寺の強い推薦で竹越になったといわれる。これが西園寺にとって最後の自由主義的な人事であり、一たん信頼した人間を最後まで裏切らなかったことを示すものであった。

同年七月、政友会久原（房之助　山口　明治二三年卒　元同党幹事長）派は解党に当たって三土の枢府入りを強く要請、近衛内閣のとき実現した。

竹越の顧問官時代は日中戦争が拡大し収拾が難しくなったことから、諮問される案件について反対出来ない状態であった。従って竹越の学識も先見性も在野精神も発揮出来る余地はなかった。

終戦後政府が新憲法草案を決定した昭和二一年四月一七日、竹越は顧問官を辞任した。顧問官の中で最もリベラルな竹越が辞任した理由は詳らかではないが、おそらく理想的な憲法で新しい日本を築くには古い人間は早く表舞台から去った方がいいと感じたからではなかろうか。

昭和二五年一月一日、八十六歳の天寿を全うし永眠した。

小山　完吾——オールドリベラリスト

政界進出

小山完吾は明治八（一八七五）年に長野県北佐久郡小諸町（現、小諸市）で酒造業小山謙吾の五男として生まれた。小山は明治二六年九月、数え年十九歳のとき慶應義塾に入社した。当時の塾生の中には松永安左ヱ門、葦原雅亮、高石真五郎がおり、板倉卓造、柴田一能、福澤三八・大四郎（福澤諭吉三男・四男）らが入って来た。

小山は明治三四年に法律科を卒業し、暫くして時事新報に入った。この年二月福澤が死去したので、慶應義塾も時事新報も最も重要な時期を迎えたといってもよかろう。小山は仕事に精を出したが、海外でさらに研鑽を積みたいとし、英国のロンドン大学に留学し政治経済学を学んだ。

小山は帰国後時事新報を辞め、文部省の通俗教育（社会教育）調査員となった。ときの文相小松原英太郎は学校教育以外の教育を制度化し、職場や家庭にいる人にどう教養・知識を高めるかについて調査させることになった。

これより先塾員山名次郎は成人教育の必要性を説いた『社会教育論』を著したが、普及のための組織についてはは触れていない。

英国では学校教育以外の教育の場として図書館・博物館・美術館があるし、それぞれ専門の職員がいて高度な質問・疑問にも応えられるシステムになっていた。小山はそういう英国の組織を中心に、通俗教育のあり方について報告している。

小山は明治四五年五月施行の第一一回総選挙に長野県郡部選挙区で政友会から立候補し当選した。このときはじめて当選した塾員は鈴木梅四郎、林毅陸、福澤桃介（諭吉の女婿）、堀切善兵衛らがいた。この総選挙での塾出身当選者は補欠当選の三人を含め四〇人に上ったが、この記録は昭和六一年施行の第三八回総選挙まで破られなかった。

大正デモクラシー

小山が当選するとほどなく明治天皇が崩御し、諒闇中は政治休戦を申し合わせたにもかかわらず、陸相上原勇作は二箇師団の増設が認められないのを不満として天皇に単独拝謁し、陸軍の態度を報告するとともに辞表を提出した。さらに陸軍は後任陸相を推薦しなかったため、第二次西園寺（公望）内閣は瓦解した。代わって第三次桂（太郎）内閣が成立したが、桂は一たん内大臣兼侍従武官長として宮中に入ったものを、再び政府の長になるのは「宮中府中の秩序を紊し、憲政の常道に悖る」と猛反発をくった。

交詢社談話室の暖炉前に鎌田栄吉、尾崎行雄、犬養毅らが集まって憲政擁護運動の狼煙を挙げた。小山も早速この運動に参加し、桂内閣の打倒を目指した。

翌二年二月第三次桂内閣は総辞職したが、政友会の支援で成立した次の山本（権兵衛）内閣もシーメンス事件（海軍汚職事件）で総辞職するなど、政権は目まぐるしく変わった。

小山は政友会総裁だった西園寺に可愛がられ、大正八年にパリで開かれた世界大戦の講和会議の首席全権委員西園寺公望に同行し、西園寺の宿舎に自由に出入り出来たという。

小山と西園寺との信頼関係はその後も続き、国家の重大時機に西園寺の使者として活躍したことも何度かあった。


小山は幾つかの企業の役員をしていたが、関東大震災後時事新報の経営危機に陥ったため、小山が同社の社長に就任し経営改善に努めた。東京朝日、東京日日新聞のように大阪に本社がある新聞社は人的物的に再建を図れた。とくに販売店にテコ入れし、部数の復活に努めた。時事新報の場合、施設・設備の復旧に掛かった費用の返済するのが精一杯で、販売店への手当てまで手が回らなかった。小山は販売店の拡張力引き出しにあれこれ智慧を絞ったが、結果は思わしくなく就任一年で退職を余儀なくされた。

元老とともに

時事新報社長を辞めたあとも小山は何かと忙しく、度々西園寺の秘書役原田熊雄（男爵　貴族院議員）と会って情報の交換をしていた。時には西園寺の別荘である静岡県興津の坐漁荘に呼ばれ、直接西園寺の話を聞くこともあった。

近衛（文麿）公爵は西園寺に近い一人で、昭和七年、斎藤（実）内閣成立後小山にあっている。

…午後三時半、近衛公を鎌倉に訪ふ。辞去に当たり公自身、駅まで自動車同乗にて見送らる（小山完吾『小山完吾日記』四〇頁）。

話の内容は判らないが、近衛が一私人を駅まで見送ったのは小山の情報に強い関心を示したからにほかならない。ところが近衛の回りには次第に右翼の政治家・軍人が集まり出したためか、西園寺と近衛との間に少しずつ距離が出て来たのを小山は感じ取った。

昭和一一年の二・二六事件直後、事態収拾のため後継首班に近衛を奏請、奏請通り近衛に大命が降下したが、近衛は健康上の理由で大命を拝辞した。西園寺はこの非常時下、粉骨砕身陛下にお仕えすべきであるのに健康を理由に拝辞するのはもってのほかと不快感を隠さなかった。

昭和一四年八月、平沼（騏一郎）内閣は「欧州の情勢は複雑怪奇」の一言を残し総辞職した。後任探しに無定見な近衛の言動に小山は呆れるばかりであった。

〔注〕 平沼首相の後継者探し騒動については池田成彬の項参照のこと。

西園寺は小山の暑中見舞いに対する返事（昭和一五年七月一三日付）を送っているが、これが西園寺の最後の書簡となった。その書簡の中で

…時期に対し思召しの段、全然御同感の至りに有之候。只一驚も二驚もいたし候は、独の反覆表裏、殊に宣伝の巧妙なるは、衆人の元より知悉到し候事と存じ候処、今に至つて一向にこの事に注意せざる分子有之候様存ぜられ候（小山完吾『小山完吾日記』二五二頁）

西園寺の心配通り、わが国の政治家たちはドイツの宣伝に乗せられてその実力を過信し、破局の道を突き進んだのであった。

西園寺がこの年の秋死去、これを機に小山は政治から手を引いたが、同二一年六月一〇日に貴族院議員に勅選され政界に復帰した。小山は大日本帝国憲法改正案（新憲法――日本国憲法案）の審議に参加したあとの翌二二年五月、貴族院廃止に伴い失職した。

小山の妻は福澤一太郎（諭吉長男）の長女遊喜であり、長女敦子は五郎（旧姓 大島 三井銀行社長）を婿養子とし、二女昌子は福澤八重（一太郎二女 福澤桃介長男駒吉の妻）の養子となっている福澤縁の一家である。

小山は昭和三〇年七月二三日、八十歳の天寿を全うした。

池田　成彬――幻の首相

牽引車

池田成彬《しげあき》は慶応三（一八六七）年七月一六日、羽前国南置賜郡仲間（現、山形県米沢市）で米沢藩士池田成章（のち羽後銀行頭取）の長男として生まれ、幼名を作平といった。両親に連れられ上京したのは明治一二年、十三歳のときのことであった。慶應義塾に同一九年一二月に入社した。当時義塾には小田久太郎、磯村豊太郎、野口寅次郎、平田力之助、高橋長治、小田貫一、大島雅太郎、藤田平太郎、久原房之助、川合貞一、角田勤一郎らが学んでいた。池田は同二一年七月義塾別科を卒業した。同二二年一月に大学部へ入ったが、同時に大学部に進んだものに藤原銀次郎、高橋光威らがいた。同二三年大学部を卒業すると時事新報社に入社した。

池田は時事新報記者として国家・社会を論ずるつもりだったが、福澤諭吉の論説の聞き書きをする役目であった。しかしその仕事で物の見方・考え方を学ぶことが出来た。やがて三井銀行へ移ったが、父が地方銀行の頭取をしていたので民間の金融機関に対し偏見を持っていたのか、はじめは乗り気ではなかったようだ。当時の三井銀行副長中上川彦次郎（福澤諭吉の甥）が中心となって三井銀行の経営改革と同時に近代産業の育成に力を注いでいた。製紙・製糸・紡績・製糖などの企業への運転資金の融資だけでなく、拡充強化費の投資・人材の派遣などを進めていた。三井銀行の向かっている所と官業の日本勧業銀行と目指す所とが一致しているのを知った池田は、三井で銀行業務に精進した。中上川は池田が時事新報にいたころから目をつけており、池田も中上川の期待に応えて実績を上げている。

池田は若くして三井銀行のトップに就き辣腕を振るった。銀行の業績向上は他部門の発展にも繋がった。

中上川の死後、三井合名常務理事として永年三井を切り盛りしていた益田孝は後任に團琢磨（三井鉱山常務取締役）を選んだ。益田が池田を選ばなかったのは、池田の銀行が三井全体を牽引して行くのが最適と考えていたからではなかろうか。

三井の大番頭

第一次世界大戦後の不景気を何とか乗り切ったのも束の間、関東大震災に見舞われ、経済界は大打撃を受けた。震災直後の大正一二年一二月、池田は現職のまま東京手形交換所理事長に就任し、混乱期の手形の円滑な交換をはかった。さらに昭和二年一〇月、池田は東京手形交換所加盟銀行を動かし「金解禁」（金輸出禁止解除）を実現した。

「金解禁」当時の与党は政友会で二年半ぶりに政権の座についただけに、対華強硬路線・積極財政政策を推進するため政府関係機関の首脳更迭に着手した。手はじめに政友会幹事長山本条太郎（元三井物産常務取締役）は池田に対して「日銀総裁にならんか」と持ち掛けた。日銀の独立性・中立性を保つためにも、総裁を政治的な思惑で任命するのに反対の池田は「日銀総裁には誰もなりたがるし、出来ないこともない。しかし三井銀行を守り通せるのは私しかいない」と答えた。山本は「この馬鹿めが」と怒鳴りつけたものの、三井コンツェルンの将来を考えての池田の固辞に爽快さを感じさせられたようだ。

昭和四年秋からはじまった世界大恐慌で、わが国もデフレ・倒産・失業と政府も手がつかない危ない状態になっていた。右翼は諸悪の根源は政府・財閥であるとし、浜口雄幸首相暗殺をはじめ、一人一殺のいわゆる「血盟団事件」を引き起こした。昭和七年二月九日に日銀総裁井上準之助、三月五日に三井合名筆頭常務理事團琢磨が相次いで殺された。このあと犬養毅首相（既出）暗殺の五・一五事件が起こるなど暗い時代になっていた。

民衆の不平不満の矛先は財閥に向けられはじめた。三井家は将来を案じ、池田に三井全体の運営に専念して欲しいと求めた。当時三井合名常務理事には先輩格の有賀長文、福井菊三郎の二人がいたが、両者の意見がことごとく合わなかった。池田は二人を説得し改革を断行し、時局に即応出来る体制を整えた。中でも役員の定年制は画期的なものであった。これにより若返りが実現した。改革が軌道に乗ったので、池田は自らしいた役員改正により引退した。合名常務理事に専念していた時期は短かったが、池田の残した業績は「大番頭」の名に相応しいといえよう（『財閥三井の新研究』四〇〜四四、八七〜九一頁）。

日銀総裁から政界の渦へ

三井を引退した池田を周囲が放っておかななった。日銀総裁結城豊太郎が林銑十郎内閣の蔵相となったので池田が後任総裁に選ばれた。かつて山本条太郎から日銀総裁になれと言われたときには断った池田も今回は就任を受諾した。非常時とはいってもまだ金融は正常であったが、政界は目まぐるしく動いていた。政党について何も知らない林首相は昭和一二年度予算が成立すると衆議院を解散し安定政権を目指した。この総選挙は「食い逃げ解散選挙」と呼ばれ不評で、与党の惨敗に終わった。後継内閣の首班に近衛文麿を選んだ。

近衛首相は蔵相に賀屋興宣《かやおきのり》、文相に安井英二、農相に有馬頼寧《よりやす》ら若手を起用した。近衛内閣が成立して半ヵ月後の昭和一二年七月七日、天津郊外蘆溝橋で日中両軍が衝突、戦火は華北・華中に拡がり、年末には首都南京を占領した。政府は駐華独大使を仲介に和平交渉を進めたが、失敗したため近衛は「蔣介石（政権）を相手にせず」の声明を発表し、全面戦争に入った。政府は昭和一三年度予算・国家総動員法を成立させ臨戦体制を整えた。

陸軍の言いなりになって臨時軍事費を増やし、「陸軍省大蔵局長」と陰口を叩かれるほどの賀屋に対する批判が強かった。西園寺公望公爵ら重臣の中には将来を憂慮する向きもあり、近衛も内閣改造をせざるを得なくなった。近衛は重臣から信頼されている池田を後任蔵相に起用した。このとき外相広田弘毅《こうき》を宇垣一成《うがきかずしげ》（陸軍大将）に替え、柔軟路線を見せる一方、「聖戦完遂」を示すため徐州会戦で苦戦した第五師団長板垣征四郎を陸相にするなど方向が定まらなかった。

日中戦争は泥沼化の様相を示し、蔣政権は重慶に首都を移し徹底抗戦の構えを見せた。戦線の拡大に伴い臨時軍事費は増え続けた。知識層は池田の手腕に期待していたが、国債によって陸軍の予算要求に応えるほかなく、さすがの池田も手こずったようだ。昭和一四年度予算編成に当たって、膨大な軍事費を求める陸軍省と無理ない予算を編成しようとする大蔵省との間の激しい論争が果てしなく続いたが、近衛に調整力が乏しかったため手のほどこしようもなく、総辞職に追い込まれた。

無責任な近衛公

昭和一四年一月五日に成立した後継の平沼騏一郎内閣は、陸軍と協調路線を採り東亜新秩序の確立・ドイツと緊密な外交関係を図る方針を明らかにした。平沼首相は東亜新秩序を妨害する英米両国の〝援蔣〟活動を力づくで阻止するとともに、欧州新秩序を推進する独・伊を支持した。ところが旧満州（中国東北地方）・蒙古国境ノモンハンで日本軍とソ連（ロシア）軍とが衝突（昭和一四・五・一二）し、わが軍は大打撃を受けた。まだ事件が解決する前に、ドイツは日独伊三国防共（共産主義防止）協定を結んでいたにもかかわらず独ソ不可侵条約を締結した（昭和一四・八・二三）。困惑した平沼首相は「欧州情勢は複雑怪奇」と言い残している。

元老西園寺公望公爵はかねてから池田を首相にして難局を収拾させようと考えていたらしい。そこで平沼の次の首班を誰にするか、まだ候補者が絞り切れない段階で、西園寺は密かに消息通の小山完吾を静岡県興津の坐漁荘に呼び、後継首班奏請の件や独伊との提携など当面の政局について話し合った。

…「実は、これは君だけの秘密として言ふのだが、自分は池田成彬を推挙して（総理を）やらせる積もりだ。断るかも知れぬが、とにかく彼をして一切の掃除を断行せしむるを可とす。大島（浩　駐独大使）、白鳥（敏夫　駐伊大使）の輩を召還せしむるを可とす」と打ち明けられたり。老公においてはそこまでお考への今日自分等において、何も言ふべきを知らず、と述べたるところ老公には、ただしかし五・一五事件以来、後継内閣首班推薦の方法と異なるに至り、…内府（湯浅倉平）の諮問に接して意見は陳するが、決定にはあずからぬことになりたり、云々との内談あり。…いかに西公に秘密厳守の約ありと雖も、当の池田氏に黙し難きにより、その事情を池田氏に語りたるに池田氏の談によれば既に原田氏（熊雄　男爵　西園寺の秘書）との間に幾度か交渉ありたるものの…肝腎の本人、池田氏において全然無準備のこととて固く辞退したるため今夕の大命は阿部氏（信行　陸軍大将）にくだるものと推定された（昭和一四・八・二八『小山完吾日記』二三七〜二三九頁）。

『西園寺公と政局』（原田日記）によれば阿部内閣が成立後近衛は「池田は準備が出来ないと言うが、大命が下れば人も集まるし準備も出来る。次は池田にしたい」と述べていた。しかし阿部内閣が四ヵ月で倒れたとき後継内閣首班推薦に当たって近衛は池田を推薦をしなかったようであり、ことわりもなかった。さらに次の米内光政《よないみつまさ》内閣が半年余りで総辞職した昭和一五年七月、大政翼賛運動に乗り第二次近衛内閣を組閣したが、入閣の要請もなかった。

池田は昭和一六年一〇月枢密顧問官に親任されたが、西園寺が死去してから一年になるので誰が推薦したのか、詳らかではないが、財政通として起用されたものと見られる。就任一ヵ月余りで太平洋戦争がはじまり、ほとんど発言する機会がなかった。昭和二一年四月一七日、枢密院は新憲法の政府案を採択し奉答、このあと池田は枢密顧問官を辞任した。

枢密顧問官辞任後は一切の公職から離れた池田は、神奈川県大磯の自宅で悠々自適の生活を送っていたが、同年一〇月九日死去した。八十三歳だった。

国家公安委員だった池田潔（大正一五年普　昭和一七年特選　義塾文学部教授）は成彬の長男である。

藤原　銀次郎──俠気・救国

製紙王

藤原銀次郎は明治二（一八六九）年六月一六日、信濃国上水内《かみみのち》郡平柴村（現、長野市）で藤原茂兵衛の三男として生まれた。数え十九歳のとき医師を志して上京したところ、同じ村の出身の鈴木梅四郎（既出）が慶應義塾で学んでおり、勧められるままに義塾に入社した。当時義塾には角田勤一郎、池田成彬、神戸寅次郎らが学んでいた。

明治二二年、大学部を卒業した藤原は松江新報主筆を経て三井銀行に入った。当時三井銀行では副長中上川彦次郎（既出）は三井銀行の経営改善をするとともに、製紙・製糸・紡績・製糖などの企業近代化のため設備投資や人材派遣を進めていた。たとえば大日本製糖へは藤山雷太、鐘淵紡績に武藤山治、鐘紡から富士紡績を創立した和田豊治らがいた。

中上川は渋沢（栄一）・大川（平八郎）一族が支配している王子製紙を三井の系列に組み入れるよ

う鈴木梅四郎に命じた。鈴木は基盤強化によって経営の健全化を進めた。しかし鈴木は将来の発展を見越して北海道に拠点を設けることとし、苫小牧に大規模な施設・設備の投資をしたが、却って悪戦苦闘を強いられる結果となった。三井は鈴木を藤原に代え建て直しを図った。藤原はまず不採算部門を切り捨て、徐々に黒字に回復した。

大正に入ると新聞社が次々に高速度輪転機を導入したため、大型の新聞用巻取紙が売れるなど新聞・雑誌・書籍の印刷物が飛躍的に増え、洋紙の需要が増加し王子製紙は順調に成長した。いち早く北海道に拠点を設け供給体制を整えた王子製紙はわが国最大の製紙会社となった。

藤原工大

藤原はかねてから科学技術と教育の振興こそわが国を発展させる路《みち》であると考えていた。しかし学校の経営に経験のない藤原は当時の慶應義塾塾長小泉信三に相談を持ち掛けた。その結果①予科（三年制　一般教養課程）は慶應義塾が担う、②学部（三年制　専門課程＝機械工学科・電気工学科・応用化学科）は日吉キャンパスに置く、などを決め準備に取り掛かった。また藤原と小泉は学校を私物化してはならないとの共通認識に立ち、藤原が死んだとき、または、時局がら慶應義塾が必要としたとき慶應義塾の工学部（現在は理工学部）とするよう申し合わせた。

藤原工業大学は昭和一四年四月一日開校した。藤原銀次郎が満七十歳を迎える二ヵ月前のことである。同校は基本的な数理系科目・外国語のほか心理学・倫理学など、紳士に相応しい教養科目の授業が行われた。

学部の開講義の前の昭和一六年には学部長に海軍艦政本部第一部（砲熕兵器部）部長だった谷村豊太郎海軍造兵中将を選んだ。谷村は軍艦の大砲設計の権威で、戦艦大和の世界最大の口径四六センチ砲設計も手がけたという。

藤原は谷村に「すぐに役立つ教育はどのようにしたらよいか」と尋ねたところ谷村は「基本を確りと教えることです」と答えた。これは藤原も同じ考え方であったので、谷村に信頼を寄せるに至った。

太平洋戦争が日ましに激しさを増し、戦局が悪化したため政府は文科系学生の徴兵猶予を中止し、多くの学徒が戦場に赴いた。義塾でも医学部生と藤工大生を除くと、三田も日吉も病弱な学生しか残っていなかった。塾長小泉は藤原に国家存亡のときであるので義塾工学部にしたい、と申しいれ、藤原も快く諒承し同一九年から義塾工学部に編入され、藤工大生制服の詰襟の藤のマークも消えた。

空襲で日吉の工学部校舎は全焼したため、小金井（東京都）などを転々としたのち現在の日吉・矢上台に建てられたのは戦後もかなり経ってからであった。

政界の渦へ

藤原が政界に足を踏み入れたのは昭和四年二月、貴族院議員に勅選されたときであったが、藤原がまだ王子製紙の拡充に力を入れていたときでもあったので、政争に深く関わらなかった。藤原の所属した研究会は貴族院の伯爵・子爵・勅選議員からなり、貴族院の多数派を占めていた。それだけに所属議員の入閣推薦や予算・法案・政府高官人事への介入など藤原の好まぬことが少なくなかったからであろう。

その藤原が政治の渦、それも国際的な大事件に巻き込まれたのであった。昭和一二年七月七日、北京郊外蘆溝橋ではじまった日中戦争は中国全土に拡がり、勃発して満二年近くなったが、蒋介石政権が首都を重慶に移してから膠着状態が続いていた。徹底抗戦を唱える行政院長蒋介石と東亜新秩序に理解を示す元行政院長汪兆銘との意見の対立は激しく、汪は蒋と訣別した。

重慶を脱出した汪は暗殺を逃れ、ハノイを経由し日本に亡命した。汪の亡命は陸軍のごく一部のものしか知らず、隠れ家すらままならなかった。突然汪の亡命を聞かされ困惑した外相有田八郎は同じ研究会の藤原に汪を匿って欲しいと頼んだ。俠気に富む藤原は快く引受け、熱海の別荘を汪の隠れ家とした。汪は南京に戻り新政権樹立を宣言するに当たって、天皇に拝謁したいと言い出した。湯浅倉平《くらへい》内大臣、松平恒雄宮内大臣とも難色を示したが、陸軍の無理押しで実現する運びとなった。ところが亡命中の汪は礼服を持っていなかったので、藤原は密かに三越社長に頼みモーニングを新調したことから、ある新聞が「汪兆銘氏今日参内」のスクープ記事を掲載したが、直ちに発売禁止となり秘密は保たれた。日の目をみなかったものの、この記事を書いたのは藤原に親しい東京毎夕新聞社長中島鉄哉が藤原の熱海の別荘を「張り込み」続けた成果だといわれる。

とにかく汪を匿い続けた藤原の度胸と侠気に、心ある政治家は讃辞を惜しまなかった。

阿部信行内閣は昭和一四年八月三〇日に成立したが、四日後の九月三日に第二次欧州大戦がはじまった。阿部内閣はなすすべもなく四ヵ月後に総辞職した。後継内閣首班には米内光政（海軍大将）に大命が降下した。米内は内閣の柱として蔵相に池田成彬（既出）に再登場を求めたが、断られたため、代わりに人柄もよく義侠心に富む藤原を商工相に起用したといわれている。

米内内閣は組閣するとほどなく倒閣運動に晒された。米内が海相時代から日独伊三国同盟に反対し続けたからであった。陸軍は官僚や右翼と手を結び、既成政党の解党・大政翼賛運動の展開で穏健な米内内閣を揺すぶり続け、同内閣は半年で総辞職に追い込まれた。

太平洋戦争勃発直前、政府は軍需品生産に力を入れる目的で産業設備営団を設立した。政府は営団のトップに「大物」を起用する方針であったが、商工相が〝国粋社会主義〟気取りの岸信介であったためか財閥系の長老から次々と断られたので、岸商工相の立場がなくなるばかりでなく、内閣が潰れかねなかった。ここから、藤原が引き受ける羽目になった。

戦時生産指導

太平洋戦争の激化に伴い航空機・船舶の消耗が甚大で、東条英機内閣はその補充生産に懸命であった。政府は増産の号令をかけるが、官僚や軍人による統制では無理・無駄が多く、思うように生産性が上がらなかった。東条は隘路がどこにあるかを見極め、打開の方法を探るため内閣顧問を置くこととし、藤原ら七人に委嘱した。顧問には藤原のほか豊田貞次郎（元商工相　海軍大将）、大河内正敏（子爵　理化学研究所長）、結城豊太郎（元蔵相　元日銀総裁）、山下亀三郎（山下汽船社長）、郷古潔《ごうこきよし》（三菱重工社長）、鈴木忠治（昭和電工社長）らがえらばれた。

顧問会議は官僚の報告が不正確であることから、顧問たちは自分たちの目で確かめることになった。東条は藤原を「石炭生産拡充に関する行政査察使」に任命した。藤原は同年六月二五日から八月二三日まで北海道・東北の石炭生産状況を査察した。さらに藤原は八月三〇日から一〇月二九日まで愛知・阪神・関東の航空機生産状況を査察し、多くの問題点を指摘している。

政府は同年一一月一日、行政簡素化大綱を発表した。それによると官吏一七万人の整理・各省庁二九局を廃止した。これと同時に農林省と商工省とを合併し農商務省と軍需省を設置する、拓務省・興亜院を廃止する一方、大東亜省を設置したり、鉄道省と逓信省とを統合し運輸通信省にするなど、かなり大胆な改革のように見えたが、官僚の意識が変わらないので藤原らの指摘・提言も反映されなかった。

昭和一九年七月、南洋群島のサイパン島が陥落したため、東条内閣は責任をとって総辞職した。後継内閣は小磯国昭（陸軍大将）と米内光政の二人に大命が降下し陸海軍協力内閣が成立した。小磯が首相となったが、海相に復帰した米内の強い支持がなければ内閣は保てない状況であった。藤原が小磯内閣の軍需相として入閣したのも米内の推薦があったためである。

小磯内閣は軍事生産の能率化・増産を大命題としたが、原材料・燃料が南方や大陸から入って来ないため生産は伸び悩んだ。藤原は老軀に鞭打ち指導に当たった。しかし元気だった藤原も七十五歳と云う年齢と昼夜の別ない激務に健康を損ね、同年一月一九日に辞職した。軍需相在任二ヵ月足らずであったが、小磯内閣では最も働いた大臣であった。

藤原は戦後野にあって閑日月を楽しんでいたが、科学技術と教育の振興の気持ちを忘れなかった。昭和二二年、戦災復興で慶應義塾に五千万円、共立女子大学に二千万円を寄付したのをはじめ、同二四年には一億円を拠出して藤原科学財団を設立し植林を実現した。また同三〇年には二千万円を投じ材木育種研究所を設けた。これは長年製紙用とし、また戦時中軍需用として森林を伐採したので原状回復への気持ちの現れではなかろうか。

藤原は昭和三五年三月一七日、波瀾に富んだ九十歳の生涯を閉じた。

小林一三――「アカ」との闘い

三井の幹部候補生

小林一三《いちぞう》は明治六（一八七三）年一月三日、山梨県中巨摩郡河原部村（現、韮崎市）で小林甚八、いくのの長男として生まれた。小林は同二一年二月、数え十六歳のとき慶應義塾へ入社した。義塾には一足先に高山長幸《ながよし》、堀江帰一、奥村信太郎らが学んでいた。小林の後から柴田桂太、望月小太郎らが入って来た。

明治二五年一一月、小林は正科を卒業し三井銀行に入った。当時三井銀行は工業への投資が遅れ、経営も思わしくなかった。三井の将来を案じた三井銀行副長中上川彦次郎は義塾出身者のうち経営能力のありそうなものを一たん三井銀行に入れ実務を覚えさせたうえ、採算性の悪い工場へ派遣し再建・拡充を図った。たとえば武藤山治が鐘淵紡績、和田豊治が富士紡績、藤原銀次郎が王子製紙、藤山雷太が大日本製糖の再建・拡張をなし遂げている。小林も三井系企業の幹部候補生の一人に選ばれた。

もともと小説家志望の小林は銀行の仕事に向かなかったようだったし、向こう気が強かったので上司とも衝突したらしい。小林が三井を離れることになったのは、『二六新報』が三井家のスキャンダルを書こうとしているのを知って早速上司に報告したところ、その上司が取り合わなかったことに憤慨して、といわれている。

小林はかつての上司平賀敏が独立し、大阪で事業をはじめるという話を聞きつけ、平賀のもとに駆けつけた。当時電車といえば市街電車に限られていたが、平賀は都市の近郊を走る郊外電車の経営を思い立ち、箕面有馬電気鉄道を創立した。果して投資に見合う収益が挙げられるかどうか疑問視されていたが、副支配人となった小林は新開地に支線を増やし利用者獲得に努めた。さらに利用率を高めるため、起点の大阪・神戸に百貨店、終点の宝塚に温泉場・歌劇場・遊園地・動物園などを設けている。とくにわが国はじめての少女歌劇団の設立は新しいジャンルの芸能と言って良かろう。この拠点方式は私鉄経営方式の手本となった。

東京進出

小林は平賀から全権を譲りうけると阪急と改称し、阪神圏の再開発に全力を注いだ。大阪が「商人の町」の「ど根性」を忘れず近代化を進められたのも近郊の開発の成功によるものといえよう。

一方、東京は大正一二年九月の関東大震災で市街地は壊滅的大打撃を受け、復旧も遅々として進まなかった。後藤新平復興院総裁の壮大な帝都復興計画も東京市会参事会の反対に遭い、東京の近代都市として生まれ代わることもなかった。このような状況に目をつけた小林は都心部の再開発・近郊開発を柱とする事業に着手した。

都心の再開発は有楽町を中心とするアミューズメントセンターの建設であった。近郊開発では蒲田〜多摩川（園）の多摩川線、住宅地分譲・高級住宅建設の田園都市株式会社の設立・経営に参画した。しばらくして近郊開発はメリットが少ないと判断し、東横電車（現、東京急行）に譲ったが、砧の東宝映画製作所は数々の劇映画製作に当たり、松竹・大船とともに映画製作のメッカとなっている。

昭和一一年のベルリン五輪大会直後ＩＯＣ（国際五輪委員会）は同一五年の大会を東京で開くことを正式に決定した。この年は皇紀二千六百年にもあたるので万国博覧会を東京で開くことにしていた。これほど大きな国家プロジェクトはないので国民は大いに沸いた。ただ五輪や万博の輸送手段や宿泊施設など細かい点についてはあきらかにされなかった。日本郵船は欧州航路用に新田丸・八幡丸・春日丸、北米航路用の橿原丸・出雲丸の五豪華客船の建造を決め、「足」の確保を約束した。小林も民間で協力出来るものにホテルがあるとし、新橋駅近くに第一ホテルを建設した。これまでと違ってシンプルで機能的なホテルが注目をあびた。

また西宮球場をフランチャイズとするプロ野球球団阪急軍を設立し、阪急グループの骨格が出来た。

ところが昭和一二年七月にはじまった日華事変はたちまちのうちに全面戦争となり、翌一三年三月、「国家総動員法」が成立したため軍需物資をはじめとした資源・燃料の統制は勿論、必要に応じ給与・物価・金融も政府のコントロール出来るなど、「官僚国家主義」そのものであった。戦火の拡大で国民が期待していた東京五輪も東京万博も中止と決まり、戦時色に塗り潰された。サービス業中心の阪急グループとしてはさらなる発展は当面望めなかった。

小林が東京進出に当たって最も苦労したのは電力事業だった。小林が社長を務める東京電力は既存の東京電燈との間に熾烈なシェア争いをしていたが、政府は昭和一三年四月四日交付の「総動員法」に基づいて電力国家管理令を同月六日制定し、日本発送電会社を設立し社長に小林を選んだ。小林の嫌いな官僚の手によって激しい闘いに終止符が打たれたのは皮肉である。このとき小林六十六歳、初の公職であった。

岸を斬る

昭和一五年夏、新体制運動が起こり、政党解消・大政翼賛会の結成ばかりでなく、聖戦完遂・強力内閣の実現の名のもとで米内光政内閣が総辞職し、七月二二日には第二次近衛文麿内閣が成立した。この内閣は「思いつき」とからかわれても仕方がないほどであった。外相松岡洋右（満鉄総裁）や陸相東条英機（元関東軍参謀長）は日独伊三国同盟推進派、海相吉田善吾は「同盟」消極派、司法相風見章は新聞記者上がりの無産運動家、農相石黒忠篤は古い農本主義者で近衛が何をめざしているのか判らなかった。とくに統制経済に反対の小林を商工相に起用したのはどういう意図があったのだろうか。

ときの商工次官岸信介は満州国産業次長として辣腕を振るい、松岡洋右・東条英機・星野直樹（満洲国国務院総務長官）・鮎川義介（満洲重工業社長）とともに「二キ三スケ」といわれ、統制経済の「聖域」に自由主義者は入れないと喧嘩腰でまちかまえていた。

実業界出身の小林は、何が軍需物資生産の隘路《あいろ》になっているかすぐに察知した。早速小林は近衛に石油確保のため蘭印（オランダ領東インド諸島＝現インドネシア共和国）と交渉したいと申し出た。当時オランダ本国はドイツに占領されていたし、日本はドイツ・イタリアと同盟を締結する寸前であった。近衛は三国同盟が出来るとオランダとの関係が微妙になる、と乗り気でなかった。しかし小林は「石油資源の確保が出来なければ帝国の防衛は危殆《きたい》に瀕する」と粘り強く説得し、長期海外出張を認めさせたのであった。今でこそ大臣の海外出張は珍しいことではないが、当時としては希有な出来事だった。

小林の一行は八月三一日、神戸港を出航し九月一二日にバタビヤ（現、ジャカルタ）に到着した。小林はチャルダ総督をはじめ要人と会い、石油・錫・ゴムなど資源輸入量拡大を望んだが、米・英両国を後盾とする蘭印は言を左右に交渉は難航した。一方松岡は小林を支援するどころか、ドイツに気兼ねして敵性国家と協定を結ぶのは「道義外交」に悖るとして反対した。松岡の推進する日独伊三国同盟は単なる軍事同盟ではなかった。戦後判ったことだが、付属の秘密協定で日本はウラル

（シベリア）〜インド以東を日本の勢力圏とすることになっていたので、蘭印での石油資源協定は邪魔になるとして近衛を通して交渉の打ち切りを迫り、近衛は小林に帰国命令を出したのだった。小林はもう一息で交渉が纏まるものをと不満を感じながら帰国した。

日独伊三国同盟締結に対し米国は素早く反応し、石油・錫・ゴムなどの戦略物資の対日輸出禁止、英国・中国への援助拡大を発表した。慌てた近衛は企画院総裁に星野直樹を任命し、早急に国家総動員法に基づく「経済新体制案」作りに入ったが、その中に企業の合同・企業経理の統制強化・資本と経営の分離などが含まれていた。小林はこの案は国家社会主義を目指すものとして反対の意向を明らかにした。満州国で統制経済を進めて来た岸にとって、資本と経営の分離を外されるのは経済新体制を骨抜きにするものといって食い下がった。大臣と次官の激論は果てしなく続いた。小林はやむを得ず岸に辞表の提出を求めたが、岸は認めようとせず、却って星野を動かして大臣の更迭を画策した。無定見・優柔不断の近衛も序列を重んじ、次官の大臣追い落としは許されないと岸を辞任させてしまった。

小林にとって国家社会主義も共産主義も「アカ」であり、わが国を統制経済下に置くのは許せなかった。政党の解消で官僚が次第に力を持つようになったときだけに小林の勇断は褒められてよい。

大臣落第記

しかし全てがうまく行くわけではなかった。昭和一六年二月に五日の衆議院決算委員会で小山亮

（第二控室　戦後社会党）が「（大臣が）商工省の経済新体制案を渡辺銕蔵氏（元東大教授　戦後東宝社長）に見せたのは機密漏洩に当たる」と追及したのに対し、小林は「そのような事実はない」と突っぱねた。この問題はうやむやになったが、イメージダウンは免れなかった。

そればかりか岸と仲の良い星野は陰に陽に小林追い落としを図り、閣内は軋みはじめた。近衛はこのまま閣内不統一を露呈するのを嫌い、四月四日、また内閣改造を行い、小林と星野を更迭、商工相に海軍大将豊田貞次郎、企画院総裁に陸軍中将鈴木貞一を起用して鎮静化に大わらわした。

小林と星野は退任の日に貴族院議員に勅選された。喧嘩両成敗を表沙汰にしたくなかったからであろう。

小林の在任期間は八ヵ月と短かったが、官僚の本質を見抜いていた。求められるままにある雑誌に『大臣落第記』を書いた。政党の解消で官僚主導の政治になる、と言う警世の書であったが、陛下のご親任を受けていながら不謹慎と非難するものもいたが、小林は少しも意に介さなかった。

小林が案じたように官僚政治は民主主義の時代になっても少しも変わっていないどころか、むしろ悪くなっていると言う人も少なくない。

戦争中小林はこれといったうごきはしていない。戦後も昭和二〇年一〇月三一日になって幣原喜重郎内閣（昭和二〇・一〇・九　成立）の国務相に親任され戦災復興を命ぜられた。小林は組織・権限などを定めた政令を纏め、一二月五日から発足した。小林は記者会見で「戦災住宅七百万戸緊急建設」を発表したが、官庁の縦割り行政に邪魔され、壮大な計画も画に描いた餅に終わってしまった。

関東大震災と違って全国の都市が被災していたし、あてにしていた建材となる木の多くは木造船建造につかわれていた。かりに木を見つけても伐採する労務者も輸送する手段もなかった。建設用地の取得もままならなかったし、建築に当たる大工や佐官も不足していたが、小林は手をつけられるところから解決して行き、厚い壁を破るところまで来たものの、翌二一年四月の総選挙で幣原首相の率いる進歩党が敗れたため同内閣は総辞職した。小林の在任期間は五ヵ月に過ぎなかったが、それでもアイデアマンの小林は官僚とは違った味を出していていた。

反権力主義、着流し前垂れの福澤精神を貫き通した小林は昭和三二年一月二五日、満八十四歳の生を閉じた。

小泉　信三——真の愛国者

親子二代塾長

小泉信三は明治二一（一八八八）年五月四日、当時慶應義塾塾長だった小泉信吉《のぶきち》・千賀の長男として東京・三田で生まれた。数え七歳のとき父が四十六歳の若さで亡くなった。このため母子ともに福澤諭吉に引き取られ、一年ほど三田山上の福澤邸に移っている。

小泉は明治三五年、義塾普通部に転入し同三八年卒業した。同期に小林澄兄、香下玄人、仙波均平らがいた。

大学は政治科に進み、福田徳三東京高商教授から経済論・社会科学を学んだ。同四三年卒業したが、この年卒業したのは文科では小林澄兄、理財科では加藤正人、政治科では平野光雄らがいた。

小泉は卒業すると予科の教員を経て、大正元年には経済学専攻のため欧州に留学した。英国で一年間学んだのちドイツへ渡ったが、第一次欧州大戦がはじまったため英国へ戻り、経済学・社会思想などを学んでいる。

帰国後小泉は経済学部の教授となり、経済原論を教えていたが、マルクスの労働価値説の批判の著書で頭角を現した。とくに河上肇・櫛田民蔵らマルクス主義経済学者と論戦を展開した。やがて小泉は高橋誠一郎とともに義塾経済学部を代表する教授となった。

義塾は関東大震災の被害の復興も終わり、昭和に入り創立七十五年式典も滞りなく済んだので人心を一新することになり、昭和九年一月、小泉が四十六歳の若さで塾長に選ばれた。若いといっても父信吉が死んだ年齢と同じであった。

義塾中興の祖

小泉は教育・研究の充実、内容の向上を図るとともに、塾生の体育・体力増進にも力を入れた。広い日吉キャンパスには陸上競技場・テニスコート・野球場・蹴球場・サッカー場が次々に完成し練習に励んだ。

小泉は義塾の目的の一つである「気品の源泉」を塾生にどう自覚して貰えるかに苦慮した。紀元二千六百年の前年の昭和一四年暮れ、小泉は「紳士」として守らなければならない四ヵ条を塾長訓示とし各教室にはり出した。時局にへつらわない内容であった。

一、心志を剛強にして容儀を端正にせよ

一、師友に対して礼あれ
一、教場の神聖と校庭の清浄を護れ
一、途に老幼婦女に遜《ゆず》れ
善を行ふに勇あれ

塾長訓示の掲示は戦後取り外されたが、内容としては軍国主義的でも戦争協力的でもないので惜しむ声も少なくない。

小泉は科学・技術教育の必要性を痛感していたが、医学部が出来てまだ日が浅く、新たに理工系学部の設置は難しかった。そこへ「製紙王」藤原銀次郎が財界を引退し科学・技術の振興に尽くしたいとの構想を明らかにし、その一環として藤原工業大学を設立した。その際藤原は小泉に対し、①藤原が死んだとき②慶應義塾が必要とするとき、同大学を義塾の工学部とする、との取り決めをしている。昭和一六年には学部設置に当たり、谷村豊太郎（艦政本部第一部長　造兵中将）を起用した。藤原が「すぐ役立つ技術者を養成するにはどうしたらよいか？」と谷村にたずねたところ「基礎を徹底的に学ばせることです」と答えたという。

昭和一八年になると文科系学生の徴兵猶予の特典が廃止されたため、小泉は藤原に藤原工業大学の義塾工学部への移管を申し入れた。

同年学徒に動員令が下り、塾生は次々に陸海軍に入隊して行った。小泉は塾長室に挨拶に訪れた塾生に「無駄死にはするなよ」と激励したという。

学徒兵壮行のための「最後の早慶戦」開催のために努力し、当日は早稲田の戸塚球場に行き、学生席で観戦したエピソードもある。

小泉は昭和一八年一〇月一二日、帝国学士院会員に選出された。元塾長林毅陸を除けば帝国大学出身者で占められ、老身の多い学士院に五十五歳の小泉が入ったことにより、学士院に新風を吹き込んだのだった。

背筋を正せ

戦局は日増しに悪化し、義塾には医学部・工学部の学生のほか、体が悪く徴兵免除された文科系学生、試しに入学を許された女子大学生（旧制専門学校）、普通部、商工学校、商業学校（夜間）、幼稚舎の生徒・児童であった。学問の灯を消してはならないと小泉の苦悩が続いた。

昭和一三年制定の国家総動員法は軍需物資をはじめ燃料・電力・交通・通信・金融・言論・思想・教育・研究に至るまで統制・動員が出来るようになっていた。政府はさらに思想や研究も厳しく統制するため内務省や文部省で圧力を加えはじめた。

アジアの植民地解放の名目で無謀な戦争をはじめた東条（英機）内閣はサイパン島やグアム島が陥落したため総辞職した。後継内閣は小磯国昭（陸軍大将）と米内光政（海軍大将）の〝連立〟内閣が成立した。

同内閣は文相に小磯の陸士同期生の二宮治重（陸軍中将）を起用したものの、教育行政に無知・無理解であった。見るにみかねた米内（光政）海相は後任文相に推す考えで密かに小泉を打診したところ、小泉は「塾生がいる限りお受け出来ない」と断った。政府は内閣を補強する目的で同年一〇月二二日、小泉らを内閣顧問に発令した。翌二〇年二月の内閣改造で二宮は閣外に去ったあと後任は置かず厚相が兼任し、同年四月成立の鈴木（貫太郎）内閣まで続いた。再び塾長の職務に専念出来るようになった。

小泉は塾長の仕事に専念出来ると思っていたところ、五月二三日の空襲で三田綱町の自宅が全焼、煙に巻かれて気を失った夫人を助けた際、小泉も顔などに重傷を負い長期療養を余儀なくされた。そこで高橋誠一郎が塾長代理兼総長代理となった。

昭和二二年一月小泉は塾長を辞任し法学部教授の潮田江次が後任の塾長に選ばれた。

その月の下旬首相吉田茂は教育基本法・学校教育法に消極的な文相田中耕太郎（東大教授専攻　法哲学　小泉の姪の夫）を更迭することとし、後任に小泉を起用する方針を固めた。しかし小泉はけがの療養を理由に断っている。吉田は秘書の武見太郎の推薦で高橋誠一郎に決めた。

三田綱町の仮寓で静養していた小泉を塾生が見舞に訪れたが、塾生が前途を悲観しているのを見かねた小泉に「負けたからと言って卑屈になってはいけない。日本の再生は君たちの双肩に懸かっている。バックボーンを持たなければならない。背筋を伸ばし胸を張って堂々と自分の道を歩きなさい」と逆に激励されたものもいる。

政府にとって誰が民主化日本の皇太子に「帝王学」を教えるかが難問であったが、英国留学・駐英大使などで英国を知る吉田茂首相は皇太子の傅育官《ふいくかん》に躊躇なく小泉を選んだ。その成果は皇太子妃に民間から正田美智子を迎えるなど皇室の民主化に寄与した。

南東太平洋で長男信吉《しんきち》が戦死し、自らも戦災を受けた小泉は愛国心についてどう考えていたのだろうか。英国留学中の小泉は第一次欧州大戦の激化に伴い、英国貴族の子弟は進んで軍隊に入るのを見たり聞いたりした。「ノーブレス　オブリージ（紳士はそれに相応しい責務を負う）」を黙って実践しているのを知った小泉は深い感動を覚えた。これは教え込まれたのではなくパブリックスクールで自ら学び取ったものであることも悟った。

戦後間もなく小泉は塾生から心がまえについて尋ねられたとき、付和雷同を戒めるとともに「背筋を伸ばせ」と卑屈にならないよう諭した。さらに愛国心について「郷土を愛し、祖先を敬い、同胞（兄弟）を労《いたわ》り、子孫を慈しむ気持ち」が基になり自然に湧き起こるものでなければならない、と述べたと言う。昨今、教育基本法に愛国心教育を盛り込もうとする動きがあるが、愛国心は小泉の言うように心の底から湧きおこるものでなければ真の愛国心とはいえないのではないか。

夫人の父阿部泰蔵は明治生命保険の創立者、義兄阿部章蔵は作家水上滝太郎として有名。義兄（姉の夫）松本蒸治《じょうじ》（東大教授　商法専攻）は早い段階で新憲法を手掛けた。松本の女婿が田中耕太郎（文相ののち最高裁長官）、と言う絢爛たる一族である。

小泉は昭和四一年死去、満七十七歳であった。

高橋　誠一郎──旧憲法下最後の文相

文部省無用論

高橋誠一郎は明治一七（一八八四）年五月九日、高橋次太郎・フデの長男として、横浜市野毛町で生まれた。父次太郎は現在の新潟市で回船問屋をしていたが、明治維新後新潟が寂れたため横浜に出て来て国立第七十四銀行や茂木合名会社に勤めた。福澤諭吉を尊敬する次太郎は誠一郎が地元の小学校を卒業した明治三一年に慶應義塾普通部へ入学させた。この年は慶應義塾が大学部・普通部・幼稚舎の一貫教育を確立した歴史的な年でもあった。

〔注〕　慶應義塾入社帳の保証人の欄に「治太郎」となっているが、どうも「次太郎」が正しいらしい。

高橋は普通部在学中福澤諭吉の朝の散歩に加わった一人で、三田から白金台までを早足で往復している。高橋は明治三六年三月に普通部を卒業したが、このときの卒業生名簿の中に香下玄人、仙波均平《せんばきんぺい》、桜井弥一郎（第一回慶早野球勝利投手）らがいた。

普通部を卒業した高橋は大学部政治科に進み、勉強だけでなく体育――とくに水泳に熱中する普通の塾生であった。まだ予科一年のときに『慶應義塾学報』（現在の『三田評論』）に「久保田文相（譲　既出）に呈するの書」と題して文部省無用の論陣を張った。政府がときの政権に都合の良い教育をしているのは好ましくない、というものである。まさか自身が文部大臣になるとは思いもよらなかったにちがいない。

高橋は明治四一年に義塾を卒業したが、此の年の卒業生の中に政治科では山田又司、鷲沢与四二《よしじ》、理財科では三辺金蔵がいた。

義塾は高橋を将来憲法担当の教授にする考えで、明治四一年、義塾を卒業すると助手に採用したが、高橋自身は経済学に関心を持っていたので、結局経済学原論と経済学史を専攻することとなった。

講義六〇年

明治四四年、高橋は義塾から欧州留学を命ぜられ、ロンドン大学で重商主義経済学史の研究をはじめたが、半年後胸を患ったため療養生活を送ったものの捗々《はかばか》しくなかったこともあり、翌年留学を断念し帰国した。帰国後は療養生活に専念するつもりであったが、教員不足のため大正三年から経済原論と経済学史担当の教授として教壇に立つこととなった。はじめは政治科で教えていたが、のちには理財科で経済原論と経済学史を教えることとなり、いつの間にか小泉信三とともに慶應義塾を代表する経済学者といわれるようになった。

高橋はその後経済思想史、経済学説史の講義を担当したが、高橋の主な著書に『経済学史研究』（大九）、『経済学前史』（昭四）などがある。

高橋は昭和九年四月から同一三年三月まで四年間、三辺金蔵の後任として経済学部長を勤めたのち図書館監督（現在の図書館長）になっている。

太平洋戦争の激化に伴い、塾生の多くは陸海軍にとられ、昭和一八年の文科系学生の徴兵猶予制度の廃止によって三田の山には病弱な塾生しかいなかった。一方、教員も若手は軍に召集され年輩だけとなっていたので義塾は年輩塾員の勇退を求めた。満六十歳になっていた高橋も同一九年三月、名誉教授に祭り上げられ四月から講師として講義を続けるほか、博士号のない高橋が若い学究の博士号請求論文審査の主査になるといった変則的な勤務となった。

終戦で応召中の塾生も復員、次々に三田の山に戻って来たが、空襲で施設の六割を失った。また塾長小泉信三は戦災で大火傷を負い、しばらく療養をせざるを得なかった。そこで義塾は高橋を塾長代理兼総長代理に任命し処理に当たらせた。高橋は小泉の任期の残りの同二二年一月まで務め潮《うしお》田江次《だこうじ》（福澤諭吉の孫）に後を譲った。

塾長代理を辞めたあとも高橋は週二回三田で経済学前史の講義を亡くなる少し前まで続け、講義は六〇年に及んだ。

偶然の文相就任

生涯学究の徒として過ごしてきた高橋が吉田茂内閣の文相として入閣したのは偶然からであった。首相になったばかりの吉田は秘書の仕事をしていた武見太郎に天皇のあり方について尋ねたところ武見は即座に福澤諭吉の『皇室論』を読むよう薦めた。『皇室論』は福澤の『帝室論』（明一五）と『尊皇論』（同二一）とを合わせたもので、天皇の無謬性を守るため「帝室は政治社外にあるものなり」という点を強調していた。吉田は最後の帝国議会で「象徴天皇」とは「政治の外にあるものであります」と答弁し大方の納得を得た。

はじめ吉田内閣の文相は田中耕太郎（小泉信三の姪の夫）であったが、新しい学校教育のあり方に消極的であり、吉田は田中の更迭を決意した。後任文相には義塾出身者を当てることとし、貴族院議員板倉卓造と相談したところ、板倉は小泉を推薦したが、小泉は負傷の治療を理由に固辞したので改めて高橋を推薦した。しかし吉田は高橋をよく知らなかったので武見に高橋を説得出来る者を探すよう命じた。武見は医学部長阿部勝馬（大分　東北帝大医）に説得方を依頼した。阿部は高橋に会うと医学部・病院の戦災復旧に文部省が支援してくれたので、この際「恩返しの積もりで」引き受けたらどうか、と勧められ、高橋も引き受けることとした（武見太郎『戦前戦中戦後』二〇八〜一一頁）。昭和二二年一月末、田中は辞任し高橋が後任文相に就任した。

鎌田栄吉（既出）が加藤友三郎内閣の文相を辞任してから二二年、義塾出身初の文相浜尾新（既出）から数えて七人目の文相である。高橋が「文部省無用論」を唱えてから四四年振りに考えもしなかった文相に就任することになったのだった。

六・三制生みの親

高橋は普通部生のころ恰幅のいい福澤先生の粋な着流し姿を見ていたせいか、自身も和服を着て教壇に立っていた。痩せて背の高い高橋の着流し姿もよく似合ったそうだ。しかし太平洋戦争の激化に伴い和服の着流しは「非国民」と言われかねないので、止むをえず国民服を作りきていた。ただ文相の親任式に着る礼服がないので慌てた武見は三越社長岩瀬英一郎に頼みモーニング上下・エナメル靴など一式を借り受け親任式に間にあわせたという。

大臣になって改めて教育基本法案を読むと、明治三二年二月に福澤諭吉が塾生のために定めた「修身要領」に盛り込まれた「独立自尊」の精神が反映されていた。しかし福澤の考え方に対する曲解もあり、楽観は出来なかった。学校教育法案はいわゆる六・三・三・四制を核とする学制改革だが、戦災で施設・設備を失い、教員の不足の折りにもかかわらず高等小学校（二年制）を新制中学校（三年制）とし、義務教育を一年延長、九年とすることに強い反発が見られた。またこれまでの高校（五年制の旧制中学校卒業進学）に愛着を持つ政治家・官僚も少なくなかったため、この法案の成立にも不確定要素があった。

しかし高橋は両法案の成立・実施が一日遅れることは、わが国の民主化を遅らせているととられるおそれがあるとし、高橋は静かなうちにも強い決意を秘め、両法案の審議促進に努力した。学校教育局長日高第四郎は寝食を忘れて議員間を駆け回り説得を続けた。とにかく衆議院文教委員会で可決、本会議でも可決、成立の見通しがついたと報告すると、高橋から「ご苦労でした」と労いの言葉をかけられ、日高は感動の余り辺りを憚らず号泣したという。

強い抵抗が予測された貴族院は意外なほど大きな混乱もなく可決・成立した。

両法案が成立し同年四月一日から実施されたが、予算がほとんどなく移行期間中に実現出来るかどうか危ぶまれたし、教員がどの程度協力してくれるか疑問であった。

財政難で施設・設備は改善されなかったが、組合との対応は高橋の誠意ある態度で接したため、無事に六・三教育がはじまった。

高橋の文相在任期間は三ヵ月足らずであったが、誰も手をつけたがらなかった教育改革を成し遂げた功績は大きい。義塾創立九〇年ではじめて私学に天皇を迎え、文相として祝辞を述べた喜びは喩えようもないものだったに違いない。

文化財保護

文相を辞めた高橋に待っていたのは文化財の保護と芸術の振興の仕事であった。高橋の専門外の東京国立博物館長・文化財保護委員長・芸術院長に選ばれたのを奇異に感じる人も少なくないかも知れないが、人の話をよく聞き、正しい判断を下す「長」としての性格を評価されたからであろう。

戦前の東京帝室博物館は皇室の財産であったが、戦後民主化に伴い国有化された。これまで館長は華族の名誉職であったが、改組後は保存だけでなく御物を含め公開をしなければならなかった。新館長の人選には慎重にならざるを得なかった。結局昭和二三年、芸術院長になったばかりの高橋が併任することになった。

旧態依然とした宮内庁官僚の「蒙」を啓く必要があった。その成果は徐々に現れた。正倉院の曝涼期間中御物を公開することが出来るようにした。また昭和二六年にサンフランシスコで開かれた対日講和会議に当たって、わが国を代表する文化財の展覧会を開くこととした。出品予定のものの中に門外不出のものも含まれており、文部省や宮内庁は損傷・紛失など事故を恐れ反対したが、吉田の決断で開催された。高橋はサンフランシスコに乗り込み陣頭指揮に当たった。この展覧会は「日本の光」展と名づけられ、米国人の対日感情を和らげることを目的としたが、日本の古美術品の海外展覧会は時機尚早論もあり、またどれくらいの観覧者が入るか見当がつかなかった。開場してみると大変な人気で延べ二〇万人が入場し繊細で落ち着いた美術品に驚異の目を見張った。日本人は好戦的と思い込んでいた米国人の認識を改めさせることが出来た。

「文化立国」をめざす政府は、昭和二五年に文化財保護委員会を設置し高橋を委員長に選んだ。同委員会は諮問機関ではなく行政機関であったので苦労が絶えなかった。最初の仕事は国宝・重要美術品の現状調査からであったが、人手も予算もなかったため難渋を極めた。調査した国宝・重要美術品のうち消失・紛失したものの指定解除、国宝の新国宝指定、重要美術品の新国宝指定や重要文化財指定を第一段階とし、次に史跡・天然記念物の指定、踊りや布の織り方・染め方などの人間国宝（無形文化財）の指定と記録作成に着手した。

文化財保護委員会が埋もれた文化財を探しているとの報道に多く人々が関心を寄せ、自宅の土蔵にあった書画を地方の教育委員会や大学に持ち込むものが引きも切らず、中には貴重な品もあったという。

文化財行政が軌道に乗ったのを機会に高橋は退任した。やがて同委員会は行政委員会から審議会に格下げとなり、いつしか国民の文化財に対する関心が見られなくなった。

芸術院・映倫

高橋は晩年芸術院長と映画倫理審査委員長として忙しい日々を送った。芸術院では会員定数増加・日展（日本美術展覧会）独立・国立劇場設置の問題などが山積していた。高橋としてはその道の権威を納得させる者を選ぶしかなかった。

芸術院の会員定数は第一部（美術）五〇人、第二部（文芸）三〇人、第三部（芸能）二〇人、計一〇〇人であったが、将来を見越し第一部六人、第二部七人、第三部七人、計二〇人の定数増を予算化している。しかし高橋は拡充分の充足に容易に手をつけなかった。実は毎年会員の欠員補充の時期になると選考委員の自宅へつけ届けをしたり、ライバル蹴落としの怪文書を送ったり、芸術家にあるまじき醜悪さを露呈していたので慎重にならざるを得なかった。また特定の系統・流派に偏らないようにするとともに、マイナーと言われた地唄や文楽などに気を遣っていた。

日展は芸術院が主催して来たが、芸術院内外からその必要性があるかどうかの問題が提起され、歴代の文相の頭を悩ました。論議は「存続」か「廃止」かのほかに、「分離・独立」論が出て来て混迷の度を深めたが、結局芸術院案に松永は①昭和三二年秋の第一三回日展は芸術院・日展の共催とするが、来年以降は日展単独で開く、②新しい日展の運営は三〇人の運営委員による、などを決めた。長い月日がかかったものの、日展は「官展」の批判を避けることが出来た。

国立劇場の建設は歌舞伎や舞踊など伝統芸能を上演する劇場を建設することに決まり、大蔵省も建設費を予算化し「一件落着」と思われたが、高橋は納得していなかった。

高橋は新劇やオペラなどを上演するためにはやはり「場」が欲しいと文化庁に足を運び、「第二国立劇場」の設立方を陳情その熱意に政府も重い腰を上げ、「第二国立劇場」の設立を認めたのであった。

映倫は戦後の映画の俗悪化を防ぐ最後の砦として機能を果していたが、テレビの大衆化で映画館に足を運ぶ者が少なくなったこともあり、映画企業危機に直面していた。そこへ起こったのが武智鉄二監督の『黒い雪』事件であった。警視庁は「猥褻」として摘発したが、武智らは表現の自由を侵害するものと猛反発した。高橋には警視庁が前衛作家・演出家を狙い撃ちし、さらに映倫の自主規制から官僚による規制を意図しているのが見え見えであった。高橋は江戸時代の浮世絵取り締まりの例を引いて、無粋な警視庁に芸術性を説いても無理、それよりも映倫の存続・自主規制の維持が大切、といきり立つ委員の強硬意見を宥め、指摘部分のカット、審査員の増員と担当替えなどによって自主規制を守った。

昭和天皇在位五〇年のお祝いの席上「高橋は元気そうだが何歳になるか」と天皇からのお尋ねに「未だ九十一歳で御座居ます。陛下もお元気でご在位一〇〇年をお迎え下さい。そのとき必ず私をお呼び下さいますように」と述べたエピソードもある。

わが国最古の社交倶楽部交詢社の理事長に高橋が就任したのがまだ戦争の傷痕の残っていた昭和二四年一月、死去するまでの満三三年間その職にあり、同社の復興・興隆に尽力した。

高橋の趣味は読書と浮世絵の蒐集。自らブックワーム（本の虫）と言うほど多くの蔵書があり、トーマス・モアの『ユートピア』など専門外のものも少なくない。夥しい浮世絵の中には貴重な肉筆画もある。

英国留学中肺を患ったため生涯独身で通した。八十一歳のとき六歳の親戚の娘を養女とし、「爺馬鹿振り」を発揮していた。昭和五七年二月九日、九十七歳の多彩な生涯を閉じた。

参考・引用文献

慶應義塾福澤研究センター編『慶應義塾入社帳』Ⅰ〜Ⅴ

慶應義塾普通部同窓会『同窓会名簿』全

慶應義塾幼稚舎『慶應義塾幼稚舎同窓会名簿』

井尻常吉編『歴代顕官録』朝陽会刊

遠山茂樹ほか『近代日本政治史必携』

衆議院・参議院編『議会制度七十年史』第一—一二　衆議院議員名鑑　貴族院・参議院議員名鑑　政党会派編・帝国議会史　上　下・資料編

内閣官房『内閣制度七十年史』

慶應義塾『慶應義塾百年史』

慶應義塾幼稚舎『稿本慶應義塾幼稚舎史』

交詢社『交詢社百年史』

三省堂編輯『特輯六法全書』三省堂　昭四

伊藤博文編『憲法資料　上・中・下』

石河幹明『福澤諭吉伝』第一巻〜第四巻　岩波書店

慶應義塾『福澤諭吉全集』

原敬『原敬日記』
原田熊雄『西園寺公と政局』
小山完吾『小山完吾日記』
山口愛川『波瀾立志　大臣』
栗林貞一『地方官界の変遷　内務畑の新人旧人』
池田成彬『故人今人』
中外産業調査会編『財閥三井の新研究』
明治編年史編纂会『新聞集成　明治編年史』
朝日新聞縮刷版　昭和六年一二月〜七年二月号／同七年五月号／同一五年八月〜一二月号
満田巌『昭和風雲録』
中村菊男『日本近代化と福澤諭吉』
中村菊男『政治家の群像』
野村秀雄『明治大正史』　政治篇
野村秀雄『政黨の話　七』
野村英一『慶應義塾　三田の政治家たち』　雄山閣
野村英一「日高壮之丞」別冊太陽『慶應義塾百人』　平凡社
野村英一「慶應の人脈・政官界」旺文社『慶應義塾大学　百二十年の航跡』

野村英一「三田の政治家たち」（昭和六三年～平成四年）『塾友』（廃刊）塾友社　第一回、福澤諭吉。第二回、馬場辰猪。第四回、浜尾新・渡辺洪基・小幡篤次郎。第五回、鮫島武之助・安広伴一郎・石綿敏一。第七回、田尻稲次郎・斎藤珪次。第八回、脱亜論をめぐる井上角五郎と九人の塾員（牛場卓蔵を含む）。第九回、小松原英太郎・九鬼隆一（ほか1人）。第一〇回、岡部長職・渡辺千冬・三好退蔵・横田国臣。第一一回、尾崎行雄。第一二回、矢野文雄・石川安次郎（ほか2人）。第一三回、久保田譲（ほか5人）。第一四回、安川敬一郎（ほか4人）。第一五回、高橋光威・鈴木梅四郎。第一六回、箕浦勝人（ほか1人）。第一七回、伊沢多喜男・森本泉（ほか3人）。第一八回、菊亭修季・黒田長成・松平康壮（ほか3人）。第一九回、林毅陸（ほか1人）。第二〇回、鎌田栄吉（ほか1人）。第二一回犬養毅。第二二回、森恪・望月小太郎。第二三回、中島久万吉・竹越与三郎　第二五回　武藤山治（ほか2人）。第二六回、小松謙次郎・野村龍太郎・塚原周造。第二七回、中牟田倉之助・有馬良橘と海軍大将（日高壮之丞・山本英輔）第二八回　山本達雄（ほか1人）。第二九回　堀切善兵衛（ほか1人）。第三〇回　久原房之助。第三一回　池田成彬。第三三回。小林一三　第三四回　小山完吾（ほか2人）。第三五回　藤原銀次郎。第三八回　呉文聡（ほか2人）。第四〇回　小泉信三（ほかに小泉信吉）。第四七回　高橋誠一郎

おわりに

本書は慶應義塾創立百五十周年を記念し、福澤をはじめ国を動かした人々――義塾出身の政官界人を採り上げてみようとしたが、余りにも多いので旧憲法下で活躍した人にとどめた。それでも八〇人に近くになったので、さらに絞り込む必要があった。その対象は財界や学会では著名でも政治的な業績や話題性の少ない人は省いた。たとえば衆議院議員では福澤の女婿福澤桃介（明治二〇年卒）、義塾評議員会長波多野承五郎（同七年卒）、同理財科主任気賀勘重（同二八年文）、電力王松永安左ヱ門（同三一年卒）、貴族院議員では義塾副社頭・千代田生命保険創始者門野幾之進（同四年卒）、三菱社銀行部の豊川良平（同八年卒）、大日本製糖の藤山雷太（同二〇年卒）、富士紡績の和田豊治（同一七年卒）らは残念ながら割愛せざるを得なかった。

ここに採り上げた義塾出身者の政治家は権勢に佞らず、権力を握っても奢らず、常に挑戦者であった。官僚にしても富貴を求めず、弱者の声に耳を傾けた。立場が違ってもみな国のため国民のため真剣に闘って来た。

それに引き換え今の各界のリーダーたちの多くはとかく難題に打ち当たると「時勢が違う」とか「憲法が悪い」などと言って真正面から取り組もうとしないのは情けない。少なくとも慶應義塾に学んだものならば福澤が言うように抵抗の精神と独立自尊の気概を持つ必要があると思うのは私一人だけではあるまい。

犬養毅や森恪が扶けた孫文の辛亥革命は「脱亜」（専制君主打破）、「入欧」（共和制樹立）の精神に則るものであった。犬養がこの精神を頑に護ったのに対して、森は途中から背を向けたのはなぜか。この問題の究明が将来の日中関係を考えるとき重な要素となろう。

私事にわたって恐縮だが、これまで書き溜めた義塾出身の政官界人の原稿の一部を出版したいと考えていたものの中々機会に恵まれなかった。この数年健康を害したこともあり、竹田行之氏に相談したところ快く慶應義塾大学出版会に紹介してくださった。この無名の老塾員の願いを早速坂上弘社長、前島康樹部長に聞き届けて頂いた。

また原稿を読みやすく整理し、誤字・脱字を校正して下さった編集部の方々に厚くお礼申し上げます。

野村英一（のむら　えいいち）
1930年生まれ。1952年慶應義塾大学法学部政治学科卒。同年朝日新聞社入社。政治部員を経て、調査研究室研究員、調査部次長、編集委員、百年史編修委員を歴任。1995年退社。現在、朝日新聞社社友、交詢社社員。主な著書に『慶應義塾　三田の政治家たち』（雄山閣、1997）。

三田の政官界人列伝

2006年4月10日　初版第1刷発行
2006年8月1日　初版第2刷発行

著　者――――野村英一
発行者――――坂上　弘
発行所――――慶應義塾大学出版会株式会社
〒108-8346　東京都港区三田 2-19-30
TEL　〔編集部〕03-3451-0931
〔営業部〕03-3451-3584〈ご注文〉
〔　〃　〕03-3451-6926
FAX　〔営業部〕03-3451-3122
振替　00190-8-155497
http://www.keio-up.co.jp/
装丁――――巖谷純介
印刷・製本――中央精版印刷株式会社
カバー印刷――株式会社太平印刷社

Printed in Japan ISBN 4-7664-1249-4

本書に掲載の主な塾員略歴

当時の学科・学校：文＝文科のちの文学部、理財＝理財科のちの経済学部、法＝法科のちの法学部法律学科、政＝政治科のちの法学部政治学科、医＝医学部、高＝高等部（旧制高等学校、四年のち三年制）、普＝普通部（旧制中学校、五年制）、商工＝商工学校（旧制実業学校、五年付こう商＝商業学校（旧制夜間実業学校）五年制）、幼＝幼稚舎（小学校、六年制）

あ行

阿部宇之八　　徳島　明17卒
北海道日日新聞社長

阿部章蔵（水上瀧太郎）東京　明44理財卒
作家、阿部泰蔵の四男、小泉信三の義兄

阿部泰蔵　　愛知　慶応４入
明治生命保険創始者

青木徹二　　岐阜　明23入
義塾法科教授

赤坂亀次郎（赤坂亀二郎）岩手　明10入
衆議院議員

秋田映季（あきた　あきすえ）福島　明５入
前三春藩知事

朝倉伝二郎（旧姓松田）石川　明17入
北鮮電力社長

朝吹英二　　大分　明３入
福澤諭吉暗殺を試みるが果たせず、福澤の門下生となる。
中上川彦次郎を助け、三井合名の発展に寄与

朝吹常吉　　大分　明17入

三越社長
葦原雅亮（あしはら　まさすけ）熊本　明25入
義塾教員
雨山達也　大分　明４入
義塾普通部・商工学校各主任
有馬良橘　和歌山　明14入
海軍大将、枢密顧問官
井上角五郎　広島　明15卒
朝鮮で諺文字普及に尽力、衆議院議員
伊沢多喜男　長野　明20普卒
知事、警視総監、貴族院議員、台湾総督、枢密顧問官
伊東佑侃　佐賀　明17卒
大阪朝日新聞主筆、京城日報社長
伊藤欽亮　山口　明12卒
日本銀行発行局長、時事新報主筆
池田潔　大15普
義塾文学部教授
池田成彬（慎平）山形　明19入
三井銀行常務取締役、三井合名常務理事、日銀総裁、蔵相、貴族院議員、枢密顧問官
池辺吉太郎（号　三山）熊本　明15入
東京朝日新聞主筆
石川暎作　福島
アダム・スミス『国富論』のわが国初の翻訳者
石川安次郎（半山）岡山　明22入
新聞記者「辛亥革命に干渉しなければ日本の権益を保護」の情報を得てわが国が内乱に巻き込まれないよう進言した。衆議院議員
石河幹明　茨城　明14入

時事新報主筆、『福澤諭吉伝』（全四巻）編纂者

石田新太郎　福島

義塾監事

石渡敏一　静岡　明７入

西園寺内閣書記官長、貴族院議員

出井兵吉（兵助）埼玉

衆議院議員

磯村豊太郎　大分　明22卒

北海道炭礦鉄道専務のち社長、貴族院議員

板倉卓造　広島　明36政

義塾法学部長、貴族院議長、時事新報社長

市来七之助　鹿児島　明11入

のち野村政明と改名、内務省南方局長、石川・愛知県各知事

犬養毅　岡山　明９入

衆議院議員、文相、逓相、首相、暗殺（五・一五事件）

猪飼麻次（治）郎　大分　明４入

義塾憲法制定以前の塾長

今城定政　秋田　明22幼

貴族院議員

岩田茂穂　福岡　明５入

横浜で織物貿易商、作家獅子文六（岩田豊男）の父

牛場大蔵　東京　昭11医

義塾医学部長

牛場卓蔵　三重　明７卒

衆議院議員

占部百太郎　福岡

義塾文科・政治科教授

江口三省（のち小松姓）高知

衆議院議員
小田貫一　広島　明19入
衆議院議員、広島市長
小田久太郎　長崎　明19入
三越専務
小幡篤次郎　大分　元治１入
慶應義塾長、貴族院議員、義塾副社頭
尾崎行雄　神奈川　明７入
衆議院議員、文相、東京市長、軍備縮小・普通選挙制を提唱、“憲政の神様”
大倉喜七郎　東京
大倉組社長
大河内輝剛　群馬　明５入
衆議院議員
大島雅太郎　宮崎　明19入
三井物産常務取締役、三井合名本社理事
大鳥圭介
朝鮮公使
岡部長職（おかべ　ながもと）大阪　明７入
岸和田藩主、貴族院議員、司法相
岡本貞烋（徳太郎）神奈川　明３入
交詢社事務局長
奥田竹松　岡山　明27文卒
ハンブルク総領事
奥平昌恭（幼名九八郎）東京
伯爵、貴族院議員
奥平昌邁　大分　明４入
東京芝（現、港）区長
奥村信太郎　大分　明21幼入

大阪毎日新聞社長

か行

加藤正人　　　兵庫　明43理財卒
　　　　　　　衆議院議員
加藤政之助　　埼玉　明11卒
　　　　　　　衆議院議員、貴族院議員
角田勤一郎　　静岡　明19入
　　　　　　　大阪朝日新聞記者、旧塾歌作詞者
柏田盛文　　　鹿児島
　　　　　　　文部次官、新潟県知事
片山淳之助（淳吉）京都
　　　　　　　義塾教員
門野幾之進　　三重　明４卒
　　　　　　　千代田生命創始者、貴族院議員
門野重九郎　　三重　明11入
　　　　　　　大倉組取締役
金沢冬三郎　　埼玉
　　　　　　　慶應通信社長
鏑木誠（誠安）千葉　明４入
　　　　　　　海軍少将
鎌田栄吉　　　和歌山　明７入　明９卒
　　　　　　　慶應義塾長、貴族院議員、交詢社理事長、第一次護憲運動を指導
川合貞一　　　岐阜　明25文卒
　　　　　　　義塾文学部長
川村鉄太郎　　鹿児島　明13幼入
　　　　　　　伯爵、貴族院議員
神戸寅次郎　　東京　明23入

義塾法学部教授＝民法専攻
木村清四郎　岡山　明16卒
日本銀行副総裁
気賀勘重　静岡　明25入　明28卒
義塾経済学部教授
菊池九郎　青森　明２入
東奥義塾創立者、衆議院議員
菊池武徳　青森　明20卒
衆議院議員
菊亭修季（きくてい　ながすえ）京都　明５入
侯爵、貴族院議員
菊本直次郎　三重
三井銀行会長
北川礼弼　滋賀
時事新報社長
桐原捨三（旧姓、河野）埼玉　明８入
大阪毎日新聞社専務
九鬼隆一　兵庫　明４入
駐米特命全権公使、帝室博物館総長
久原房之助（房次郎）山口　明22卒
日立コンツェルン創始者、衆議院議員、逓信相、政友会幹事長・総裁
久保田貫一（貫一郎）兵庫　明５入
司法省監獄局長、久保田譲の実弟
久保田譲（譲二郎）兵庫　明５入
東京帝大総長、貴族院議員、枢密間顧問
呉文聡　広島　元治２入
統計学者、“国勢調査の父”
黒岩涙香（周六）高知　明14入

翻訳家、小説家

黒岩長成　　福岡　明11入
貴族院副議長

桑原虎治　　大分
綿糸商

小泉信吉（こいずみ　しんきち）東京　昭16経
小泉信三の長男、南東太平洋で戦死

小泉信三　　東京　明43政卒
義塾経済学部教授、塾長、内閣顧問、東宮傅育官

小泉信吉（こいずみ　のぶきち）和歌山　慶２入
信三の父、塾長

小林一三　　山梨　明25卒
阪急グループ総帥、商工相、国務相・復興院総裁

小林澄兄　　長野　明34入
義塾文学部教授、普通部・幼稚舎各主任

小林雄七郎　　新潟　明３入
衆議院議員

小松原英太郎　　岡山　明７入
埼玉県・静岡県知事、内務次官、貴族院議員、文相、枢密顧問官

小室信介　　京都　明９入
大阪日報・大阪朝日新聞各記者、京都自由党系新聞「自由燈」創立者

小山完吾　　長野　明34法卒
衆議院議員、貴族院議員

木暮武太夫　　群馬
衆議院議員

古渡資秀　　茨城　明９卒
新潟新聞主筆

児玉仲児　　　和歌山　明７入
　　　　　　　衆議院議員
神津国助　　　長野　明７入
　　　　　　　社会教育実践家
香下玄人　東京　明43文卒
　　　　　　　義塾文学部教授、普通部教諭、各主任

さ行

斎藤珪次　　　埼玉　明10入
　　　　　　　衆議院議長
坂田実　　　　岡山　明８入　明９卒
　　　　　　　義塾幼稚舎長
坂元英俊　　　鹿児島
　　　　　　　衆議院議員
桜井恒次郎　　大分
　　　　　　　慶應義塾出版社員
桜井弥一郎　　東京　明41卒
　　　　　　　初の慶早戦の主戦投手
鮫島武之助　　鹿児島　明２入
　　　　　　　司法次官、伊藤内閣書記官長
志立鉄次郎
　　　　　　　福澤諭吉四女たき（滝）の夫、日本興業銀行総裁
柴田一能（松蔵）東京
　　　　　　　義塾教員
柴田桂太　　　東京
　　　　　　　東北帝大農学部長
島定次郎　　　大阪　明25幼入
　　　　　　　日本板硝子工業・日本碍子工業各社長、貴族院議員
釈宗演　　　　福井（入社時の本籍は神奈川）　明18入

(一ノ瀬常次郎) 臨済宗大学長
荘田平五郎　　大分　明３入
　　　　　　　三菱合資会社支配人、貴族院議員
須田辰次郎　　大分
　　　　　　　神奈川・岩手・佐賀各県師範学校長
菅了法　　　　島根　明10入
　　　　　　　僧侶、衆議院議員
鈴木梅四郎　　長野　明20卒
　　　　　　　王子製紙専務、同志会幹事長
仙波均平　　　東京　明38普卒
　　　　　　　義塾普通部図画教師
草郷清四郎（そうごう　きよしろう）和歌山　慶応２入
　　　　　　　筑豊鉄道、小田原電鉄各社長

た行

田尻稲次郎（号　北雷）鹿児島　明２入
　　　　　　　大蔵次官、会計検査院長
田中一貞　　　山形　明23入　明29文卒
　　　　　　　初代義塾図書館監督（＝館長）
田中萃一郎　　静岡　明28文
　　　　　　　義塾文学部教授＝東洋史専攻
田中館愛橘　　岩手　明５入
　　　　　　　東大教授＝地球物理学専攻
田村羊三　　　東京　明25入
　　　　　　　華北交通副総裁
高石真五郎　　千葉
　　　　　　　毎日新聞社長
高野岩三郎　　長崎　明17幼入
　　　　　　　東大法学部教授、戦後NHK会長

高橋誠一郎　　神奈川　明41政卒
義塾経済学部教授、文相、文化財保護委員長
高橋長治　　長崎
衆議院議員
高橋正信　　東京　明11入
交詢社常議員
高橋光威　　新潟　明26法卒
原内閣書記官長、政友本党幹事長
高嶺（峰）秀夫　青森　明４入
東京高師・東京女子高師各校長
高山長幸　　愛媛
東洋拓殖総裁
竹内勝蔵　　群馬
生糸卸商
竹越（清野）与三郎　埼玉（入社時の本籍は新潟）　明14入
衆議院議員、貴族院議員、枢密顧問官
武智直道　　ハワイ
台湾製糖社長
武見太郎　　東京　昭５医
日本医師会会長
立作太郎（たて　さくたろう）東京　明18幼入
東大教授＝国際法専攻
谷元道之　　鹿児島
(兵右衛門)　衆議院議員
津田純一　　大分　明２入
外務省御用掛権田太政官御用掛、兵庫・三重各県師範学校長
塚原周造　　茨城　明３入
管船局、逓信次官

土屋光金　　愛知　明７幼入
海軍少将
土屋元作　　大分
時事新報記者、福沢輪吉の「修身要領」の起案者の一人
坪井九八郎　山口
貴族院議員
妻木頼黄　　東京　明８入
東京府庁舎・日本橋・横浜正金銀行庁舎・日本赤十字社社屋などの建築家
外山脩造　　新潟
衆議院議員、浪速銀行頭取
豊川良平　　高知　明６入
三菱合資銀行部長（＝頭取）

な行

名取和作　　長野　明29入
富士電機社長、時事新報社長、貴族院議員
中島（嶋）久万吉　神奈川　明17幼入
貴族院議員、商工相、「足利尊氏賛美論」で失脚
中島鉄哉　　岩手　明32理財
東京毎夕新聞社長、汪兆銘亡命をスクープ
中上川彦次郎（なかみがわ　ひこじろう）大分　明２入
三井銀行副長、三井合名常務理事
中牟田倉之助　佐賀　明２入
海軍中将、海軍軍令部長（初代）、枢密顧問官
中村愛作　　東京
福澤諭吉長女の夫
中村菊男　　三重　昭18政
義塾法学部教授＝日本政治史専攻

中村利器太郎　東京
三越社長
永田泰二郎　東京
海軍中将
長与称吉
長与専斎の長男。医博・病院長
長与又郎　長崎
帝国大学総長
鍋島桂次郎　長崎　明12入
駐ベルギー特命全権公使、貴族院議員
鍋島直柔　佐賀
子爵、貴族院議員
西川（河）通徹　愛媛　明8
寄稿家
西松喬（常三郎）岐阜　明20卒
西松商店社長
忽滑谷快天（ぬかりや　かいてん）埼玉
駒澤大学長
野口寅治郎　群馬　明19入
生糸貿易商
野村龍太郎　岐阜　明5入
鉄道院副総裁、満鉄総裁

は行

波多野承五郎　静岡　明5入
衆議院議員、三井銀行理事、慶應義塾評議員会議長
馬場辰猪　高知　慶2入　明2再入
自由民権の闘士
浜尾新　兵庫　明2入

文部省専門学務局長
浜野定四郎（丑之助）大分
塾長
林毅陸（畸六、きろく）長崎（現在は佐賀）　明28文卒
塾長
林董（ただす）
駐英公使
原十太　静岡
東京帝大教授
日高壮之丞　鹿児島　明３入
海軍兵学校長、海軍大将
日比翁助　福岡　明17卒
三越社長
一柳末徳　兵庫
子爵、貴族院議員
平賀敏　静岡　明12入
箕面電車（阪急の前身）を設立
平田力之助　三重
衆議院議員
平沼亮三　神奈川　明22幼入
貴族院議員、横浜市長
平野光雄　静岡　明43政卒
衆議院議員
福澤三八　東京
福澤諭吉三男
福澤大四郎　東京
福澤諭吉四男
福澤桃助（旧姓岩崎）埼玉　明20卒
衆議院議員、福澤諭吉の女婿

藤田茂吉（旧姓林）大分　明７卒

衆議院議員、箕浦勝人とともに報知新聞で啓蒙運動を展開

藤田平太郎　大阪　明19入

貴族院議員

藤野善蔵　新潟　明２入

義塾塾長

藤山雷太（旧姓伊吹）長崎　明20卒

大日本精糖社長

藤原銀次（二）郎　長野　明22卒

王子製紙社長、商工相

古川正雄（旧姓名　岡本周吉）広島　安政５入

堀江帰一　東京　明20幼入　明29理財卒

義塾大学理財科学長、経済学部長

堀切善兵衛　福島　明36理財卒

衆議院議員、同議長、大蔵政務次官、駐伊大使

本多忠鋒　兵庫

貴族院議員

ま行

馬越孝（幸）二郎（まごし　こうじろう）岡山　明13幼

大日本麦酒社長

前田利鬯（まえだ　としか）富山

大聖寺藩知事、子爵、貴族院議員

牧口義矩　新潟

衆議院議員

牧野貞寧　茨城

前笠間知事、子爵、貴族院議員

松実喜代太　　大坂　明19入
衆議院議員
松平釗造　　東京
宗秩寮審議官
松平信次郎（康荘）福井
貴族院議員
松永安左ェ門　長崎　明31卒
衆議院議員、“電力王”
松本七郎　　福岡　昭12政
衆議院議員、義塾法学部専任講師＝労働運動史、安川敬一郎の甥
松本宗吾　　三重　明29入
石油資源探査に尽力
松山棟庵　　和歌山
義塾医学所校長
三宅米吉　　和歌山　明５入
東京高師・東京女子高師各校長
三好退蔵　　福岡（入社時の本籍は宮崎）　明４入
大審院長
三輪信次郎　石川
衆議院議員
箕作佳吉（みつくり　かきち）岡山
東京帝大理科大学長
箕浦勝人（みのうら　かつんど）大分　明７卒
逓信相
陸奥広吉　　和歌山　明13幼
貴族院議員
武藤山治　　愛知（入社時の本籍は岐阜）　明17卒
鐘紡社長、衆議院議員、実業同志会・国民同志会各総裁、

時事新報社長

毛利五郎　山口　明13幼

貴族院議員

望月小太郎　山梨　明21入

衆議院議員、外交問題の論客

森恪　大阪　明25幼入

三井物産社員、衆議院議員、政友会幹事長、犬養内閣書記官長

森常樹　熊本　明12入　明14卒

義塾幼稚舎長

森下岩楠　和歌山　明３入

交詢社私擬憲法案起草者の一人、三菱商業学校長

森田思軒（文蔵）岡山　明７入

報知新聞記者、翻訳家、小説家

森村開作（市左衛門）東京　明16幼入　明25卒

森村組支配人

森本泉　高知　明30理財卒

知事

や行

八木幸吉　大阪　大６理財

衆議院議員、参議院議員、武藤山治の女婿

矢田績　和歌山　明13入

衆議院議員

矢野常（恒）太郎　愛媛　明17卒

海軍主計総監＝少将相当

矢野文雄（龍渓）大分　明５卒

駐清特命全権公使

安岡雄吉　高知　明２入

衆議院議員
安川敬一郎（敬二郎？）福岡　明５入
衆議院議員、貴族院議員、石炭王、大隈重信の支援者
安広伴一郎　福岡　明８入
山形内閣書記官長、枢密顧問官、満鉄社長
谷井保（やつい　たもつ）和歌山　明７入　明８卒
日本郵船神戸、大坂、名古屋各支店長、矢田績の兄
柳荘太郎　長野　明22卒
第一火災保険社長
柳弥五郎　和歌山
海南市長
山田又司　新潟　明41政
衆議院議員
山名次郎　鹿児島　明16入
『社会教育論』、義塾の初代“就職部長”
山村弁之助　高知　明30卒
宮城県学務課長
山本英輔　鹿児島　明22幼入
海軍大将
山本達雄　大分　明10入
日銀総裁、興業銀行総裁、蔵相、農相務相、内相
横田国臣　長崎（入社時の本籍は福岡）明５入
司法次官、大審院長
吉川泰二郎　和歌山　明３入
日本郵船社長
吉村寅太郎　兵庫　明２入
広島英語学校長、第二・第四高等学校長

わ行

和田豊治　大分　明15入
富士紡績社長

渡辺治　茨城
大阪毎日新聞社長

渡辺洪基（静寿）福井　慶１入
東京市長、帝国大学総長（初代）、駐オーストリア・ハンガリー聯合帝国特命全権公使、衆議院議員

渡辺千冬　長野　明19幼入
衆議院議員、貴族院議員、司法相